KB104076

장애학의 도전

변방의
자리에서
다른 세계를
상상하다

장애학의 도전

김도현 지음

CHALLENGE OF
DISABILITY STUDIES

오월의봄

전국장애인차별철폐연대의 역사를 만들어왔고
또 만들어갈 모든 동지들에게 이 책을 바칩니다.

책을 내며

1.

지난 2009년 《장애학 함께 읽기》를 출간한 이후 꼭 10년 만에 단행본 한 권을 세상에 내놓게 되었습니다. 그 10년의 기간 동안 제가 장애인운동의 현장에서 활동하며 읽고, 고민하고, 궁리하고, 깨달은 것의 9할 이상, 아니 문장으로 정리해낼 수 있는 건 모두 이 책에 담았다고 해도 과언은 아닐 것 같습니다. 밀린 숙제를 마무리한 것 같아 기쁘고 다행이다 싶은 마음이 크긴 하지만, 살짝 허한 느낌도 없진 않군요. 운동을 포기하지 않고 계속 이어나가다 혹여나 다시 책을 쓰게 된다면, 아마도 이번보다 배 이상의 시간이 필요하지 않을까 싶기도 합니다. 이제 제가 지니고 있던 밑천은 모두 일종의 공통자원이 된 셈이어서, 다시 새롭게 하나하나 고민하고 내용을 채워가야 할 테니 말이지요.

이전 작업들도 마찬가지였지만, 이 책은 골방의 책상에 앉아 저 혼자의 힘으로 쓴 것이 결코 아닙니다. 여기에 담겨 있는 화두나 주제들은 운동의 현장이 제게 던져준 것이었습니다. 그 화두를 붙잡고 씨름하며 내용을 정리하고, 그것을 가지고 동료들과 토론하거나 강의로 풀어보고, 강의 도중 활동가들과 청중들에게서 새롭게 건네받은 질문을 해결하기 위해 다시 텍스트를 참조하며 궁리하고, 그런 과정들이 무수히 반복되면서 만들어진 것입니다.

그러나 이와 같은 고투의 시간을 거쳤음에도, 이 책은 불가피하게 여전히 미완성의 상태로 세상에 나왔다고 해야 할지도 모르겠습니다. 독자 여러분들께서 다시 던져주실 질문과 비판적 응답들이 또 한 번 책의 내용들을 변용시킬 테니까요. 아니 좀 더 적극적으로 말하면, 이 책은 그런 접속과 변용이 이루어지기를 간절히 바라면서, '장애학 함께 읽기'를 넘어 '장애학 함께 하기'를 도모하기 위한 도구로서 쓰인write 것입니다. 그러니 그렇게 정말, 잘 쓰일use 수 있었으면 좋겠습니다.

2.

장애학disability studies은 아직까지도 한국에서는 낯선 학문이라고 할 수 있습니다. 이 책의 1부 '접속'은 장애학이 우리에게 왜 꼭 필요하며 기존의 장애 관련 학문과 어떤 변별점을 갖는지, 그리고 그 기본적인 관점과 내용은 무엇인지를 대중 강좌의 교안과 녹취록을 바탕으로 새롭게 정리한 것입니다. 따라서 이 책을 통해 처음 장애학을 접하게 된 독자들께서도 '장애인이기 때문에 차별받는 것이 아니라, 차별받기 때문에 장애인이 된다'는 명제의 핵심 통찰을 공유하면서, '사회적'이고 '학제적'이며 '실천지향적' 성격을 갖는 '해방적' 학문인 장애학의 세계로 어렵지 않게 발을 들여놓으실 수 있으리라 생각합니다.

2부 '성찰'에서는 장애의 근현대사에서 결코 삭제될 수 없는 우생주의의 역사와 그 현재적 양상에 대해, 그리고 우생주의와 대척점에 있는 듯 보이지만 오히려 그 토대가 되는 인간중심주의의 문제에 대해 살펴봅니다. 이런 문제를 성찰하며 우리는 근대 생명권력, 휴머니즘, 복지국가가 어떻게 서로 착종되고 연결되는지, 심지어 주류적 동물해방론에조차 인간중심주의와 우생학적 사고가 어떤 식으로 내재되어 있는지 그 전반적인 양상을 파악할 수 있게 될 것입니다. 그러고 나서 휴머니즘적 계몽주의와 사회계약론의 전통 속에서 발전한 자유주의적 정의론을 비판적으로 넘어서기 위한 하나의 방향으로, 낸시 프레이저의 지구적 정의론을 장애학의 관점에서 검토합니다.

3부 '전환'에는 오늘날의 장애인운동이 어떤 운동이 되어야 하고, 무엇을 지향해야 하는가에 대한 고민과 제 나름의 답변을 담았습니다. 흔히 장애인운동은 68혁명 이후 등장한 '정체성(의) 정치'의 일환으로 설명되며, 북미에서 태동한 자립생활운동이 전 세계적으로 보편화되면서 '자립'을 그 지향점으로 삼고 있습니다. 그러나 장애인 당사자주의 논쟁에서 나타나듯 정체성 정치는 이익집단의 정치로 협소화될 위험이 있으며, 자립은 자본주의적인 의미에서의 '자활' 내지 '각자도생'에 포섭될 가능성을 배제할 수 없습니다. 이런 지점들을 비판적으로 고찰하고 숙고하면서, 장애인운동이 진정 이 사회를 재구성해나가는 운동이 되기 위해서는 정체성의 정치를 넘어 '횡단의 정치'로, 자립을 넘어 (자립과 의존의 이분법을 가로지르는) '연립聯立'으로 나아가야 함을 논했습니다.

마지막 4부 '도전'은 발달장애인의 자기결정권과 장애인의 노동권 문제를 다룹니다. 흔히 우리는 인간의 본질을 이성이나 노동에서 찾습니다. 실제로 이성과 노동은 근현대사회에서 인권과 시민권을 부여받기 위한 전제 조건이기도 합니다. 이성적이지 않은 존재는 온전한 인간이 아니며, 노동하지 않는 존재는 온전한 시민이 아닌 것이지요. 그렇다면 장애해방을 지향하는 장애인운동은 이성적 판단에 장애가 있다고 간주되는 이들의 자기결정권을, 불인정 노동자不認定 勞動者로 존재해온 장애인의 노동권을 어떻게 주장할 수 있을까요? 구체적으로 어떤 사회시스템을 통해 이 권리들을 실현할 수 있을까요? 이것이 바로 4부의 내용입니다. 그리고 여기서 중요한 것이 또한 연립의 개념입니다. 인간은 원자화된 개체로서가 아니라 연립적이고 관개체적인 존재로서만 권리를 행사하고 누린다는 것, 자기결정권의 핵심은 그런 관개체적 존재들 사이의 교통communication이라는 것, 노동능력은 그 자체로 하나의 공통자원commons이라는 것을 이해할 때, 우리는 자기결정권과 노동권을 새롭게 사고하고 재구성할 수 있을 것입니다.

3.

이 책의 초고를 힘겹게 완성한 후, 타이틀을 무엇으로 할까 고민하다 떠올린 것 중 하나는 '장애학의 시좌'였습니다. 많은 이들이 지적하듯 우리가 바라보는 세상은 결코 완벽할 수도 없고 객관적일 수도 없습니다. 세상의 모든 존재는 일정한 관점에서 세상을 바라보며, 일정한 관점을 취한다는 것은 필연적으로 보이지 않는 이면 내지 사각지대가 발생한다는 뜻이기도 하기 때문이지요. 그런데 '관점'을 뜻하는 영어 단어 'perspective'는 또한 '시좌視座'라는 의미도 갖고 있습니다. 혹은 그렇게 번역될 수 있지요. '시좌'라는 용어는 'perspective'의 일본식 번역어로 국립국어원《표준국어대사전》에도 등재되어 있는데요, 그 뜻풀이를 보면 "① 사물을 보는 자세. ② 개인이 자기의 입장에서 사회를 보는 시점을 이르는 말. 지식 사회학의 용어이다"라고 되어 있어 사실 '관점'과 크게 구분되지 않습니다.

그러나 저에게는 '시좌'라는 말이 '관점'과 조금 다른 뉘앙스로 다가왔는데요, 후자가 관찰의 대상과 주체라는 양자의 관계에 초점을 맞춘다면, 전자는 어떤 시공간에서 주체가 자리한 위치와 관련된다는 느낌을 주었기 때문입니다. '보는 지점[관점] point of view'이 달라지면 동일한 대상의 다른 면을 보게 됩니다. 반면 '보는 자리[시좌]position of view'가 달라지면 풍경landscape 자체가 달라진다고 할 수 있지 않을까요? 예컨대 맨 앞줄에 앉은 사람이 볼 수 있는 것과 맨 뒷줄에 앉은 사람이 볼 수 있는 것, 어떤 세계의 중심에 자리 잡은 이들이 볼 수 있는 것과 변방/경계에 서 있는 이들이 볼 수 있는 것의 차이, 그것을 이 '시좌'라는 용어로 담아낼 수 있지 않을까 생각하게 된 것입니다.

인간이 세계를 벗어날 수 없는 '세계-내-존재'라고 할 때, 그리고 인간의 '시야視野'가 일정한 각도 내에 한정된다고 할 때, 그렇다면 결정적인 것 중 하나는 우리가 얼마나 중심에서 멀어져 변방 내지 경계에 시좌를 설정할 수 있는가일 것입니다. 우리의 세계가 둥글든 네모나든 혹은 삼각형이든, 중심의 시좌가 확보해주는 시야는 변방의 시좌가 확보해주는 시야보다 좁을 수밖에 없으니 말이지요.

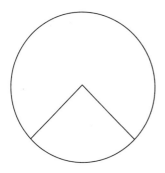

중심의 시좌가 확보해주는 시야

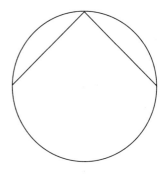

변방의 시좌가 확보해주는 시야

'장애학의 시좌'에서 세상을 본다는 것, 그것은 인간의 위계에서 제일 후미에 위치한 이들—호모 에렉투스나 호모 사피엔스조차 아닌 이들—의 자리에서, 혹은 세계의 변방으로 밀려난 이들의 자리에서 이 사회의 풍경을 본다는 말일 것입니다. 물론 그 자리가 좋다고만은 할 수 없습니다. 그러나 후미와 변방이라는 자리는, 단지 동일한 대상의 다른 면을 보게 하는 것을 넘어, 선두와 중심에서는 보이지 않던 풍경들을 볼 수 있게 합니다. 그리고 그것은 선두와 중심에서 본 세계와는 다른 세계일 뿐만 아니라, 훨씬 더 포괄적이고 광범위한 세계이기도 할 것입니다. 총 아홉 개의 장으로 구성된 이 책은 장애와 관련된 다양한 주제들을 다루고 있습니다만, 기본적으로 변방의 시좌를 통해 기존에 보이지 않던 세계를 드러내는 작업, 세계 자체를 좀 더 온전히 그려내려는 노력이라고도 할 수 있을 것입니다.

물론 이러한 노력은 앞서 언급했던 것과는 상이한 맥락에서 여전히 미완성의 작업일 수밖에 없을 것입니다. 이 세계의 또 다른 소수자들의 자리에서 본 풍경들이 교차적으로 덧입혀질 때에만, 그 작업이 좀 더 온전해지고 풍부해질 수 있기 때문이지요. 제가 장애학의 시좌를 설정하는 과정 자체에서 그들의 견해와 통찰로부터 많은 영감을 얻었기에, 이 책의 내용들이 장애인뿐만 아니라 억압받고 차별받는 다른 소수자들의 시좌와도 입체적으로 연결될 수 있으리라 믿습니다.

4.

이번에도 책이 나오기까지 많은 분들의 도움이 있었습니다. 우선 오월의봄 출판사 임세현 씨의 꼼꼼하고 애정 어린 작업 덕분에 여러 면에서 부족한 원고가 이만큼 완성도를 지닌 한 권의 책으로 탄생할 수 있었습니다. 그리고 제 일상과 운동을 지탱해주는 삶의 공간인 노들장애인야학, 노들장애학궁리소, 장애인언론 '비마이너'의 식구들, 이 땅의 장애해방을 위해 1년 365일 투쟁의 현장을 누비는 전국장애인차별철폐연대의 동지들에게 우정과 존경의 인사를 전합니다. 그들과 함께했던 20여 년의 시간이 존재하지 않았다면 이 책 또한 쓰이지 않았을 것이며, 그들과 함께할 시간이 존재하지 않는다면 이 책 또한 저에게 의미를 갖기 힘들 것입니다. 마지막으로 제 삶에 언제나 새로운 에너지와 영감을 불어넣어주는 벗이자 연인인 인권운동사랑방의 L에게도 진심으로 사랑한다는 말을 전하고 싶습니다. 그 모든 이들이 꿈꾸는 더 나은 세상을 향해 함께 나아가는 데, 때때로 우리가 바라는 세상이 '어디에도 없는no/where' 듯 보이기도 하지만 '지금 여기now/here'에서 다시 시작할 수 있는 힘과 지혜를 만들어나가는 데, 이 책이 조금이나마 기여할 수 있기를 바랍니다.

차례

1 부

접속

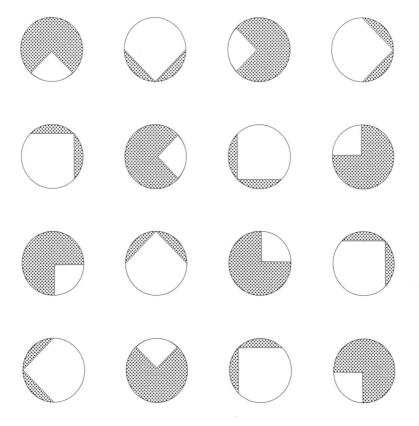

1 장

장애학, 지금 여기의 콜라보 미션

"문제로 정의된 사람들이 그 문제를 다시 정의할 수 있는
힘을 가질 때 혁명은 시작된다."

— 존 맥나이트

1

장애학, 왜 필요한가

장애 관련 학문에 장애인의 삶이 담겨 있는가

첫 장에서는 우선 나 자신이 어떻게 장애학에 관심을 갖게 되었고, 왜 장애학이 필요하다고 느끼게 되었는지, 몇 가지 개인적인 경험들을 통해 이야기해보려고 한다.

나는 1974년생 범띠인데, 동년배들보다는 조금 늦게 96학번으로 단국대학교 특수교육과에 입학했다. 진학 문제로 부모님과 꽤나 갈등을 했고, 그래서 아예 집을 나와 3년 정도 학습지 외판원, 환경미화원, 호프집 주방일 등을 하며 독립을 위한 자금과 학비를 모았다. 나름 어렵게 원했던 학과에 들어갔기에 입학 초기에는 특수교육이라는 학문에 대한 열정과 의욕이 무척이나 컸다. 그런데 대학에 들어간 지 얼마 되지 않아 참석하게 된 선배들과의 한 세미나에서 나는 매우 충격적인 사실을 접하게 되었다. 다름 아니라 우리나라 장애인 두 명 중 한 명은 학력이 초등학교 졸업 이하라는 것, 그러니까 학교를 아예 안 다녔거나, 초등학교를 다니다가 그만두었거나, 초등학교까지만 다닌 장애인이 전체 장애인의 절반을 차지한다는 것이었다.

이런 현실은 20년이 흐른 지금도 크게 나아지지 않았지만,[1] 당시 나로서는 그 말을 도저히 믿기 어려웠다. 우리나라가 어떤 나라인가? 중학교까지 의무교육이 된 지 오래고, 세계적으로도 교육열이 높기로 유명해 초등학교 취학률이 99퍼센트가 넘고, 초등학교 졸업생의 99퍼센트 이상이 중학교에 들어가고, 중학교 졸업생의 99퍼센트 이상이 다시 고등학교에 들어가고, 그리고 그 고등학교 졸업생 4명 중 3명이 대학에 가는 그런 나라가 아닌가? 그런데 장애인은 절반이 초등학교 졸업 이하의 학력이라고 하니 도무지 납득이 되지 않았다. 통계에 오류가 있는 건 아닐까 의심도 했다. 이미 내 세대만 해도 특별한 일이 없으면 고등학교 정도까지 다니는 것이 일종의 '상식'이었으니까.

그 이후 수업을 듣고 학교생활을 계속하면서 무언가 이상하다는 생각이 들었다. 충격적인 장애인 교육의 현실에 대해, 왜 그런 현실이 발생하고 유지되는지에 대해, 그리고 그러한 현실이 어떤 함의를 갖는지에 대해, 특수교육을 공부하기 위해 산 수십 권의 책들은 단 한마디도 언급하고 있지 않았기 때문이다.

---

1   보건복지부와 한국보건사회연구원에서 펴낸 《2017년 장애인실태조사》에 따르면, 지금도 전체 장애인의 대략 10명 중 4명에 해당하는 37.7퍼센트가 초등학교 졸업 이하의 학력을 지닌 채 살아가고 있다.

비록 40명 정원 중 끝에서 두 번째의 성적으로 졸업할 만큼 공부를 제대로 안 하기는 했지만, 그래도 교재만큼은 꼬박꼬박 다 샀는데 말이다. 교재뿐만이 아니었다. 그 어떤 교수들도 수업에서 그런 문제에 대해 이야기하지 않았다.

장애 문제에 관심이 있는 사람들이 장애와 관련된 공부를 하겠다고 마음먹었을 때 진학하게 되는 학과가 국내에는 크게 세 군데 있다. 흔히 '장애 관련 3대 학과'라고 해서 특수교육과, 재활학과, 사회복지학과를 꼽는다. 장애 관련 정책을 다루는 토론회에서 발표하고 토론하는 소위 '전문가'도 대부분 이런 학과의 교수나 전공자다. 내게 싹트기 시작한 문제의식은 그런 장애 관련 학문 전반을 향해 있었다. 과연 이 학문들이 장애인의 삶을 제대로 반영하고 있는가? 이 학문들을 배우면 장애 문제를 제대로 알게 되는가? 즉 기성의 장애 관련 학문들이 장애 문제를 진정성 있게 다루고 있는가? 이런 물음들에 대해 나는 얼마간 회의적인 답을 내릴 수밖에 없었다.

장애학, 날것의 말과 몸짓을 매개하기 위해

결국 나는 이런저런 계기로 학과 공부와는 점점 멀어지게 되었고 데모만 열심히 하다가 졸업반이 되었다. 그리고 에바다 투쟁[2]을 하며 인연을 맺은 노들장애인야학 박경석 교장 선생님의 제안으로, 2학기부터는 아예 학교에도 나가지 않고 노들야학의 첫 상근자로 일을 시작하게 된다. 그게 2000년 8월의 일이다. 다음해인 2001년 2월에는 오이도역에서 발생한 장애인용 수직형 리프트 추락 참사를 기점으로 이동권 투쟁이 시작된다. 이동권 투쟁은 우리나라 장애인운동의 새로운 부활을 알렸다. 당시에는 장애인운동의 상황이 매우 열악해 현장 투쟁을 이끌 만한 이렇다 할 단체가 없었다. 전문적인 운동 단체도 아닌 노들야학이 장애인이동권연대의 간사 단체를 맡게 된 이유였다. 노들야학의 유일한 상근자였던 나는 좋으나 싫으나 이동권 투쟁 전반에서 실무자 역할을 담당하게 되었다.

그때 우리는 지하철 선로 점거, 버스 점거, 도로 점거 등 소위 '점거 투쟁'을 숱하게 한 탓에 시민들에게서 욕도 많이 먹었다. 장애인이동권연대에 함께했던 다른 사회운동 단체의 활동가들도 다소 우려 섞인 조언을 하곤 했다. 장애인들의 요구는 정당한 것이고, 따라서 힘있게 투쟁하는 것은 좋지만, 그런 전술이 반복되면 여론이 나빠지는 등 오히려 역효과가 날 수도 있다고 생각한 것이다. 그러나 박경석 교장 선생님은 아랑곳하지 않았다. 오히려 "욕을 바가지로 먹든 한 트럭을 먹든, 욕을

---

2   평택에 위치한 에바다복지회의 비리와 끔찍한 인권 유린은 1996년 11월 에바다학교의 학생들과 농아원 원생들의 농성으로 세상에 처음 알려지게 되었다. 장애아동 3명의 의문사, 끼니를 굶는 일이 비일비재할 만큼 열악했던 생활환경, 시설 내 작업장에서의 강제 노동과 임금 착취, 수억 원대에 이르는 공금 횡령 등 전형적인 장애인 시설 비리 사건이었다. 이에 맞선 투쟁은 농아학생들과 에바다학교의 양심 있는 교사들이 꾸린 생활공동체 '해아래집'을 중심으로 한 장애·인권·노동·학생운동 단체들의 전국적인 연대 속에서 7년 동안 지속되었고, 그 결과 2003년 6월 구圖 비리재단을 완전히 몰아내고 민주적 이사진을 구성하는 성과를 만들어냈다.

더 많이 먹어서라도 우리 문제가 〈100분토론〉에 한번 나와봤으면 소원이 없겠다"고 이야기하면서, 더 열심히 점거 투쟁을 계획하고 실행에 옮겼다.

이동권 투쟁 이후 한국의 장애인 대중은 자신들의 억눌렸던 요구를 폭발적으로 쏟아내며 수없이 많은 투쟁을 벌여왔고, 일정한 성과들을 만들어냈다. 굵직굵직한 것만 몇 가지 언급해보면, 2005년에는 〈교통약자의 이동편의 증진법〉이 제정되었고, 2007년에는 〈장애인 등에 대한 특수교육법〉과 〈장애인차별금지 및 권리구제 등에 관한 법률〉이 만들어지는 것과 더불어 활동보조서비스가 전국적으로 시행되기 시작했다. 또한 2010년에 기만적인 형태로나마 〈장애인연금법〉이 제정되었고, 2011년과 2014년에는 각각 〈장애아동 복지지원법〉과 〈발달장애인 권리보장 및 지원에 관한 법률〉이 만들어졌다. 장애등급제와 부양의무제 폐지를 위해 2012년 8월 21일부터 광화문 지하도에서 시작된 농성은 2017년 9월 5일까지 만 5년 넘게 1,842일간 지속되었고, 결국 정부의 폐지 약속과 민관협의체 구성을 이끌어냈다. 그런데 최근 장애인운동의 역사에 대한 짧은 글 한 편을 쓰던 중, 2001년에 박경석 교장 선생님이 이야기했던 소원이 18년이 지난 지금까지도 이루어지지 않았음을 문득 깨닫게 되었다.

우리나라의 3개 지상파 방송사 KBS, MBC, SBS는 각각 〈심야토론〉, 〈100분토론〉, 〈시사토론〉과 같은 대표 토론 프로그램을 운영하고 있다.[3] 이런 토론 프로그램들은 우리 사회에서 매우 영향력이 큰 대표적인 공론장public sphere이다. '함께' 논의해볼 만한 가치가 있다고 생각되는 '우리' 사회의 문제를 선별해 매주 한 차례씩 토론을 진행한다. 그러나 나는 아직까지 그런 프로그램에서 장애 문제를 가지고 토론하는 것을 본 적이 없다. 방송사가 세 곳이고 1년이 52주이니 지난 18년간 적어도 2,000개가 넘는 이슈가 다루어진 셈인데, 그 수많은 이슈들 중 장애 문제는 단 한 번도 없었던 것이다. 장애인들의 울분과 요구와 목소리가 대한민국의 역사에서 가장 치열하게 터져 나왔고, 굵직한 이슈들도 셀 수 없이 많았던 그 18년 동안 말이다. 그러니까 주류 공론장에서 장애 문제란 '함께' 해결해야 할 '우리'의 문제가 아니라, '따로' 처리되면 그만인 '너희(타자)'의 문제였던 것이다.

주요 방송사들의 토론 프로그램뿐만이 아니다. 이런 양상은 소위 시민사회에서 열리는 주요 학술 행사나 토론 행사에서도 대동소이하게 나타난다. 그런 공론장에서도 장애 문제는 함께 공유하고 논의해야 할 의제로 좀처럼 초대받지 못한다. 한국 사회의 장애인들은 무수히 많은 말을 해왔지만, 그 말들은 좀처럼 사회화되지 않았고 담론화되지 않았다. 굳이 미셸 푸코 같은 학자를 참조하지 않더라도, 우리는 말과 담론이라고 하는 것이

---

3   SBS의 경우 2004년부터 여러 차례 이름을 바꾸어가며 토론 프로그램을 운영해왔다. 그중 가장 오랫동안 타이틀을 유지한 것이 바로 〈시사토론〉이다. 그러나 〈시사토론〉 후속으로 2013년 2월부터 방영된 〈토론공감〉이 같은 해 9월 폐지된 이후에는 더 이상 토론 프로그램을 운영하고 있지 않다.

권력과 직접적인 관계를 맺고 있음을 안다. 그런 상관관계 속에서 힘있는 자들의 말은 또 다른 이들의 입을 통해 반복되고, 담론의 체계 내에서 증폭되고 재해석되며 의미를 획득하게 된다. 그러나 권력을 박탈당해온disempowered 존재인 장애인의 말, 사회를 향해 내뱉어진 그 치열한 목소리는 대부분 그대로 소멸되었다.

그러나 한편에서의 답답함과 서운함을 가라앉히고 조금 냉정한 관점에서 보면, 문제의 원인을 단선적으로 장애인 공동체 외부와 상대방에게서 찾을 수만은 없다는 생각도 든다. 그 날것의 말이나 몸짓과 '현장'에서 '직접' 소통할 수 없는 무수히 많은 상대방들, 그들과 시공간의 제약을 뛰어넘어 소통할 수 있도록 해주는 매개물이 필요한 건 아닐까. '아'라고 했는데 '어'라고 듣지 않도록, 일정한 리듬이나 코드에 맞춰 소통을 가능케 하는 공동성 자체가 증대되어야 하는 게 아닐까, 그런 고민들을 하게 된다. 사실 나 역시 에바다 투쟁을 통해 장애인운동과 접속하기 전까지는 장애인을 타자화해 바라보았고, 그들을 위해 봉사하겠다는 마음으로 특수교육과에 진학했던 무지한 비장애인에 지나지 않았으니까. 결국 장애학이 우리에게 필요한 이유는 위에서 지적한 두 가지 지형을 근본적으로 바꾸기 위함이자, 그런 변화에 필요한 담론과 소통의 장을 형성하기 위함이라고 할 수 있다. 그렇다면 이제 장애학이 어떤 학문인지 좀 더 자세히 알아보도록 하자.

2

장애학이란 어떤 학문인가

주지하다시피 장애학의 영어 표기는 'Disability Studies' 이다. 우리말로 직역하면 '장애연구' 정도로 옮길 수 있겠다. 'Gender Studies'가 흔히 '젠더연구'로 옮겨지는 것처럼 말이 다. 사실 '장애'에 대해 '연구'하는 학문은 장애학 말고도 많다. 대표적인 것으로 의학, 재활학, 심리학, 사회복지학, 특수교육학 등을 들 수 있다. 그렇다면 이런 학문들과 장애학의 차이점은 무엇일까? 이런 차이를 통해 장애학이 어떤 학문인지 대략적 으로 파악해볼 수 있다. 아래에서는 '사회적', '학제적', '실천지 향적', '해방적'이라는 네 가지 키워드를 통해 기존의 장애 관련 학문들과 구별되는 장애학만의 성격과 특징을 이야기해보려고 한다.

키워드 1 '사회적': 사회가 장애를 만든다

2000년대 후반부터 장애학 서적이 조금씩 번역 출간되고, 외국에서 장애학을 공부하고 돌아온 학자들이 늘어나면서 관련 논문들이 학술지에 실리는 경우도 있지만, 한글로 접할 수 있는 장애학 관련 텍스트는 여전히 매우 드물다. 그러다보니 부족한 영어 실력을 동원해 외국의 장애학 저널이나 단행본을 뒤적이는 일이 많다. 그렇게 영어로 쓰인 장애학 문헌들을 읽을 때 매우 빈번하게 등장하는 단어가 하나 있다. 바로 '사회적social'이라는 단어다. 이는 기존의 장애 관련 연구들이 장애를 이와 반대되는 방식으로 다루어왔음을 함의한다. '사회적'의 반대말은 '개별적individual' 혹은 '개인적personal'이라고 할 수 있다. 즉 의학, 재활학, 심리학, 사회복지학, 특수교육학 등 그간 장애를 연구해온 학문들이 장애를 개별적이고 개인적인 문제로만 다루어왔다는 것이다. 그래서 장애학이 태동하던 시기, 장애학의 개척자들은 기존의 장애 관련 연구들이 '개별적 장애 모델individual model of disability'에 입각한다고 비판하며 '사회적 장애 모델social model of disability'을 주창했다.

장애학의 사회적 성격은 사회적 장애 모델을 정립한 영국의 장애학자들과 저명한 국제 장애학 저널《장애와 사회Disability and Society》가 장애인을 표기할 때 'disabled people'(혹은 'the disabled')이라는 용어를 고수하는 것에서 간접적으로 확인할 수 있다. 사실 영어권에서 가장 먼저 사용된 장애인에 대한 공식

개인이 적응해야 하는가, '할 수 없게 만드는disabling' 사회가 변해야 하는가?

용어가 바로 'disabled people'이다. 그렇지만 이후에는 장애보다는 사람이 먼저라는 소위 '피플 퍼스트people first'의 정신에입각해 사람을 앞쪽에 내세운 'people with disabilities'가 널리 사용되었고, 지금도 그렇다.[4] 그리고 부정적인 의미와 뉘앙스를 지닌 'disabled/disability'라는 단어를 아예 사용하지 않는 'physically[mentally] challenged people'이라는 표현과 더불어 최근에는 'differently abled people'과 같은 완곡어법도종종 사용된다. 전자는 '신체적[정신적]으로 도전을 겪는 사람'이라는 정도의 의미이고, 후자는 '다른 능력을 지닌(다르게 할 수 있

---

4   '피플 퍼스트'는 현재 발달장애인들의 자기권리옹호 운동self-advocacy movement을상징하는 표현으로 국제적으로 널리 쓰이고 있다. 이는 1974년 미국 오리건 주에서 개최된자기권리옹호대회에서 한 참가자가 사람들이 자신을 '정신지체mentally retarded'로 부르는것에 대해 "나는 우선 사람으로 알려지기를 원한다I wanna be known to people first"라고 말한것이 계기가 되었다.

는) 사람'이라는 의미를 갖는다.

그런데 사회적 모델론자들이 'disabled people'이라는 용어를 고수하는 것은 이 용어가 무언가를 드러낸다고 보기 때문이다. '할 수 없게 된disabled'이라는 수동태의 표현은 이미 '할 수 없게 만드는disabling' 작용을 가한 무언가를 상정하고 있다. 그러니까 장애인들은 그들 자체가 무언가를 할 수 없는 존재가 아니라 '할 수 없게 만들어진' 존재라는 것이고, 이처럼 그들이 무언가를 할 수 없게 만드는 것이 바로 '사회'라는 것이다. 요컨대 'disabled people'을 완전히 풀어서 표기하면 'people disabled by society'가 된다.[5] 이처럼 사회적 모델론자들이 'disabled people'이라는 표현을 사용할 때 그것은 'disabling society'를 염두에 둔 것이고, 따라서 연구의 초점은 '장애인'이 아니라 장애인이 무언가를 할 수 없도록 만드는 '사회'에 맞춰진다. 문제의 원인이 장애인의 몸(손상)이 아닌 사회에 있다고 보기 때문이다. 영국의 오픈 유니버시티Open University에서 1975년에 최초로 개설되었던 장애학 과정은 1994년 폐지되기 전까지 두 번에 걸쳐 프로그램이 갱신되는데, 'disabling society'는 바로 그 최종 프로그램의 타이틀이기도 했다. 물론 장애학이 오로지 사회만을 다루는 것은 아니다. 장애인도 다룬다. 그렇지만 이때의 장애인은 개별화된 생물학적 존재로서의 장애인이 아

---

5   이와 관련해서는 Lisa Egan, "I'm Not A "Person With a Disability": I'm a Disabled Person", *xoJane*, Nov. 9, 2012를 참조하라.

니라, '인간은 사회적 동물이다'라는 명제 속에서 파악되는 '사회적' 존재로서의 장애인이다. 결국 장애학은 장애인이 무언가를 할 수 없도록 만드는 '사회'를 다루며, '사회적' 존재로서의 장애인을 다룬다. 이것이 바로 '사회적'이라는 단어가 장애학의 키워드 중 하나인 이유다.

키워드 2 '학제적': 경계를 넘나드는 장애학

한국뿐 아니라 다른 나라에서도 장애학은 역사가 오래되지 않은 신생 학문에 속한다. 그래서 장애학 과정이 개설되어 있는 대학이나 장애학을 연구하는 기관의 홈페이지에서는 장애학이 어떤 학문인지 소개해두곤 한다. 그 소개문에 꼭 등장하는 설명 중 하나가 바로 장애학은 학제적 연구 분야라는 것이다. '학제적interdisciplinary'이라는 단어가 조금 낯설게 느껴질 수도 있지만, '국제적'이라는 단어를 떠올리면 쉽게 이해할 수 있다. 일상생활에서 종종 '국제적으로 논다'는 표현을 사용하는데, 이는 누군가가 국경에 얽매이지 않고 그 경계를 넘나들며 자유롭게 활동한다는 것을 뜻한다. 장애학이 학제적이라는 것도 마찬가지로, 이 학문 분야가 기존에 존재하는 여러 분과 학문들의 경계에 얽매이지 않고 장애에 대한 연구를 수행한다는 것을 말한다. 문학, 역사학, 철학, 미학, 문화인류학, 사회학, 정치학, 정치경제학, 사회정책학 등의 여러 인문사회과학 분야뿐 아니라

때로는 자연과학의 경계들까지도 넘나들면서 말이다.

그렇다면 학제적 특성을 강조하는 이유는 무엇일까? 조금 다른 각도에서 이렇게 질문해보자. 이 세상에는 굉장히 많은 학문들이 존재하는데, 그 학문들은 왜 생겨났으며 어떻게 사라지지 않고 지금까지 남아 있는 걸까? 나름대로 구체적인 이유들이 있겠지만, 궁극적으로는 '인간'이 살아가면서 겪는 다양한 문제를 진단하고 분석하고 성찰하고 해결하는 데 직간접적으로 도움이 되기 때문일 것이다. 장애 관련 집회에서 흔히 외쳐지는 것처럼 '장애인도 인간'이다. 그렇다면 장애인이 맞닥뜨리는 장애 문제를 해결하는 데에도 그런 학문들이 당연히 필요하지 않을까?

지금까지 우리 사회에서 장애는 의료·재활의 문제나 복지의 문제로, 즉 '보건복지'의 문제로만 다루어졌다. 정부에 장애 문제 해결을 촉구하면 무조건 보건복지부로 가라고 떠밀었다. 예컨대 2000년대 초반 이동권 투쟁 당시 건설교통부(현 국토교통부)를 찾아갔을 때 장애 문제를 가지고 왜 여기에 왔냐고, 보건시부로 가라는 이야기를 들어야 했다. 장애인차별금지법도 법무부를 소관 부처로 해야 한다는 장애계의 요구를 묵살하고 끝내 보건복지부 소관 법률로 제정되었다. 그러나 장애는 결코 보건복지의 영역에 한정될 수 있는 문제가 아니다. 장애 문제는 '철학적' 문제이기도 하고, '역사적' 문제이기도 하고, '정치적' 문제이기도 하며, 또한 '사회적'이고 '경제적'인 문제이기도 하다. 장애 문제를 제대로 연구하고 성찰하고 해결하기 위해서는 당연히 그런 영역들에 걸쳐 있는 모든 학문들이 필요하건만, 지금껏 이 사회는 마치 그렇지 않은 것처럼 억압하고 회피해온 것이다. 즉 장애학이 학제적 성격을 갖는다는 것은 장애 문제가 총체적 성격을 지니며, 인간이 지닌 다양한 보편적 문제들과 불가분의 관계에 있음을, 장애라는 현상이 인간 일반의 문제에 '부차적으로' 덧붙여져 다루어질 수 있는 것이 아님을 함축한다. 오히려 장애란 인문학 및 사회과학의 일차적 대상인 인간과 사회(공동체), 그리고 그 인간 사회에 존재하는 적대와 차이를 온전히 해명하기 위한 하나의 열쇠 내지는 매개점이라고 해야 할 것이다.

키워드 3 '실천지향적': 장애학 함께 하기

장애학이 실천지향적praxis-oriented 성격을 지닌다는 것은 크게 어려운 이야기는 아니다. 장애학과 장애인운동의 관계를 살펴보면 쉽게 이해할 수 있다. 장애학은 기본적으로 학문공동체 내부의 학술적인 관심 때문에 성립된 학문이 아니다. 여성학이 이 사회가 어떤 식으로 여성들을 차별해왔는지 폭로함과 동시에 그 차별을 철폐할 수 있는 방법을 모색하고 담론화하는 과정에서 성립되었듯, 장애학 역시 차별받는 장애인들의 목소리를 담아내고 장애인운동의 이론적 무기를 벼리는 과정에서 형성되었다. 1960년대 말부터 대중적 장애인운동이 국제적으로 활성화된 이후, 장애학은 1970년대 중반이 되어서야 하나의 실체로서 그 모습을 드러냈는데, 여기에서 우리는 장애인운동과 장애학의 직접적인 관계를 파악할 수 있다. 실제로 영국에서 사회적 장애 모델의 성립을 주도했던 빅터 핀켈스타인, 마이클 올리버, 콜린 반스 등의 학자들은 모두 장애인 당사자인 동시에 장애인운동의 선봉에 있던 활동가들이기도 했다. 누군가가 장애학의 궁극적 지향이 무엇이냐고 묻는다면 나는 아무런 망설임 없이 (장애인운동의 지향과 마찬가지로) '장애인 차별 철폐' 내지 '장애해방'이라고 이야기할 것이다.

거리의 철학자 고병권은 "나는 '철학'을 묻는 질문을 접할 때마다 그것을 '철학한다는 것'에 대한 물음으로 바꾸곤 한다. 내게 철학은 '앎의 대상'이라기보다 '행함의 지혜'이고, 결국 '행함으로 드러나는 지혜'이기 때문이다. 철학은 앎이지만 또한 행함이다"라고 이야기한 바 있다.[6] 장애학 역시 장애학이라는 장을 형성하기 위한 하나의 필요조건으로서 텍스트를 생산해야 하지만, 텍스트로서의 장애학은 ('철학하기'와 같이) '장애학 하기'의 일부분으로 자리매김할 때에만 의미를 지닌다. 이 '장애학 하기'는 필연적으로 공동의 작업일 수밖에 없기에 '장애학 함께 하기'라고 불러도 좋을 것이다. 함께 장애학을 읽고 성찰하는 것, 그러한 성찰을 말과 글을 통해 나누는 것, '장애인 되기'를 감행하는 것(즉 장애/비장애라는 분할을 가로지르고 넘어서는

---

6   고병권, 〈당신의 삶에서 당신의 철학을 본다〉,《살아가겠다》, 삶창, 2014, 15쪽.

새로운 관계 맺기와 이를 통한 변태變態의 시도), 정당한 삶의 요구를 걸고 아스팔트 위에 함께 서는 것, 그리하여 장애라는 '현상'을 구조화하는 세계의 배치를 변화시킴으로써 새로운 장애학의 탄생과 실천을 도모하는 것, 그 모든 것이 '행함'으로서의 장애학에 내재되어 있는 구성적 일부이다. 따라서 실천지향적 성격이 부재한 장애학은 진정한 의미에서의 장애학이라고 할 수 없다. 장애학자들, 특히 장애학의 실천적 성격을 강조하는 사회적 모델론자들이 장애학은 장애이론의 일부이지만 반대로 모든 장애이론이 다 장애학은 아니라고 이야기하는 것도 바로 이 때문이다.

사회복지학을 하는 이들은 이런 실천지향적 성격이 장애학의 고유한 특성으로 언급되는 것에 대해 얼마간 항의 섞인 반론을 펼치기도 한다. 그 항변의 요지는 장애학뿐 아니라 사회복지학도 실천적 학문이라는 것이다. 물론 맞는 말이다. 나 역시 사회복지학이 고유한 실천의 영역을 지니며, 사회복지 현장에서의 구체적 실천을 목표로 하는 실천지향적 학문이라고 생각한다. 이는 국내의 여러 대학에 개설되어 있는 사회복지학과의 커리큘럼만 확인해봐도 알 수 있는 사실이다. 그러나 장애학과 사회복지학 양자의 실천지향적 성격은 다음과 같은 측면에서 근본적으로 다르다.

우선 두 학문이 초점을 맞추는 지점 자체가 다른데, 이는 '니즈needs 대 억압oppression'으로 정리될 수 있다. 사회복지 영역에서 빈번하게 사용되는 단어 중 하나가 '니즈'라면, 장애학 관런 문헌에서 자주 등장하는 단어는 '억압'이다. 즉 사회복지학이 장애인이 지닌 필요 내지 욕구를 확인하고 이를 충족시키는 것에 초점을 둔다면, 장애학은 장애인이 겪는 억압에 초점을 둔다. 두 학문의 실천 양태 역시 상이하다. 이는 '지원support 대 저항resistance'으로 요약된다. 앞서 긍정한 것처럼 사회복지학도 장애학도 실천적인 학문이다. 하지만 사회복지학의 경우 장애인의 니즈를 확인했을 때 이에 대응하는 실천적 행위는 넓은 의미에서의 '지원'인 반면, 장애학의 경우 장애인이 겪는 억압을 확인했을 때 이에 대응하는 실천적 행위는 포괄적인 의미에서의 '저항'이다. 그리고 사회 구성원(장애인)에게 존재하는 니즈를 지원하는 것이 사회적 불만을 해소함으로써 기존 질서의 '안정화'에 기여한다면, 억압에 저항하는 행위는 기존 질서를 뒤흔들고 '불안정'하게 만든다. 마지막으로 이런 실천을 수행하는 주요 행위자 역시 다르다. 이 차이는 '사회복지사social worker 대 장애인disabled people'으로 대별된다. 사회복지학의 기본적인 실천이 지원이라고 할 때 그 지원을 행하는 주요 행위자는 관련 정보를 제공하고 자원을 연계할 수 있는 사회복지 전문가이지만, 장애학의 기본적인 실천이 저항이라고 할 때 그 저항을 행하는 주요 행위자는 다른 누구도 아닌 장애인 당사자일 수밖에 없다. 물론 이 두 행위자가 서로 만나고 소통하며 연대할 수 있겠지만, 적어도 '주요' 행위자를 누구로 두느냐의 측면에서는 분명히 다른 것이다. 정리해보면, '초점 → 실천적 행위 → 주요 행위자'라는 맥락에서 사회복지학이 '니즈 → (니즈에 대한) 지원 →

(지원을 수행하는) 사회복지사'라는 흐름을 보인다면, 장애학은 '억압 → (억압에 대한) 저항 → (저항을 행하는) 장애인'이라는 흐름으로 요약된다. 양자의 실천지향성이 다르다고 말하는 것은 바로 이 때문이다.

키워드 4 '해방적': 편파적이고 당파적인

장애학 역시 하나의 학문으로서 나름의 연구 방법론을 갖는다. 그중 '해방적 연구 접근법emancipatory research approach'이 특히 장애학 연구의 방법 내지 기본적 태도로 강조된다. 그런데 어떤 방식으로 연구해야 '해방적'으로 연구할 수 있다는 것일까? 언뜻 답이 떠오르지 않는다. 해방적 연구 접근법을 주제로 매우 다양한 지점들이 논의되지만, 그 기저에는 크게 다음의 두 가지 문제의식이 놓여 있다.

첫째, 일반적으로 우리는 사회과학이든 자연과학이든 하나의 '과학science' 분야에서 연구를 수행할 때 어떤 기본 원칙을 반드시 지켜야 한다고 생각한다. 바로 '객관성', 좀 더 정치적인 관점에서 표현하면 '중립성'이 바로 그 원칙이다. 객관성과 중립성을 상실한 연구에 연구로서의 가치가 없다는 비난이 쏟아지는 이유다. 과학적 연구를 수행하는 연구자는 누군가의 편을 들거나 어느 한쪽으로 치우쳐서는 안 된다고, 즉 '불편부당'해야 한다고 간주된다. 그러나 장애학에서 주창하는 해방적 연구 접근법은 연구자의 객관성과 중립성을 기각하고, 오히려 '편파성'과 '당파성'을 대놓고 주장한다. 즉 해방적 장애 연구는 '불편不偏'하지도 '부당不黨'하지도 않으며, 억압받는 자와 장애인의 편에 서 있다.

이러한 입장을 구체적인 일화를 통해 좀 더 이야기해보자. 영국 장애인운동에서 매우 잘 알려진 1세대 활동가 중에 폴 헌트라는 사람이 있다. 헌트는 본래 레너드 체셔 재단Leonard Cheshire Foundation[7]이 운영하는 잉글랜드 남부의 한 시설에서 생활하던 시설 생활인이었다. 그 재단은 우리나라로 치면 꽃동네 정도 되는, 아니 꽃동네보다도 훨씬 더 방대한 규모로 국내외에 거주시설을 운영하는, 영국에서 가장 유명한 장애인복지재단이다. 그런데 헌트는 반골 기질이 있는 꽤 까칠한 장애인이었던 모양이다. 시설의 생활환경이 열악한데다 이런저런 인권 침해까지 발생하자, 그는 동료 생활인들을 조직해 소요를 일으키고 시설 경영진들과 일련의 논쟁 및 협상을 벌였다. 그리고 영국에서 가장 권위 있는 사회조사 연구소 중 하나인 태비스톡 연구소Tavistock Institute를 초청해 실태조사를 진행하기로 합의를 이끌어낸다. 아마도 헌트는 전문 연구자들이 방문해 조사를 하게 되면 시설

---

7 이 재단은 영국뿐만 아니라 전 세계에 걸쳐 현지 재단을 두고 장기요양 관련 서비스를 제공하며, 다양한 보건·복지·교육·자원봉사 사업을 펼치고 있다. 영국의 공군 장교인 레너드 체셔가 1948년 설립한 체셔 요양홈 재단The Cheshire Foundation Homes for the Sick을 모태로 한다. 1976년 이래로 오랫동안 레너드 체셔 재단이라는 이름으로 운영되었고, 2007년부터는 명칭을 레너드 체셔 디스어빌리티Leonard Cheshire Disability로 변경했다.

체제의 문제점이 낱낱이 드러나리라 기대했을 것이다. 그렇게 시설 실태조사가 이루어지고, 당시 책임연구원 격으로 조사에 참여했던 에릭 밀러와 제럴딘 그윈은 얼마 후 연구보고서를 내놓았다. 그 내용을 확인한 헌트는 크게 분노한다. 보고서에 기대했던 시설 체제에 대한 문제 제기와 비판은 하나도 없고, 자신들의 저항을 완고한 시설 경영진과 불만 많은 생활인들 사이에서 벌어진 갈등에 불과한 것으로 축소해놓았던 것이다.

시설 내에서 변화를 추구하는 것이 더 이상 의미가 없다고 느낀 헌트는 '시설 생활인들의 시각을 대변할 수 있는 단체를 만들 것을 제안한다'는 요지의 글을 《가디언Guardian》에 기고한 후 시설을 나왔다. 그리고 영국 진보적 장애인운동의 시발점이 된 분리에 저항하는 신체장애인 연합Union of the Physically Impaired Against Segregation, UPIAS을 창립했다. 이후 1981년에 헌트는 그 연구보고서의 내용은 물론 연구자들을 신랄하게 비판하는 〈기생적 인간들과의 거래를 청산하기Settling accounts with parasite people〉라는 글을 작성한다. 여기서 흥미롭고도 중요한 것은 헌트가 그 연구자들이 시설 체제에 대한 '객관적' 평가에 참여하기를 거부했다고 지적했다는 사실이다. 정작 그들은 스스로 시설 경영진과 생활인들 사이에서 객관적이고 불편부당한 입장을 취했다고 자부했겠지만 말이다.

결국 이 일화는 누구의 관점에서 세상을 바라보느냐에 따라 객관성은 달라질 수밖에 없다는 것, 우리 사회에서 객관적·중립적이라고 이야기되는 것 대부분이 실상은 권력을 가진

자들의 객관성·중립성에 지나지 않는다는 점을 시사한다. 달리 말하면, 그것은 객관성·중립성으로 포장된 편파성·당파성일 뿐이다. 이렇듯 권력자와 억압자의 입장이 객관적이고 중립적인 것으로 설정되는 세계에서, 장애학은 그 객관성에 따르지 않고 편파적이고 당파적임을 당당히 선언하고 연구를 수행하겠다는 것, 이것이 바로 해방적 연구 접근법의 첫 번째 핵심이라 할 수 있다.

둘째, 학문을 하는 것도 하나의 활동이다. 모든 활동에는 그것을 수행하는 주체subject가 있다. 학문이라는 활동의 주체를 우리는 학자學者라고 부르며, 이들은 흔히 전문가로 간주된다. 그리고 주체의 맞은편에는 언제나 객체 내지 대상object이 있기 마련이다. 기존 장애 관련 연구의 경우, 이러한 틀 속에서 학자나 전문가들이 '주체'가 되고 장애인은 '대상'이 된다. 즉 의학, 재활학, 심리학, 사회복지학, 특수교육학 등의 장애 연구에서 장애인은 이제껏 대상화objectification되어온 것이다.

직감할 수 있듯, '대상화된다'는 말은 그다지 좋은 의미로 쓰이지 않는다. 대상화란 곧 누군가의 주체성과 목소리를 무시하고 억압하는 것이기 때문이다. 그러나 우리 사회에서 소수자들은 타자화된 대상으로 존재하고, 소수자-다수자의 관계는 여성female-남성male의 관계에서 잘 나타나듯 비대칭성과 (주체성의) 종속을 특징으로 한다. 때로는 그 주체성이 아예 무화되어 '비체卑/非體, abject'[8]가 되어버리기도 한다. 특히 장애disability-비장애ability의 관계는 주체성을 넘어 존재성 자체를 삭제하려는 움직

임에 기초해왔다. 예컨대 장애인은 비유적 의미가 아니라 실제적인 의미에서 '예방'(사회정책적 개입과 불임수술), '제거'(선별적 낙태와 안락사), '격리'(시설 수용), '되돌리기'(의료적 재활)의 대상이 되어왔다. 또한 'feminism'은 그래도 여성의 위치position에서 여성들의 정치적 입장position을 표현하는 '여성주의'를 의미하기라도 하지만, 'disablism'은 '장애차별주의'를 의미하고, 'ableism'은 '비장애중심주의'를 의미한다. 즉 'disablism=ableism'이며, 양자 모두에서 장애(인)의 위치와 입장은 삭제되어 있다. 이런 사회문화적 구조와 조건이 기존의 장애 연구에도 그대로 반영된 탓에, 연구자/전문가와 장애인 사이에는 주체-대상이라는 뚜렷한 위계 및 권력관계가 존재할 수밖에 없었다.

그렇다면 장애학자들과 장애인 대중의 관계는 이와는 어떻게 달리 설정되는가? 이것이 바로 해방적 연구 접근법의 두 번째 핵심 질문이다. 앞서 장애학의 실천지향성을 설명하며 '장애학 하기'란 곧 '장애학 함께 하기'라고 이야기했는데, 바로 여기에 이 문제를 풀 수 있는 힌트가 있다. 한동안 대중 예능 프로그램의 형식으로 선호된 서바이벌 오디션 프로그램들은 참

8　불가리아 출신의 페미니스트 비평가 줄리아 크리스테바가 처음 개념화한 용어로, 비체는 '비천한 존재[卑體]'이자 일정한 질서의 장 내에서 '주체도 객체도 되지 못하고[非體]' 그 바깥으로 분리되어진ab- 내던져진ject 존재를 가리킨다. 주디스 버틀러는 가부장적 이성애 중심 사회에서의 동성애자를 이러한 비체의 맥락에서 논하는데, 이성애적 남성-여성의 이항 구도 내에서 이성애자 남성은 성적 주체가 되고 이성애자 여성은 성적 대상(객체)의 자리를 갖는다면, 동성애자들은 성적 주체도 객체도 되지 못한 채 그 질서 바깥에서 비체가 된다고 할 수 있다.

가자들에게 흔히 '콜라보 미션'이라는 것을 과제 중 하나로 제시했다. 이 미션을 수행할 때는 다양한 나이, 경력, 실력을 지닌 참가자들이 하나의 팀을 이루어 함께 선곡과 편곡을 하고, 안무를 짜고, 노래 파트를 나누고, 무대 위에서 공동의 퍼포먼스를 수행한다. 제일 뛰어난 가창력을 지닌 이가 독창을 하고 나머지 성원들은 그저 백 코러스로 서는 것이 공연 자체의 완성도를 더 높일 수도 있겠지만, 콜라보 미션에서 그런 무대는 빵점짜리가 되고 만다. 해방적 장애 연구에서 장애인 대중과 장애학자는 이처럼 콜라보 미션을 수행하는 콜라보레이터collaborator, 즉 공동작업자들이다. 다시 말해 장애인 대중과 장애학자는 수평적인 관계 속에서 장애인 차별 철폐 내지 장애해방이라는 공동의 목표를 향해 함께 소통하고 논의하고 연구하고 실천하는 관계다. 안토니오 그람시의 용어를 빌리면 장애학자는 장애인 대중의 일부로서 존재하는 유기적 지식인organic intellectual일 뿐이며, 장애학에서의 장애 연구는 연구의 결과물이 장애해방에 도움이 되어야 할 뿐만 아니라 연구 과정 자체도 장애인 대중에게 (억압적이지 않고) 해방적인 것이어야 한다고, 그것을 목적의식적으로 지향해야 한다고 할 수 있을 것이다.

2 장

'손상'은 어떻게 '장애'가 되는가

"장애인이기 때문에 차별받는 것이 아니라,
차별받기 때문에 장애인이 된다."

1

장애인이라는 범주를 의심하다

200년 전에는 장애인이 없었다?

대학을 졸업하고 장애인운동판에서 20년 가까이 활동하다 보니, 어디 가서 장애 문제나 장애인권과 관련된 이야기를 하게 되는 경우가 종종 생긴다. 그때마다 내가 즐겨 하는 '뻘소리'가 하나 있다. (고고학자나 인류학자들마다 조금 다르게 추정하기는 하지만) 현생 인류의 직계 조상인 호모 에렉투스Homo erectus가 출현한 시기부터 따지면 인류가 이 지구에서 살아온 시간이 대략 200만 년 정도가 되는데, 그 200만 년의 길고 긴 시간 중 199만 9,800년간, 그러니까 불과 200년 전까지만 해도 인간 사회에 '장애인은 없었다'고.

이런 이야기를 하면 청중들은 보통 수긍하는 쪽과 부정하는 쪽으로 나뉜다. 나의 말에 수긍하는 이들은 아기가 태어나면

언덕에서 굴리거나 험한 곳에 방치했다가 살아 돌아오는 아이들만 키웠다는 고대 스파르타 같은 곳을 떠올리는 듯하다. 인류학자들의 이야기를 들어보면 실제로 인류의 역사에는 스파르타 말고도 유아살해infanticide의 풍습이 존재했던 사회가 있었다. 그래서 이들은 예전에는 우리 사회가 더 냉혹하고 비인간적이어서 장애인이 태어나면 모두 죽였다는 식으로 생각하는 것이다. 하지만 내 말을 부정하는 쪽은 다음과 같은 반론을 제기한다. "아니, 조선 시대 《심청전》만 봐도 심봉사 이야기가 나오는데 왜 장애인이 없었다는 겁니까. 괜히 거짓말하지 마세요."

그러나 200년 전만 해도 장애인이 없었다는 나의 말은, 내 말에 수긍한 사람들과는 다른 맥락을 갖는다. 나에게 거짓말하지 말라고 했던 이들이 지적했던 것처럼, 인간 사회에는 어느 시기 어느 곳에나 팔다리가 불편한 사람, 듣지 못하는 사람, 앞을 보지 못하는 사람, 그리고 다른 사람들보다 발달이 늦은 사람 등등이 있었다. '장애인이 없었다'는 나의 말은 불과 200년 전만 해도 그들이 하나의 범주로 묶여 사고되지 않았다는 뜻이다. 그런 신체적·정신적 특징을 지닌 사람들 스스로는 물론, 그렇지 않은 사람들 사이에서도 말이다.

한때 지상파 방송국의 한 개그 프로그램에서 진행된 코너를 즐겨 봤던 적이 있다. 그 코너에서 개그맨은 늘 경쾌한 음악과 함께 무대에 등장해 혼자 이런저런 이야기를 주저리주저리 떠들어대며 잘난 척을 하다가, 마지막에 가서는 항상 이런 멘트로 끝을 맺는다. "자, 그래서 이 세상에는 두 종류의 인간이 있지. A라는 종류의 인간과 B라는 종류의 인간." 이게 마지막 결론이자 웃음 포인트다. 마치 이 개그맨의 결론처럼, 세상의 인간을 장애인이라는 인간과 비장애인이라는 인간, 이렇게 두 종류의 인간으로 구분하기 시작한 건 불과 200년밖에 되지 않았다. 더 직접적으로 이야기하면, 200년 전만 해도 우리 사회는 물론이고 서구 사회에도 '장애인disabled people'이라는 말 자체가 없었다. 장애인이라는 말이 없는데, 어떻게 누군가가 장애인으로 불리고, 장애인으로 구분되고, 장애인이라는 정체성을 지닌 존재로 살아갈 수 있겠는가. 장애인이 없었다는 것은 바로 이런 의미다.

장애인은 정말 서로 가까운 존재인가

그래서 그게 뭐 어쨌다는 건가, 하고 생각하는 이들도 있을 것이고, 역사를 끌어내 설명하는 이런 이야기가 지금의 현실과는 다소 거리가 있다고 느끼는 이들도 있을 것이다. 이런 사람들을 위해 내가 겪은 에피소드를 소개해보려고 한다. 이제는 그나마 많은 사람들에게 알려졌을 장애 관련 법률 중 보통 '장애인차별금지법'이라고 불리는 〈장애인차별금지 및 권리구제 등에 관한 법률〉이 있다. 2007년 제정된 장애인차별금지법은 장애계 전체가 모여 구성한 장애인차별금지법제정추진연대(이하 장추련)라는 연대체가 만든 법이다. 그 법의 제정 운동이 한창이던 시기, 전국장애인차별철폐연대라는 조직에서 정책 담당자로 일하고 있던 나는 정기적으로 열리던 장추련 회의에도 참석하곤 했다. 장추련 회의가 잡혀 있던 어느 날, 오전에 다른 교육 일정을 마치고 나니 상황이 애매했다. 시간이 많이 남아서 바로 회의를 가기엔 너무 일렀고, 그렇다고 사무실에 들어가자니 의자에 엉덩이만 잠깐 붙였다가 다시 나와야 하는 상황이었던 것이다. 결국 거리에서 시간을 낭비하느니 일찍 도착해 책이라도 보는 게 낫겠다 싶어 바로 회의 장소로 향했다.

막상 도착하니 한국농아인협회에서 이미 농인 한 분이 와 계셨고, 서로 인사를 주고받은 후 이런저런 이야기를 나누게 되었다. 사실 나는 장애인단체에 오래 있기는 했지만 수화언어(수어)를 잘하지는 못한다.[1] 인사말을 비롯해 아주 기본적인 것만 할 줄 아는 정도고, 지화指話는 알지만 긴 대화는 어렵다. 그래서 노트북을 펼쳐놓고 서로 번갈아 타자를 치며 대화를 이어갔다. 그리고 잠시 후, 이번에는 한국시각장애인연합회에서 맹인 한 분이 오셨다. 그분은 나와 잘 아는 친한 형님이라, 내가 먼저 다가가서 "단체에는 별일 없습니까", "아이는 잘 큽니까" 인사를 드리고 수다를 떨었다.

그렇게 한참을 있는데 나 혼자만 너무 떠들고 있다는 생각이 들었다. 그래서 두 사람에게 무심코 이렇게 말했다. "두 분도

---

1   농인들이 사용하는 손짓언어sign language는 통상 '수화'라고 지칭되었으나, 2016년 〈한국수화언어법〉이 제정되면서 '수화언어(약칭 수어)'가 공식적인 명칭이 되었다.

서로 인사도 나누고 이야기도 좀 하시지요." 그 순간, 공기가 싸해졌다. 왜 그랬을까? 그렇다. 머릿속에 이미 그림이 그려져 살짝 웃음이 나는 독자들도 있을 것이다. 나는 농인과 수어가 됐든, 지화가 됐든, 필담筆談이 됐든, 노트북(타자)이 됐든, 시각적인 무언가를 이용해 의사소통할 수 있다. 또한 나는 맹인과 음성언어를 이용해 의사소통하는 데 아무런 지장이 없다. 그런데 농인과 맹인은 어떤가? 그 둘은 중간에 어떤 매개가 없다면 의사소통하기 곤란하다. 그런데 어이없게도 내가 서로 이야기 좀 나누라고 권했으니 분위기가 썰렁해질 수밖에. 다른 단체의 회의 참여자들이 한두 명씩 도착한 덕에 어색한 상황을 벗어날 수 있었고 회의도 무사히 마쳤지만, 사무실로 돌아오는 지하철 안에서 이런저런 생각이 들었다.

또 한번은 이런 일이 있었다. 앞서 언급했듯 내가 오랫동안 일했던 단체의 이름은 전국장애인차별철폐연대로, 나름 '전국' 조직이다. 그래서 활동을 하다보면 회의, 집회, 교육 등의 일정으로 지방에 가는 일이 종종 생긴다. 혼자 다닐 때는 차비가 저렴한 고속버스를 주로 이용하지만, 장애인 동료들과 함께 다닐 때는 거의 대부분 KTX를 이용하게 된다. 장애인이 있을 때는 KTX도 동반 할인이 되어 비용의 차이가 거의 없을뿐더러, 결정적으로 고속버스는 휠체어를 이용하는 장애인이 탑승할 수 없으니까. 그런 까닭으로 2014년부터 설날이나 추석에 '장애인도 버스 타고 고향 가자!'라는 캐치프레이즈를 내걸고 고속버스 타기 투쟁을 열심히 전개하고 있다.

언젠가 사무실에서 함께 일하는 장애인 동료 두 명과 대구에 갈 일이 있었다. 한 명은 어릴 적 소아마비로 한쪽 다리가 조금 불편한 목발 이용 장애인이었고, 다른 한 명은 소위 중증의 뇌병변장애를 지닌 전동휠체어 이용 장애인이었다. 그렇게 셋이서 KTX를 타고 대구로 가는데, 그날따라 무슨 문제가 생겼는지 열차가 연착돼 예정된 도착 시간을 훌쩍 넘기게 되었다. 설상가상으로 지역에서 리프트 차량으로 픽업을 해주기로 한 담당자와도 연락이 닿지 않았다. 급한 마음에 동대구역에 도착하자마자 서둘러 움직였고, 어쩌다 나와 목발 이용 장애인만 먼저 에스컬레이터를 타고 역 광장으로 나오게 되었다. 전동휠체어 이용 장애인은 챙기지도 못한 채 말이다. 다행히 광장에서 리프트 차량 운전자를 만나기는 했지만, 아뿔싸, 그제야 다른 장애인 한 명이 같이 나오지 않았다는 걸 자각했다. 전화를 해도 받지 않아 초조한 마음으로 기다리고 있는데, 다행히 뒤쪽에서 그 친구가 "야, 이 인간들아 너희만 가면 어떡해!"라고 소리를 지르면서 전동휠체어를 몰고 나타났다. 우리 둘처럼 에스컬레이터를 탈 수 없었던 그 친구는 혼자 뒤쪽으로 돌아가 엘리베이터를 찾아서 타고 내려왔을 것이다.

이제 이 두 상황을 성찰해보도록 하자. 두 에피소드 모두에 세 명의 인간이 등장한다. 전자의 경우에는 ① 농인 ② 나 ③ 맹인이, 후자의 경우에는 ① 목발 이용자 ② 나 ③ 전동휠체어 이용자가 함께 있었다. 통상적인 범주와 구분법대로라면 누구와 누구가 한 부류의 인간으로 분류될까? 두 경우 모두에서 당연히 (내가 제외되고) ①번과 ③번의 인간이 '장애인'이라는 하나의 범주로 묶이게 될 것이다. 여기서 잠시 장애라는 범주를 머릿속에서 지우고 생각해보자. ①번과 ③번의 인간이 한 범주로 묶일 정도로 정말 그렇게 가깝다고 볼 수 있을까?

우선 처음의 에피소드에서 드러나듯, 농인과 맹인은 중간에 무언가 매개가 없으면 서로 의사소통하기 어렵다. 나와 농인 혹은 나와 맹인은 그렇지 않은데 말이다. 이뿐만 아니라 일상의 경험이라는 맥락에서 보더라도 농인과 맹인이 어떤 유사한 경험을 공유한다고 말하기는 힘들다. 사실 농인의 입장에서는 (누군가 어떤 신체적·정신적 특징을 지니고 있건 간에) 음성언어를 통해 의사소통하는 사람들을 자신과는 다른 부류로 생각할 수도 있다. 또한 맹인의 입장에서는 (누군가 어떤 신체적·정신적 특징을 지니고 있건 간에) 시각을 통해 세상을 인지하는 사람들을 자신과는 다른 집단으로 느낄 수 있을 것이다. 두 번째 에피소드에서 역사驛舍 밖으로 이동할 때 같은 경험을 한 이들은 목발 이용자와 전동휠체어 이용자가 아니라, 목발 이용자와 나였다. 몸 자체의 차이라는 맥락에서 보더라도, 세 사람이 나란히 서 있다고 할 때 더 가깝게 보이는 이들은 목발 이용자와 전동휠체어 이용자보다는 오히려 목발 이용자와 나이다. 요컨대 일상생활의 경험이라는 맥락에서든 몸의 차이라는 기준에서든, 장애인이라고 불리는 사람들이 하나로 묶일 만한 객관적인 기준은 사실상 존재하지 않는다.

장애인, 비장애인 중심 사회가 만들어낸 범주

그렇다면 약 200년 전이라는 시점에 왜 그 이전에는 존재하지 않았던 '장애인'이라는 범주가 형성된 것일까? 이것은 근대 자본주의 체제로의 이행 과정과 맞물린 구체적인 역사적 사건과 맥락 속에서 논의해야 하는 부분으로, 7장에서 자세히 설명하려고 한다. 일단 여기에서는 그런 범주의 형성에 수반된 함의만을 인종 문제와 견주어 짚어보도록 하자. 지구상에는 다양한 인종들이 존재한다. 황인종은 물론, 백인종, 흑인종도 있고, 그 외에도 여러 혼혈인종이 있다. 이 인종들 중 어떤 인종이 어떤 인종과 더 가깝다고 할 만한, 혹은 어떤 인종을 다른 어떤 인종과 특별히 함께 묶어낼 만한 객관적인 기준 같은 것은 존재하지 않는다. 그러나 지금 우리는 이 다양한 인종들을 단 두 가지로 대별하는 범주를 사용하고 있다. '유색인종'이라는 범주가 바로 그것이다. 앞서 언급한 개그맨의 어법을 빌려 이야기하면, 세상에는 두 종류의 인간, 즉 유색인종이라는 인간과 백인종이라는 인간이 존재하는 것이다. 그런데 유색인종이라는 범주가 인류 역사의 초창기부터 있었을까? 아마 그렇지는 않았을 것이다. 각 인종들이 서로의 존재 자체를 모른 채 살아가던 시기도 있었을 것이고, 다양한 인종들이 서로 접촉하고 교류하면서 진정한 의미의 세계사가 성립된 이후에도 매우 오랜 기간 동안 유색인종이라는 말은 존재하지 않았다. 이 말은 언제부터 생겨났을까?

어느 정도 예상할 수 있듯, 유색인종이라는 범주는 여타 인종들에 대한 백인종의 식민 지배 체제가 확립되면서 만들어진 것이다. 앞으로는 어떻게 될지 모르겠지만, 지구상에서 가장 많은 권력을 가지고 있는 인종은 아직까지 백인종이고, 따라서 이 세계는 백인종을 중심으로 돌아가고 있다. 이렇듯 백인종 중심의 사회에서, 스스로가 이 세상의 '기준'이라고 여기는 백인들이, 자신들을 제외한 나머지 인종들을 통째로 묶어버린 결과가 바로 유색인종이라는 범주이다. 역사에 가정은 없다고 하지만, 만일 흑인종이 가장 많은 권력을 가지고 있었다면 유색인종이라는 범주는 결코 만들어지지 않았을 것이다. 흑인종을 제외한 나머지 인종들을 하나로 묶는 범주, 이를테면 '희끄무레한 인종'이나 '허여멀건 인종' 같은 범주가 존재할 수는 있었겠지만 말이다.

인종 문제와 완전히 동일하다고 할 수는 없겠지만, 장애인이라는 범주 역시 유색인종이라는 범주와 유사한 맥락과 함의를 지닌다. 현재 우리 사회에서 권력을 쥐고 있는 것은 소위 '정상적인normal' 신체를 지녔다고 간주되는 사람들이고, 세상은 그러한 사람들을 '기준norm'으로 설계되고 구축되고 또 굴러가고 있으니까. 사람들이 잘 의식하지 못하지만, 장애인이라는 일상적인 범주 자체에 특정한 권력관계가 내재되어 있다는 것, 바로 이 지점부터 성찰해야 한다. '성소수자'라는 범주의 경우에는 이런 권력관계가 그 용어 자체에서 직접적으로 드러난다. 레즈비언lesbian, 게이gay, 바이섹슈얼bisexual, 트랜스젠더transgender, 인터섹스intersex, 퀘스처너리questionary, 에이섹슈얼asexual 등과 같은 다양한 성적 지향 및 성 정체성을 지닌 사람들(LGBTIQA+)이 하나의 범주로 묶이는 이유는 오로지 그들이 성적으로 소수자(약세자弱勢者)이기 때문이다. 즉 우리 사회에서 이성애와 시스젠더cisgender를 기준으로 한 성차별이 사라진다면 그들은 더 이상 소수자가 아닐 것이고, 성소수자라는 범주도 필요하지 않게 될 것이다.

2

차별받기 때문에 장애인이 된다

무엇이 장애인가?: 주류 사회가 은폐하고 있는 것들

앞서 언급했듯 장애인이라는 범주가 형성된 지는 그리 오래되지 않았으며, 장애가 무엇이고 누가 장애인인지를 우리 사회가 명확히 규정한 것은 그보다도 훨씬 더 늦은 매우 최근의 일이다. 소위 법치 사회인 오늘날의 현대사회에서 통용되는 공식적인 용어 대부분은 법적 용어다. 1970년대까지만 해도 우리나라의 법률에서는 '장애'보다 '불구不具'나 (더 이상 고칠 수 없는 병이라는 뜻의) '폐질廢疾'이라는 용어가 훨씬 더 일반적으로 쓰였다. 장애인을 최초로 정의한 법률은 1981년 제정된 〈심신장애자복지법〉(현 〈장애인복지법〉)이다. 사실 〈심신장애자복지법〉보다 먼저 만들어진 장애 관련 법률이 있기는 하다. 1977년 제정된 〈특수교육진흥법〉이 바로 그것인데, 이 법은 '심신장애자'라는 용어를 사용하면서도 '제2조(용어의 정의)'에서 이를 정의하지 않았다. 당시만 해도 장애에 대해 국제적으로 합의된 정의가 존재하지 않았기 때문이다. 1980년에 세계보건기구WHO가 발표한 국제 손상·장애·핸디캡 분류International Classification of Impairments, Disabilities and Handicaps, ICIDH가 장애에 대한 최초의 국제적 정의이자, 구체적으로 무엇이 장애이며 누가 장애인인지를 명시한 기준이다.

ICIDH에 따르면 장애란 신체적인 것이든 정신적인 것이든, 어떤 사람의 몸에 손상impairment이라고 간주될 수 있을 만한 이상異常이 존재하는 것을 말한다. 그렇게 어떤 사람의 몸에 손상이 존재하게 되면, 그 사람은 손상으로 인해 무언가를 할 수 없는 상태disability에 빠진다. 그리고 다른 사람들은 할 수 있는 것을 할 수 없게 되기 때문에 결국 그는 사회적으로 불리한 처지handicap에 놓이게 된다. 즉 장애란 '손상 → 장애 → 핸디캡'이라는 3단계 인과 도식을 통해 규정된다. 장애에 대한 이런 정의는 대다수 사람들의 고개를 끄덕이게 할 만한 것이다. 막연하게 생각하고 있던 장애를 간결하면서도 논리적으로 깔끔하게 정리해준다는 느낌이 든다. 실제로 ICIDH가 발표된 이후 우리나라를 포함한 세계 각국의 장애 관련 법률들은 거의 대부분 이를 준거 삼아 장애를 정의하고 있다.[2]

국제기구가 만든 ICIDH는 당연히 영어로 발표되었고, 우리나라의 장애인들보다는 영어권 국가의 장애인들이 먼저 그 내용을 접하게 된다. 더구나 1980년 당시 아직 장애인운동이라고 할 만한 것이 형성되지 않았던 우리나라와는 달리, 유럽이나 북미에서는 68혁명 이후 소위 신사회운동new social movement의 영향을 받아 장애인 대중운동이 이미 활발한 상태였다. 영어권의 장애인운동 활동가들 역시 처음에는 ICIDH를 크게 틀리지 않은 말로 받아들였다. 하지만 말은 맞는 것 같은데 어딘지 모르게 기분이 좀 이상하고 찝찝한 느낌이 드는 이야기가 있지 않은가. 장애인운동 활동가들이 처음 WHO의 장애 정의를 접했을 때의 느낌이 아마 딱 그랬던 모양이다. 그래서 서너 명이 모여 토론하고, 열댓 명이 모여 세미나도 하고, 더 많은 사람들을 불러 모아 공청회도 열면서 이들은 ICIDH에 대해 고심하게 된다. 여기에서는 핵심 내용만 간단히 설명했는데, 사실 ICIDH는 꽤 두툼한 책 한 권 분량의 문서다. 그렇게 한참을 지지고 볶던 이 활동가들은 어느 순간 무릎을 치게 된다. ICIDH가 겉보기에 굉장히 합리적이고 논리적인 이야기를 하는 것 같지만, 실은 무언가를 은폐하며 사람들을 기만하고 있음을 깨달은 것이다. 세계 각국의 장애 관련 법률들이 채택하고 있는 이 장애 정의는 도대체 무엇을 숨기고 있는 걸까?

---

2   WHO의 ICIDH는 이후 장애인운동 진영의 많은 비판을 받게 되었고, 2001년에 국제 기능·장애·건강 분류International Classification of Functioning, Disability and Health, ICF로 개정되었다. 그러나 한국의 〈장애인복지법〉을 비롯해 세계 각국의 법적 장애 정의는 거의 대부분 변화 없이 그대로 유지되고 있다. ICF의 구체적인 내용에 대해서는 이 책 5장을 참조하라.

흑인이 노예가 된 건 검은 피부 때문인가

우선 조금 다른 이야기를 통해 이 문제에 접근해볼까 한다. 앞서 유색인종이라는 범주를 언급하기도 했지만, 19세기 중후반까지만 해도 아메리카 대륙에는 노예제도가 있었다. 당시 미국에서는 피부가 검은 흑인들은 모두 노예로 존재했다. 그런데 이들에게 '당신이 노예가 된 것은 당신의 검은 피부 때문이다'라고 이야기할 수 있을까? 아마도 많은 사람들이 이 말에 어폐가 있다고 느낄 것이다. 미국에는 여전히 검은 피부를 지닌 사람들이 많지만 그들은 노예가 아니니 말이다.

2014년 아카데미 작품상을 받은 영화 〈노예 12년〉은 자유민으로 살아가던 주인공 솔로몬 노섭이 노예가 되어 12년 동안 고초를 겪다가 가까스로 다시 자유민으로 돌아오는 과정을 그린다. 그런데 그와 같은 '자유민 → 노예 → 자유민'으로의 변화 과정에서 노섭의 피부색이 바뀌었던 것은 아니다. 그러니 노예가 된 원인을 검은 피부에서 찾을 수는 없다. '검은 피부' 때문에 노예가 된 게 아니라면, 흑인은 무엇 때문에 노예가 된 것일까? 간결하게 말하면 '차별과 억압 때문'이라고 할 수 있다. 즉 '흑인—[차별과 억압]→ 노예'인 것이다. 요컨대 이들이 노예가 되거나 노예가 아니게 된 까닭은 검은 피부라는 신체적 속성 혹은 그 속성의 변화 때문이 아니다. 우리는 그 원인을 차별과 억압 혹은 차별과 억압의 변화에서 찾아야 한다.

이제 다시 장애 문제로 돌아와 이야기해보자. 주지하다시피 장애는 영어로 보통 'disability'라고 표기된다. 'disability'는 'ability'의 반대말이다. 'ability'는 능력/할 수 있음을 의미하고, 'disability'는 불능/할 수 없음을 의미한다. 요컨대 장애라는 말이 가지고 있는 본래적 함의는 '무언가를 할 수 없음'이다. 그런데 앞서 살펴본 ICIDH의 장애 정의에서는 무언가 할 수 없음으로서의 장애의 원인을 손상이라고 규정한다. 바로 이 설명에, 그러니까 어떤 손상을 지닌 사람이 무언가 할 수 없게 되는 '원인'을 해당 개인의 신체적·정신적 속성인 손상에 귀착시키는 것에 기만이 존재한다. 그러나 앞의 흑인과 노예의 사례와 달리 여기에는 딱히 어폐가 없다고 느낄 수 있다. 몸에 어떤 손상이 생기면 당연히 무언가를 할 수 없게 되는 것이 아닌가 하는 생각이 들기 때문이다. 이 문제를 논리적으로 살필 수도 있겠지만, 구체적인 사례를 통해 논의를 이어가보도록 하자.

장애인이 버스를 탈 수 없는 진짜 이유[3]

우선 눈에 잘 띄는 신체적 손상에 관한 이야기부터 시작해보자. 어떤 사람이 다리에, 척수장애인이라면 척수에, 뇌병변장애인이라면 운동을 관장하는 뇌의 특정 부위에 손상을 지니고

---

3 강혜민, 〈'휠체어가 씽씽 달리는 도시'에 대한 발칙한 상상〉, 비마이너, 2014. 8. 1. 해당 기사 웹페이지(http://beminor.com/detail.php?number=7174)에 게재된 '프랑스 전력청 광고' 동영상도 이 절의 내용과 유사한 관점에서 제작된 것이니 참조할 수 있다.

있을 수 있다. 그래서 휠체어를 이용할 수 있을 것이다. 이들이 휠체어를 탄 채 일반 시내버스에 승차하기란 불가능하다. 즉 이들은 '버스를 탈 수 없음'이라는 장애를 경험하게 된다. ICIDH의 도식에 따르면, 이런 경우 버스를 탈 수 없는 이유는 그 사람의 몸에 존재하는 손상 때문이다.

장애인들의 이동권 투쟁으로 2005년 〈교통약자의 이동편의 증진법〉이 제정된 덕분에, 요즘은 (여전히 드물긴 하지만) 일반 시내버스와는 조금 다르게 생긴 버스들이 돌아다닌다. 바닥이 낮고 계단이 없으며 뒤쪽 문에서 경사로가 나오는 버스, 다름 아닌 저상버스다. 그렇다면 앞서 언급한 것과 똑같은 손상을 지닌 사람이 저상버스는 탈 수 있을까? 그렇다, 당연히 탈 수 있다. 이를 정리해보면 다음과 같다. 동일한 손상을 지닌 동일한 사람이, 버스 타기라는 동일한 행위를, 어떤 경우에는 할 수 있고 어떤 경우에는 할 수 없다. 그렇다면 '버스를 탈 수 없음'의 원인이 과연 그 사람의 몸에 존재하는 손상이라고 이야기할 수 있을까? 그렇게 이야기할 수 없다. 원인이란 일정한 결과를 만들어내는 요인이다. 손상이라는 요인은 그대로인데 버스를 탈 수 있기도 하고 탈 수 없기도 하다면, 문제의 원인은 그 사람의 몸이 아니라 바로 버스에 있다고 해야 할 것이다.

다음으로는 감각적인 영역의 손상, 이를테면 청각에 손상을 지니고 있는 농인에 대해 이야기해보자. 우리는 흔히 농인이 의사소통할 수 없다고 여긴다. 실제로 농인들은 일상생활에서 '의사소통할 수 없음'이라는 장애를 경험하는 경우가 많은데,

ICIDH에 따르면 농인이 의사소통할 수 없는 것은 그 사람의 청각에 존재하는 손상 때문이다.

하지만 다음과 같은 상황을 가정해보자. 어느 날 내가 덕수궁 앞을 바삐 지나가고 있는데 앞쪽에서 한 외국인이, 이를테면 영국인이 나를 향해 뚜벅뚜벅 다가온다. 나는 슬금슬금 피해가려고 하는데, 그 사람이 내 앞을 가로막고는 영어로 말을 걸어온다. 몹시 당황스럽다. 중·고등학교 때 영어를 배우기는 했지만, 독해와 문법만 죽어라 공부한 탓에 그 사람이 하는 말을 알아들을 수 없다. 그가 떠드는 말 중 겨우 몇 단어를 캐치해 더듬더듬 대답해보지만, 그는 내 말을 알아듣지 못한다. 발음이 너무 안 좋으니까. 얼굴은 뻘게지고 식은땀이 나 계속 끙끙대고 있는데, 순간 억울하다는 생각이 든다. '여긴 한국 땅이고, 내 홈그라운드인데, 영어를 못한다고 내가 왜 끙끙대야 하지?', 이런 생각이 머리를 스치고 지나간다.

그때부터는 마음의 안정을 되찾고 조금 당당해진다. 영국인에게 그냥 한국어로 말을 한다. "아니, 한국에 왔으면 한국어로 이야기를 좀 해보세요, 제가 무슨 말인지 알아들을 수가 없잖아요." 그렇게 한쪽은 영어로 이야기하고, 다른 한쪽은 한국어로 떠들면 두 사람은 과연 의사소통할 수 있을까? 당연히 못한다. 결국 영국인은 어깨를 한 번 으쓱하고는 뒤돌아 가던 길을 가게 될 것이다. 여기서 중요한 건, 의사소통에 실패했어도 내가 그 영국인을 의사소통할 수 없는 사람이라고 생각하지는 않는다는 점이다.

이번에는 그 영국인의 자리에 농인이 있다고 가정해보자. 나 같은 청인聽人은 보통 어떻게 의사소통을 시도할까?[4] 입으로, 음성언어로 한다. 농인의 경우에는? 성장 및 교육 환경에 따라 차이가 있을 수 있지만, 일반적으로는 손으로, 즉 수화언어로 할 것이다. 이렇게 한쪽은 음성언어로, 다른 한쪽은 수화언어로 의사소통을 시도하면 두 사람은 의사소통할 수 있을까? 당연히 안 될 것이다. 그렇다면 나와 농인이 의사소통하지 못하는 것이나, 나와 영국인이 의사소통하지 못하는 것이나 사실 매한가지 아닌가? 두 경우 모두 각자 자신의 모국어를 사용한 탓에 의사소통에 실패했으니 말이다. 그런데 전자의 경우 사람들은 특별히 어느 한쪽이 의사소통할 수 없다고 생각하지 않는 반면, 후자의 경우에는 흔히 농인이 의사소통할 수 없다고 말한다. 왜 그럴까? 그 말 자체에 이미 어폐가 있다. 무의식중에 그런 식으로 생각하고 말하게 되는 건, 우리가 비장애인(청인) 중심으로 굴러가는 세상에 살고 있기 때문이다.

한 발 더 나아가 생각해보면, 한국인과 영국인이 함께 있다고 할 때, 의사소통이 항상 불가능한 것은 아니다. 서로 모국어는 다르지만, 의사소통이 세련되게 이루어지는 경우도 많다. 흔

---

4   참고삼아 이야기하면, 대중매체 등에서는 '건청인'이라는 용어를 흔히 사용한다. 건청인이 완전히 잘못된 표현이라고 할 수는 없지만, 청인 앞에 건강하다는 의미를 지닌 '건健' 자를 붙이게 되면, 대칭적으로 농인은 건강하지 않다는 함의를 부여하게 될 수 있다. 그런데 농인이 건강하지 않은 건 전혀 아니다. 이런 이유로 장애계에서는 좀 더 중립적인 의미의 '청인'이라는 용어를 사용하고 있다.

히 보디랭귀지body language를 떠올릴 수 있겠지만, '세련되게'라는 단서를 달았으니 이를 제외하고 생각해보자. 우선 어느 한쪽이 다른 쪽의 언어를 배우는 방법이 있다. 이를테면 한국인이 영어를 익히게 되면 둘은 원활하게 의사소통할 수 있을 것이다. 하지만 모든 한국인이 영어를 잘할 수는 없고, 잘할 필요도 없다. 하지만 한국인이 굳이 영어를 배우지 않아도, 혹은 영국인이 한국어를 배우지 않아도 잘 의사소통할 수 있는 방법이 있다. 통역을 활용하면 된다. 예컨대 고위 공무원이나 국회의원들이 외국에 나가서 업무를 보고 회의할 때 의사소통에 지장을 받지 않는 건, 그들이 모두 외국어를 잘해서가 아니다. 필요할 때 언제든 통역이 하나의 서비스로 제공되기에 의사소통에서 '장애'를 경험할 일이 없는 것이다.

청인과 농인의 경우도 마찬가지다. 청인과 농인의 의사소통이 항상 불가능한 것은 아니다. 청인이 수어를 배워 능숙하게 할 줄 알게 되면, 청인과 농인은 원활히 의사소통할 수 있을 것이다. 그러나 이 경우에도 역시 모든 청인이 수어를 잘할 수는 없다. 수어를 어느 정도 배운다 하더라도 일상에서 적극적으로 사용하지 않으면 수어로 대화를 하기는 쉽지 않다. 하지만 청인이 수어를 못한다고 하더라도 둘 사이에 수어통역 서비스가 제공된다면 의사소통이 불가능할 리 없다. 여기서 또다시 생각해보자. 농인이 청각에 손상을 지니고 있다는 사실에는 변함이 없는데 의사소통이 잘될 때도 있고 안 될 때도 있다면, 의사소통이 안 되는 것이 농인의 몸에 존재하는 손상 때문이라고 말할 수 있을까? 그렇게 말할 수 없다. 청각의 손상이 원인이라면, 그런 손상이 존재하는 모든 경우에 의사소통이 불가능해야 한다. 하지만 그렇지 않다는 것을 우리는 이미 확인했다. 더군다나 청각에 손상이 있는 사람과 청각에 손상이 있는 사람, 즉 농인과 농인은 매우 원활히 의사소통한다.

맹인의 경우도 마찬가지다. 사람들은 흔히 맹인이 책을 읽을 수 없다고 여기고 무의식적으로 그렇게 말한다. ICIDH에 따른다면 그들이 '책을 읽을 수 없음'이라는 장애를 경험하는 건 시각에 존재하는 손상 때문일 것이다. 하지만 그건 정확히 비장애인(비맹인) 중심적인 사고일 뿐이다. 그들이 읽지 못하는 책은 묵자墨字로 된 책일 뿐, 점자點字로 된 책은 얼마든지 읽을 수 있다. 즉 맹인의 눈에 손상이 있다는 사실에는 변함이 없지만, 제공되는 책의 형식에 따라 읽을 수 있는 경우도 있고 읽을 수 없는 경우도 있다. 그렇다면 책을 읽을 수 없는 것이 그들의 시각에 존재하는 손상 때문이라고 말할 수는 없을 것이다.

무엇이 발달장애인들의 자립을 가로막는가

이번에는 인지적 영역에 손상을 지니고 있다고 간주되는 사람들, 즉 발달장애인(지적장애인과 자폐성장애인)에 대해 이야기해보도록 하자. 우리나라에서 장애인에게 제공되는 사회서비스 중 가장 규모가 큰 것은 활동보조서비스 내지 활동지원서비스라고 불리는 것으로, 이 서비스는 2007년에 처음 전국적으로 시행되었다. 2005년 말 경남 함안에서 한 중증장애인이 보일러 수도관이 동파되어 흘러나온 물을 피하지 못한 채 동사한 사건을 계기로 활동보조서비스 제도화 투쟁이 본격화되었고, 2006년 내내 치열한 투쟁이 전개되었다. 거리와 지하철역에서 서명을 받고, 서울시청 앞에서 노숙 농성을 하고, 수도 없이 집회를 열고, 집단 삭발을 했지만 변화는 없었다. 결국 마지막에는 중증장애인들이 휠체어에서 내려와 한강대교를 6시간 넘게 기어 건너는 투쟁을 한 끝에 서울시에서 활동보조서비스 제도화 약속을 받아냈다. 그 이후 대구, 인천, 충북, 울산, 경기 등 각 지역에서도 서울과 비슷한 형태의 투쟁이 벌어지고 활동보조서비스가 제도화되면서, 중앙 정부도 '어쩔 수 없이' 활동보조서비스의 전국적인 시행을 결정하기에 이른다.

2006년 하반기에 보건복지부가 활동보조서비스 제공 계획안을 발표했을 때, 그 최초 계획안에는 일부 유형의 장애인들이 서비스 제공 대상에서 제외되어 있었다. 바로 발달장애인이 말이다. 죽을힘을 다해 투쟁해서 겨우 서비스 제도화를 이루어 냈는데 또다시 발달장애인을 제외한다는 소식에 투쟁했던 이들은 크게 분노했다. 그들은 바로 보건복지부로 찾아가 항의했다. 이에 대해 보건복지부 관료들은 다소 어이가 없다는 표정을 지으며 다음과 같이 맞받아쳤다. 활동보조서비스는 장애인들의 자립을 위한 서비스라고 당신들이 이야기하지 않았느냐고(주지하다시피 활동보조서비스는 우리나라에 장애인 자립생활운동Independent Living

Movement이 확산되면서 요구된 서비스들 중 하나다), 발달장애인은 인지적 손상으로 인해 자립할 수 없는 사람들인데 왜 그런 사람들에게 자립을 위한 서비스를 제공하라는 것이냐고, 서비스의 취지나 목적과 맞지 않는 것 아니냐고 말이다. 우리도 처음에는 조곤조곤 설명했지만 도저히 말이 통하지 않는다는 것을 깨닫고는 여기서 바로 점거 농성을 벌이겠다고 으름장을 놓았다. 그런 실랑이 끝에 결국 발달장애인도 서비스 제공 대상에 포함될 수 있었다.

한편 당시 보건복지부가 폈던 논리에는 그 나름의 '현상적인' 근거가 있었다. 우리나라의 장애인구 중 발달장애인의 비율은 그리 높지 않다. 전체 등록 장애인 중 약 8퍼센트 정도가 발달장애인이다. 그런데 장애인이 수용되어 있는 거주시설에 가보면 생활인의 80퍼센트 이상이 발달장애인이다. 장애인구의 8퍼센트에 불과한 발달장애인이 시설 거주인의 80퍼센트를 차지하고 있는 것은, 그들 대다수가 자립하지 못하는 현실을 적나라하게 드러낸다. 그러나 미국, 호주, 영국, 독일이나 북유럽 복지국가들로 해외 연수를 다녀온 동료 활동가들의 이야기를 들어보면, 그곳의 발달장애인들은 우리나라처럼 시설에 수용되어 있는 게 아니라 대부분 자립해 지역사회에 통합된 채 살아가고 있다고 한다.

특히 문헌을 통해 확인해본 노르웨이의 사례는 무척이나 놀라웠다. 서구의 다른 국가들과 비슷하게 노르웨이에서도 1970년대부터 탈시설deinstitutionalization 운동이 시작되었다. 이 운동의 영향을 받아 1985년 발간된 노르웨이 정부 공식위원회 보고서NOU[5] 《발달장애인의 생활 여건Levekår for psykisk utviklingshemmede》은 "시설에서 발달장애인이 처해 있는 생활 여건은 인간적으로나 사회적으로나 문화적으로 용납될 수 없"는 것이며, "그러한 상황은 활동의 재조직화나 자원 공급의 증가에 의해 실질적으로 변화될 수 없다"고 결론 내렸다.[6] 그리고 이 보고서의 내용과 입장을 따라 노르웨이에서는 1988년 6월 시설 체제의 전면적인 개혁을 위한 입법 조치, 즉 일명 '시설해체법avviklingsloven'이 시행된다.[7]

그 법은 발달장애인의 신규 시설 입소는 1991년 1월 1일을 기점으로 종료되고, 기존의 시설 생활인들도 1995년 12월 31일까지 모두 지역사회에 있는 자신의 주거 공간에서 거주해야 하며, 이에 따른 비용은 모두 중앙 정부가 각 자치구에 지원해야 한다고 명시했다.[8] 그리고 시설에서 나온 발달장애인은 국

---

5 'NOU'는 'Norges Offentlige Utredninger[Norwegian Official Report]'의 약자로, 노르웨이 정부가 임명한 위원들로 구성된 위원회에서 발간하는 공식 보고서를 말한다. 노르웨이 의회는 정부에 그런 위원회의 설립을 요청할 수 있다.

6 Jan Tøssebro, "Deinstitutionalization in the Norwegian welfare state", eds. Jim Mansell and Kent Ericsson, *Deinstitutionalization and Community Living: Intellectual Disability Services in Britain, Scandinavia and the USA*, Chapman & Hall, 1996, p.65.

7 노르웨이 정부의 웹 포털(https://www.regjeringen.no) 참조.

8 Jan Meyer, "A Non-Institutional Society for People with Developmental Disability in Norway", *Journal of Intellectual and Developmental Disability* 28(3), 2003, p.307. 다만 이 법률에 따라 실제로 마지막 시설 해체 결정이 이루어진 것은 2008년 1월이었으며, 시설해체법은 그 이후 2012~2013년도(2012년 4월~2013년 3월) 국회에서 폐지되었다.

가주거은행National Housing Banks의 규정에 따라 그룹홈이든 개별 주택 형태이든 개인당 50제곱미터(약 17평) 이상의 독립적인 주거 공간을 보장받았다. 노르웨이에서는 〈사회보장법〉에 따라 26세 이전에 장애를 갖게 된 사람들—발달장애인은 정의상 모두 여기에 포함된다—의 경우 연간 최소 17만 3,500크로네(한화 약 2,400만 원) 이상의 장애급여를 보장받고, 〈사회서비스법〉에 의거해 시간 제한 없이 필요한 만큼 활동보조서비스를 이용하고 있으며, 따라서 거의 대부분의 발달장애인들이 지역사회에서 잘 자립하고 있다.[9] 노르웨이의 이웃 국가인 스웨덴에서도[10] 1990년부터 본격적인 탈시설 작업이 시작되었고, 1997년 10월 제정된 〈특수병원 및 거주시설 폐쇄법Lag om avveckling av specialsjukhus och vårdhem〉에 따라 1999년 12월 31일까지 모든 장애인 시설이 폐쇄되었다. 이후 이루어진 실태조사 결과에서도 시설에서 나온 발달장애인의 80퍼센트가 탈시설 이후의 생활에 만족하는 것으로 나타났다.[11][12]

---

9 Jan Tøssebro, "Report on the social inclusion and social protection of disabled people in European countries: Norway", Academic Network of European Disability experts(ANED), 2009; Jan Tøssebro, "ANED Country Report on the Implementation of Policies Supporting Independent Living for Disabled People: Norway", Academic Network of European Disability experts(ANED), 2009.

10 노르웨이와 스웨덴은 경제협력개발기구OECD 회원국들 중 정부가 공식적인 장애인구 통계를 국제기구에 제출하지 않는 유이唯二한 국가들이기도 하다. 이는 이 국가들이 기본적으로 사회적 장애 모델에 입각해 장애를 바라보기 때문이다. 즉 장애란 어떤 사람의 몸에 존재하는 특질이 아니며 물리적·사회적 환경과 조건에 따라 유동적인 것이므로, 고정적이고 안정적인 장애인구의 수를 산정할 수 없다고 보는 것이다. 스웨덴의 경우와 관련해서는 박선민,《스웨덴을 가다》, 후마니타스, 2012, 207~216쪽을 참조하라.

그렇다면 생각해보자. 우리나라에도 발달장애인이 있고, 위의 나라들에도 발달장애인이 있다. 하지만 우리나라의 발달장애인은 자립할 수 없고, 그 나라들의 발달장애인은 자립한다. 우리나라의 발달장애인과 그 나라들의 발달장애인이 특별히 다른 '인지적 영역에서의 손상'을 지니기라도 하는 것일까? 그렇지는 않을 것이다. 인지적인 영역에서의 손상이라는 것만 놓고 보면 양쪽 나라의 발달장애인들은 대동소이할 것이다. 그런데 비슷한 손상을 지니고 있는 발달장애인들이 어떤 나라에서는 자립할 수 있고 어떤 나라에서는 자립할 수 없다면, 발달장애인들이 '자립할 수 없음'이라는 장애를 경험하는 원인이 그들의 인지적 '손상'이라고 말할 수 있을까? ICIDH에 따른다면 그렇게 정당화할 수 있겠지만 사실 말도 안 되는 이야기다. 인지적 손상이 원인이라면 발달장애인은 어떤 나라에서든 자립할

---

11 Andrew Power, Janet E. Lord and Allison S. deFarnco, *Active Citizenship and Disability: Implementing the Personalisation of Support*, Cambridge University Press, 2013, p.269.

12 발달장애인뿐만 아니라 정신장애인의 경우에도 급진적인 탈시설[탈원화]의 사례는 마찬가지로 존재한다. 이탈리아에서는 1978년 5월에 개혁적 정치가이자 정신과 의사였던 프랑코 바자리아의 주도 아래 흔히 '바자리아법'이라고 불리는 〈법령180〉이 제정되었다. 이 법에 따라 1980년 1월 1일부터 이탈리아의 모든 정신병원에서 신규 입원이 금지되었고, 정신장애인들이 지역사회로 돌아가 치료를 받도록 하는 조치가 취해졌다. 바자리아법의 시행으로 당시 7만 8,000여 명이 수용되어 있던 76개의 공공정신병원은 1999년까지 모두 문을 닫았고, 700개가 넘는 지역정신보건센터(인구 10만 명당 1개)가 그 자리를 대체하게 된다. 또한 정신장애인의 강제 입원은 예외적인 경우, 즉 지역사회에서 일시적으로 치료할 수 없거나 치료에 실패했을 때에만 최대 7일까지 허용되었으며, 기간 연장이 필요한 경우에는 엄격한 법적 절차를 밟게 되었다. 좀 더 자세한 내용은 김창엽 외, 《나는 '나쁜' 장애인이고 싶다》, 삼인, 2002, 224~245쪽; 홍선미 외, 《정신장애인 인권개선을 위한 각국의 사례연구와 선진모델 구축》, 국가인권위원회, 2009, 237~255쪽을 참조하라.

수 없어야 하니 말이다.

특정한 관계 속에서만 손상은 장애가 된다

이제 정리해보자. 일정한 손상을 지닌 사람들은 '버스를 탈수 없음', '의사소통할 수 없음', '책을 읽을 수 없음', '자립할 수 없음'이라는 장애를 경험할 수 있다. 그러나 앞서 설명한 것처럼, '무언가 할 수 없음'의 원인이 그들의 몸에 있는 손상이라고는 결코 말할 수 없다. 그렇게 말하는 것은 기만이다. 그렇다면 그들이 무언가를 할 수 없게 되는 진짜 원인은 무엇일까? 그렇다, 검은 피부를 지닌 사람들이 노예가 되는 원인이 검은 피부가 아니라 차별과 억압인 것처럼, 일정한 손상을 지닌 사람들이 무언가를 할 수 없게 되는 원인 역시 손상이 아니라 바로 차별과 억압이라고 할 수 있다. 즉 '손상—[차별과 억압] → 장애'인 것이다. 카를 마르크스는 "흑인은 흑인일 뿐이다. 특정한 관계속에서만 흑인은 노예가 된다"고 말했다.[13] 마찬가지로 우리는 이렇게 말할 수 있다. '손상은 손상일 뿐이다. 특정한 관계 속에서만 손상은 장애가 된다.' 이때 특정한 관계란 다름 아닌 '차별적'이고 '억압적'인 관계이며, 이런 맥락에서 우리는 장애인은

---

13 칼 맑스, 〈임금 노동과 자본〉, 《칼 맑스 프리드리히 엥겔스 저작 선집 1》, 최인호 외 옮김, 박종철출판사, 1997, 555쪽, 문구는 일부 수정.

'장애인이기 때문에 차별받는 것이 아니라, 차별받기 때문에 장애인이 된다'고 말할 수 있다. 그러니까 손상을 지닌 무능력한 사람이어서 차별받는 것이 아니라, 차별받기 때문에 무언가를 할 수 없는 사람이 되는 것이다.

앞서 살펴본 ICIDH의 3단계 도식에 따르면, 장애 문제를 해결하는 방법, 즉 어떤 장애인이 사회적 불리함을 겪지 않도록 하는 방법은 손상을 뜯어고치는 것뿐이다. 왜냐하면 사회적 불리함을 발생시키는 장애의 원인을 궁극적으로 장애인의 몸에 존재하는 손상으로 보니까. 문제 해결의 답은 그 원인에서 찾을 수밖에 없으니까. 이것이 바로 장애학에서 비판하는 의료적 장애 모델medical model of disability이다. 그러나 '손상—[차별과 억압] → 장애' 도식에서 장애의 원인은 기본적으로 사회적 차별과 억압에 존재하며, 따라서 장애 문제를 해결하는 방법 역시 차별과 억압을 변화시키는 것에서 구할 수 있다. 이것이 바로 장애 해방운동이 가능해지는 출발점이자, 다름 아닌 사회적 장애 모델의 핵심이다. 또한 이는 2017년도 '420장애인차별철폐투쟁'의 캐치프레이즈였던 "문제로 정의된 사람들이 그 문제를 다시 정의할 수 있는 힘을 가질 때 혁명은 시작된다Revolutions begin when people who are defined as problems achieve the power to redefine the problem"[14]와도 맞닿는다.

---

14   John Mcknight, *The Careless Society: Community And Its Counterfeits*, Basic Books, 1995, p.16.

이런 이야기가 허무맹랑하다고 느껴지거나, 아니면 왠지 모르게 약장수한테 속는 것 같은 기분이 드는 독자들도 물론 있을 수 있다. 1980년대에 장애인들의 이런 주장과 맞닥뜨린 당시 서구의 주류 사회도 그것은 '빅 아이디어big idea'라고 맞받아쳤다. '빅 아이디어'가 문어文語에서는 '큰 생각'이나 '담대한 발상'이라는 긍정적인 의미로 쓰이기도 하지만, 일상 회화에서는 '어리석고 터무니없는 생각'이라는 뜻을 지닌다. 즉 장애인들의 주장을 빅 아이디어라고 했던 것에는 비꼼과 조롱의 의미가 담겨 있었던 것이다.

하지만 손상은 장애의 원인이 아니라는 주장은 사실 그다지 새로운 논리를 전개하고 있지 않다. 예컨대 우리는 성차별의 문제를 다룰 때 기본적으로 섹스sex와 젠더gender를 구분한다. 양자 모두 '성'이라고 번역할 수도 있지만, 주지하다시피 둘은 차원이 다른 것이다. 섹스가 어떤 염색체를 지니고 있으며 어떤 성기를 지니고 있는가에 따라 구별되는 생물학적 차원의 성이라면, 젠더는 사회적 차원의 성이다. (물론 현재는 이러한 이분법 자체가 하나의 논쟁의 대상이 되고 있지만, 여기서 이 문제를 자세히 다루지는 않겠다.) 쉽게 말하면, 여자아이는 빨간색을 좋아하고, 남자아이는 파란색을 좋아한다, 여자는 다소곳하며 얌전하고, 남자는 씩씩하고 용감하다, 여자는 집안일을 잘해야 하고, 남자는 밖에 나가서 돈을 잘 벌어야 한다는 식의 성적 구별이 바로 젠더라고 할 수 있다. 그런데 여기서 성적 구별(젠더)이 발생하는 이유가 섹스 때문인가? 그러니까 어떤 여자아이가 빨간색을 좋아하고 얌전하다면, 혹은 어떤 남자아이가 파란색을 좋아하고 개구쟁이라면, 나아가 어떤 엄마는 전업주부이고 어떤 아빠는 회사를 다니며 돈을 번다면, 과연 그렇게 타고나서 그런 걸까? 전혀 그렇지 않다. 젠더라고 하는 것은 사회적인 억압과 차별적인 문화에 의해 만들어진다. 시몬 드 보부아르가 《제2의 성》에서 제출한 "여자는 태어나는 것이 아니라 만들어지는 것이다"[15]라는 여성학의 고전적 명제는 바로 이 점을 지적하고 있다.

따라서 손상은 장애의 원인이 아니라는 장애인들의 주장이 빅 아이디어라면, 방금 언급한 섹스가 젠더의 원인이 아니라는 상식도 빅 아이디어일 수밖에 없다. 왜냐하면 둘은 결국 같은 이야기를 하고 있으니까. 요컨대 검은 피부, 손상, 섹스 등 생물학적 차원의 속성과 노예, 장애, 젠더 등 사회문화적 차원의 구성물은 결코 인과관계로 연결될 수 없다. 사회적 장애 모델은 손상과 장애의 관계를 이러한 일반성 내에서 설명하고 있을 뿐 긍정적인 의미에서든 부정적인 의미에서든 어떤 새로운 빅 아이디어는 아니다. 그럼에도 지금까지 설명한 손상과 장애의 관계가 빅 아이디어로 여겨진다면, 이는 역설적으로 우리 사회에 장애차별주의적인 사고와 문화가 여전히 만연해 있음을 드러내는 증거가 될 수 있을 것이다.

---

15   시몬 드 보부아르, 《제2의 성(상)》, 조홍식 옮김, 을유문화사, 1993, 392쪽. 한국어판의 이 문장은 그 함의를 뚜렷하게 하기 위한 의역이라고 할 수 있다. 원서의 문장 "On ne naît pas femme: on le devient"에 충실하게 직역해보면, "사람은 여자로 태어나지 않는다: 사람은 여자가 된다"이다.

장애 문제는 장애인의 문제가 아니다

장애, 우리 모두의 문제

이처럼 장애가 지닌 사회적 성격을 드러내려는 이유는 장애 문제가 장애인만의 문제가 아니라 우리 사회의 문제이며, 곧 우리 모두의 문제임을 이야기하기 위해서다. 장애 문제를 우리 모두의 문제로 받아들이려면 그 근거를 좀 더 명확히 정리해둘 필요가 있을 것 같다. 그래야 그 명제들이 그저 도덕 교과서에 나오는 좋은 말 정도로 치부되지 않고 일상적 실천 속에 뿌리내릴 수 있을 것이다.

장애가 장애인과 비장애인의 경계를 가로지르는 문제임을 설명하기 위해 장애계를 포함한 시민사회나 언론 등에서 일반적으로 제시하는 근거는 크게 두 가지다. 첫 번째는 '장애인에게 좋은 것은 비장애인에게도 좋다'는 것이다. 예컨대 현재는 거의 모든 지하철역에 승강기가 설치되어 있는데, 사실 그 승강 기는 '장애인'의 이동권을 보장하라는 장애인들의 요구로 처음 만들어진 것이다. 그렇게 하기 위해 장애인들이 지하철 선로를 몇 번씩이나 점거하고 단식 투쟁을 벌였다. 하지만 장애인들이 뼈 빠지게 고생하고 요구해서 이뤄낸 것이 꼭 장애인들에게만 좋은 것은 아니었다. 노인, 어린이, 임산부, 유모차를 끌고 나온 부모들, 때로는 무거운 짐을 든 젊은 사람에게도 두루 도움이 되었다. 이렇게 장애인에게 좋게 만들어놓으면 장애인만이 아니라 비장애인에게도 좋을 수 있다는 생각은 소위 '유니버설 디자인universal design' 운동으로 확장된다. 유니버설 디자인 운동의 또 다른 슬로건은 '모두를 위한 디자인design for all'으로, 꼭 장애인에게만 좋게 만들기보다는 배제되는 사람 없이 모두에게 좋은 방향으로 설계하고 만들자는 취지를 지닌다.

저상버스가 처음 도입되던 2005년, 그리고 2014년에 다시 한 번, 정부는 계단이 없는 논스텝 버스Non-step bus와 더불어 계단이 하나 있는 원스텝 버스One-step bus도 저상버스에 포함시켜 도입하고자 했다. 원스텝 버스가 논스텝 버스보다 비용이 저렴하다는 이유로 말이다. 사실 원스텝 버스에도 휠체어 리프트나 경사로가 장착되기 때문에 휠체어 이용 장애인이 탑승하는 데는 크게 무리가 없다. 그러나 장애계는 원스텝 버스 도입을 강력하게 반대하며 저지했는데, 그 핵심 이유 중 하나가 바로 유니버설 디자인의 흐름에 어긋난다는 것이었다. 원스텝 버스는 노인, 어린이, 임산부, 영유아를 동반하거나 유모차를 끌고 나온 사람 등 여타의 교통약자에게는 계단으로 인한 불편함을 초래할 수밖에 없기 때문이다. 결국 장애 문제란 모두의 이익과 관련된 보편적인 문제에 해당한다는 것이 첫 번째 근거의 핵심이라고 할 수 있겠다.

장애 문제가 장애인만의 문제가 아니라는 두 번째 근거는 '당신이 지금은 비장애인이지만 살아가다보면 언제든 장애인이 될 수 있다'는 것이다. 실제로 우리나라의 등록 장애인 중 대략 90퍼센트는 태어날 때부터 장애인은 아니었다. 비장애인으로 태어났다가 삶의 어떤 시점에 사고나 질병 등으로 손상을 갖게 된 후천적 장애인이다. 이 비율은 다른 나라들에서도 엇비슷하게 나타난다. 더구나 고령화 사회에서 후천적 장애인의 비율은 점점 더 증가하게 될 것이다. 한 보험 광고에 이제는 무병장수無病長壽 시대가 아니라 유병장수有病長壽 시대라는 이야기가 나온 적이 있다. 이런 광고는 사람이 삶의 일정 시기부터는 신체적으로든 정신적으로든 어떤 손상이나 기능상의 제약을 안고 살아갈 수밖에 없다는 사실을 함의한다. 결국 이 두 번째 근거는 우리 모두가 '예비 장애인the potentially disable-bodied' 내지 '일시적 비장애인the temporarily able-bodied, TAB'임을 상기시키면서 장애 문제가 보편성을 지닌다는 점을 강조한다.

아마도 많은 이들이 이런 이야기에 고개를 끄덕일 것이다. 정말로 맞는 말이다. 나 역시 위의 두 가지 근거가 타당하다고 생각한다. 하지만 이것이 장애 문제를 우리 모두의 문제로 받아들여야 하는 근본적인 이유가 될 수 있는지에 대해서는 좀 더 고민해볼 필요가 있다. 당연한 말이지만, 장애인만이 우리 사회에서 차별받는 소수자는 아니다. 이를테면 여성은 예전보다 많이 나아졌다고는 하지만 여전히 차별받고 있고, 남성에 비해 소수자다. 특히 한국의 경우 젠더 평등은 아직 먼 나라의 이야기다. 세계경제포럼World Economic Forum이 2017년 발표한 젠더 격차 지수Gender Gap Index, GGI에 따르면, 한국은 전 세계 144개국 중 118위를 기록했다. 이뿐만 아니라 이성애중심주의가 너무나도 강력한 한국 사회에서 동성애자는 엄청난 차별을 감수해야만 하는 소수자다. 학생인권조례나 차별금지법 제정 운동이 활발히 전개됐을 때도 가장 뜨거운 이슈는 동성애였다. 한국의 보수 세력이 가장 비이성적으로 집착하며 난리를 쳤던 것이 바로 동성애 이슈였던 것이다.

만약 장애 문제가 장애인만이 아니라 비장애인을 포함한 우리 모두의 문제로 받아들여져야 할 근거와 논리가 '장애인에게 좋은 것은 비장애인에게도 좋다', '비장애인도 언제든지 장애인이 될 수 있다'는 것뿐이라면, 다른 소수자들의 문제는 다소 애매해지고 만다. 이를테면 여성에게 좋은 것이 남성에게도 좋다는 이야기는 그다지 설득력을 발휘하지 못한다. 남성들도 언제든 여성이 될 수 있다는 식의 이야기는 아예 성립할 수조차 없다. 마찬가지로 흑인들이 백인들에게 '당신들도 살다보면 흑인이 될 수 있다'고 말할 수는 없을 것이다.

비장애인 중심 사회가 바뀌어야 한다

곰곰이 궁리하던 와중, 나는 여성 문제라는 말이 무언가의 줄임말이라는 생각에 이르게 되었다. 즉 여성 문제를 '남성과 여성 간 관계의 문제'의 줄임말로 이해할 수 있다. 여성 문제가 여성에게 무언가 문제가 있다는 의미에서 '여성의 문제'는 아니니까. 여기서 핵심은 바로 '관계'라는 단어에 있다. 관계에는 언제나 양방이 존재한다. 즉 여성 문제의 한편에 여성이 있다면, 다른 한편에는 남성이 있다. 우리는 보통 여성 문제를 해결하기 위해서는 남성이 바뀌어야 한다고 말한다. 물론 여성 역시 바뀌어야 한다. 서로 더욱 단결하고, 권리 의식도 향상시켜야 할 것이다. 그러나 궁극적으로 남성이 바뀌지 않으면 여성 문제는 해결되지 않는다. 이는 남성이 여성 문제와 무관한 존재가 아님을 직접적으로 드러낸다. 요컨대 여성 문제가 남성과 여성을 포함한 우리 모두의 문제인 것은 이처럼 남성이 여성 문제의 한 축이기 때문이며, 여성 문제를 해결하는 데 직접적으로 연관된 존재이기 때문이다.

마찬가지로 장애 문제 역시 장애인에게 무언가 문제가 있다는 의미에서 '장애인의 문제'가 아니다. (물론 ICIDH를 따르게 되면 '장애 문제=장애인의 문제'로 이해될 수밖에 없다. ICIDH는 장애인의 몸에 존재하는 손상을 근본적인 문제로 보기 때문이다.) 여성 문제와 같은 맥락에서 장애 문제는 '장애인과 비장애인 간 관계의 문제'이다. 그래서 장애 문제의 한편에 장애인이 있다면 다른 한편에는 비장애인이 있다. 장애 문제를 해결하기 위해서는 장애인도 더 단결하고 스스로 권리 의식을 높여야겠지만, 궁극적으로는 비장애인이 바뀌고 비장애인 중심의 사회가 바뀌어야 한다. 즉 비장애인은 장애 문제와 무관한 존재일 수 없다. 따라서 장애 문제가 장애인과 비장애인을 포함한 우리 모두의 문제인 것은 단지 장애인이 좋으면 비장애인도 좋고, 비장애인도 언제든지 장애인이 될 수 있기 때문만은 아니다. 더 근본적으로는 비장애인이 장애 문제의 한 축을 이루고 있기 때문이며, 장애 문제의 해결과 직접적으로 연관된 존재이기 때문이다. 장애를 이런 식으로 이해할 때 우리 사회는 장애인을 비로소 타자화하지 않을 수 있다. 나아가 장애 문제를 해결하기 위해 그저 장애인을 돕는 차원에 머물지 않고 문제 해결을 위한 공동의 책임과 역할을 주체적으로 찾아나갈 수 있을 것이다.

2 부

성찰

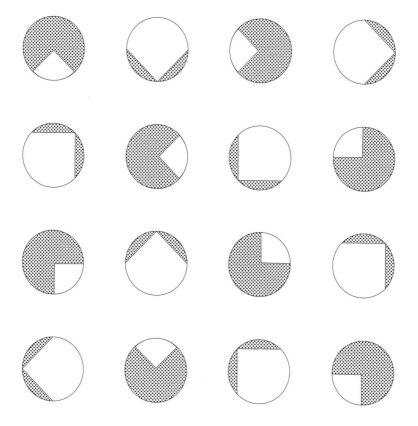

3 장

우생학의 시대는 끝나지 않았다

"우리는 히틀러가 지지했던 것이라면
모두 반대하는 어리석은 함정에 빠져서는 안 된다.
히틀러가 정신병을 사회에 대한 재앙으로 여겼던 것은
결코 부도덕한 일이 아니다."

— 제임스 왓슨

인종의 질을 개선해 더 나은 인간을 창조하려는 서구 사회의 욕망은 어떤 면에서 오랜 역사를 지닌다. 고대 그리스의 철학자 플라톤은 기원전 374년에 쓴《국가Politeia》3권에서 "시민들 가운데 육체적으로 정신적으로 태생이 좋은well-born 사람들은 보살피되, 건강하지 못한 사람들 가운데 육체적으로 결함이 있는 사람들은 죽게 내버려두고, 정신적으로 불치의 결함이 있는 사람들은 손수 죽일" 수 있도록 "사법제도와 더불어 …… 의료제도를 입법화"해야 하며, "환자 개개인을 위해서도 국가를 위해서도 그렇게 하는 것이 최선책"이라고 주장한다. 그리고 5권에서는 "가장 훌륭한 남자들은 가장 훌륭한 여자들과 되도록 자주 성관계를 맺어야 하지만 열등한 남자들은 열등한 여자들과 되도록 드물게 성관계를 맺어야 하네. 또한 우리 집단이 최상급이 되려면 우리는 전자의 자식은 양육하되 후자의 자식은 양육해서는 안 되네"라고 말한 후, "열등한 부모의 아이들이나 …… 불구로 태어난 아이들은, 당연한 일이지만, 알려지지 않은 은밀한 장소에 내다 버"려야 한다는 입장을 개진한다.[1] 한편 르네상스 시대 이탈리아의 철학자인 톰마소 캄파넬라는 공상적 사회주의에 대한 자신의 생각을 담은 1623년의 저서 《태양의 도시City of Sun》에서 우월한 젊은이만이 자손을 남길 수 있도록 통제되어야 한다고 언급하기도 했다. 그러나 이러한 입장들은 개인적인 구상과 신념의 수준에 머물렀다. 우리가 알고 있는 하나의 '과학'이자 국가 프로그램과 결합된 구체적인 테크놀로지로서의 우생학은 19세기 말 찰스 다윈의 사촌인 프랜시스 골턴에 의해 정립되었다고 할 수 있다.

골턴은 1874년의 저서 《영국의 과학적 지식인들: 그들의 천성과 양육English men of Science: Their Nature and Nurture》에서 자신의 유전 이론에 근거해 오늘날 일반화된 천성 대 양육이라는 이분법적 대립 구도를 확립했으며, 1883년에 《인간의 능력과 그 발달

---

1   플라톤, 《국가》, 천병희 옮김, 도서출판 숲, 2013, 193쪽, 294~295쪽, 영어판을 참조해 번역 일부 수정. 여기서 "…은 보살피되 …은 죽게 내버려두고"라는 구절은 (단지 표현상의 유사함이라고도 볼 수도 있겠지만) 푸코가 말했던 "살게 만들고 죽게 내버려두는" 권력이라는 생명권력의 규정을 떠올리게 한다. 따라서 우리는 이 구절을 읽으며 다음과 같은 지점을 다시 한 번 고민해볼 수 있다. 국가 단위에서의 인구 통제나 우생주의가 생명권력이라는 발상과 분리될 수 없다고 했을 때, 이 생명권력을 어떤 식으로 파악하는 것이 더 적실한가의 문제 말이다. 푸코처럼 근대 이후 새로운 자본주의적 조건 속에서 출현한 권력 현상으로 볼 것인가, 아니면 아감벤처럼 고대 그리스 이래의 서구 정치 체제에 언제나 내포되어 있던 무엇으로 볼 것인가. 필자는 역사성에 대한 분석을 사상하지 않는 푸코적 개념화 내지 이해가 더 유의미하다고 생각하지만, 조금 더 고민해볼 가치는 충분히 있는 듯하다.

에 관한 탐구Inquiries into Human Faculty and Its Development》에서 처음 '우생학eugenics'이라는 개념을 공식적으로 사용했다.[2] 그리스어에서 'eu'는 '좋은well'을 뜻하고 'gene'은 '발생genesis'을 뜻하므로, 'eugenics'는 어원상 '좋은 태생well-born'에 관한 학문을 의미한다.[3] 골턴에 의하면 우생학은 "정신과 육체 양면에 있어 차세대 인류의 질을 높이거나 낮추는 작용 요인에 대해서 연구하고 이를 사회의 통제 아래에 두는 것을 목표로 하는 과학"으로, 혹은 "인종의 질적 개량에 영향을 주는 모든 요인, 그리고 인종의 질을 최대한 발전시키는 데 관련되는 모든 분야를 취급하는 학문"으로 정의된다.[4] 이러한 우생학을 크게 포지티브 우생학positive eugenics과 네거티브 우생학negative eugenics으로 구분할 수 있다.[5] 전자가 우수한 형질을 지닌 사람들의 재생산을 촉진하고자 한다면, 후자는 열등한 형질을 지닌 사람들의 재생산을 막는 데 초점을 둔다. 그리고 우생학이라는 과학이 일정한 신념에 기반을 둔다고 했을 때, 인간은 선천적으로 우등한 자 내지는 적자適者, the fit와 열등한 자 내지는 부적자不適者, the unfit로 나뉘며, 우등한 인간 종을 만들어내기 위해 인위선택이 필요하다는 믿음과 이데올로기를 '우생주의eugenicism'라고 정의해볼 수 있을 것이다.[6]

2　Francis Galton, *Inquiries into Human Faculty and Its Development* (2nd Ed.), J. M. Dent & Co., 1907(http://galton.org/books/human-faculty), p.17.
3　다른 한편 'genos'가 고대 그리스에서 '씨족 단위'를 지칭했고 '인종'이라는 뜻도 지니고 있기 때문에, 'eugenics'는 '좋은 인종에 관한 학문'으로 이해될 수도 있다.
4　염운옥,《생명에도 계급이 있는가: 유전자 정치와 영국의 우생학》, 책세상, 2009, 21쪽, 46~47쪽; 김호연,《우생학, 유전자 정치의 역사》, 아침이슬, 2009, 18쪽.

이 장에서는 '우생학의 시대는 종료되었는가'라는 화두 아래 우생주의의 흐름을 크게 세 부분으로 나누어 성찰해보고자 한다. 우선 첫 번째 부분에서는 20세기 전반기의 우생학을 다윈주의와 우생학의 관계, 대자본가들이 미국 우생학에서 수행한 역할, 좌우파를 막론한 우생학에 대한 지지, 우생학에 깃들어 있는 자본주의적 경제의 논리, 북유럽 '복지'국가들의 우생학 등에 주목해 논의해볼 것이다. 두 번째 부분에서는 우생학이라는 타이틀이 소멸되는 과정에서 그 기본적인 관점과 내용이 어떻게 현대의 인류유전학human genetics과 의료유전학medical genetics으로 이전되었는지를 고찰한 후, 현대사회의 대표적인 유전학적 중재의 사례로서 산전 검사 및 선별적 낙태에 대해 살

5　국내 문헌에는 'positive/negative eugenics'가 대개 '적극적/소극적 우생학'이나 '긍정적/부정적 우생학'으로 옮겨져 있다. 그러나 이와 같은 용어는 'positive/negative'가 지니고 있는 '증대·양산(+)/감소·제거(-)'의 의미를 제대로 전달하지 못할 뿐만 아니라 오히려 혼동을 야기하기도 한다. 즉 '적극적/소극적 우생학'이라는 용어는 'positive eugenics'와는 달리 'negative eugenics'가 어떤 적극적인 조치를 수반하지 않는다는 오해를 줄 수 있으며, '긍정적/부정적 우생학'이라는 용어는 'negative eugenics'가 부정적이고 나쁜 것임에 반해 'positive eugenics'는 긍정적이고 용인될 만한 어떤 것이라는 느낌을 주게 된다. 선거에서 자주 쓰이는 'positive/negative strategy'가 '적극적/소극적 전략'이나 '긍정적/부정적 전략'이라고 옮겨지기보다는 '포지티브/네거티브 전략'으로 통용되는 것도 이런 맥락과 무관치 않을 것이다. 따라서 이 책에서는 옴차라는 한계는 있지만 '포지티브/네거티브 우생학'이라는 용어를 사용하기로 한다. 이러한 번역어의 문제에 대해서는 또한 김호연,《우생학, 유전자 정치의 역사》, 273쪽, 후주 33)을 참조할 수 있다.
6　사실 '우생주의'는 기존 문헌에서는 잘 쓰이지 않던 용어이다. 그러나 이와 같이 우생주의를 정의할 경우, 전문적인 우생학자 외에 우생주의적 신념을 공유하고 실천하는 사람들도 포괄적으로 '우생주의자eugenicist'라고 지칭할 수 있을 것이다. 또한 명시적으로 우생학이라는 이름하에 이루어지지는 않지만 우생주의에 기반을 두고 행해지는 현대의 유전학적 개입들 역시 과거의 우생학적 폭력과 함께 '우생주의적 실천'의 범주에 포함시킬 수 있을 것이다.

펴본다. 마지막 부분에서는 미셸 푸코와 조르조 아감벤의 생명 권력biopower 개념을 통해 20세기 전반기의 우생학과 현대 유전학의 우생주의적 실천을 논의할 것이다. 또한 1970년대 이후 신자유주의적 통치성 아래 '자기-경영적 주체'가 재생산되고 있으며 현대사회가 점점 더 규율사회를 넘어선 배제사회로 나아가고 있다고 할 때,[7] 과연 개인의 선택이라는 명분 아래 행해지는 현대사회의 유전학적 중재가 진정 자유로운 선택일 수 있는지를 고민해보려고 한다.

---

[7] 사토 요시유키, 《신자유주의와 권력: 자기-경영적 주체의 탄생과 소수자-되기》, 김상운 옮김, 후마니타스, 2014.

20세기 전반기를 휩쓴 우생학의 실체

다윈주의, 사회적 다윈주의, 우생학의 관계

19세기 말과 20세기로의 전환기는 자본주의의 종주국인 영국에게 상당한 혼란과 위기의 시기였다. 산업혁명 이후 물질적 번영과 성장을 통한 사회적 진보를 낙관했던 분위기는 1873년부터 1896년까지 20년 이상 지속된 대공황의 여파로 흔들리기 시작했다. 1882년 옥스퍼드 사전에 처음으로 '실업 unemployment'이라는 용어가 등장할 만큼 대규모 실업이 사회적인 문제로 부각되었고, 이에 따라 도시 빈민과 범죄가 증가하면서 사회적 혼란이 일었다. 다른 한편 세계경제에서 영국이 자치했던 독점적인 지위 역시 1870년대부터 독일제국을 비롯한 후발 자본주의 국가들이 성장하면서 위협받았고, 보어전쟁Boer War[8]을 위해 모집된 하층계급 출신 신병들의 열악한 신체 조건과 영국의 잇따른 패배는 국민체위國民體位, national physique의 저하와 인종적 퇴보에 관한 우려를 확산시켰다. 중산층의 출산율 감소 또한 중대한 사회 문제로 대두되었다.

'생존경쟁에 의한 자연선택' 이론을 정식화한 찰스 다윈의 《종의 기원On the Origin of Species by Means of Natural Selection》(1859)이 출간된 이후, 위와 같은 상황 속에서 영국에서는 인간 사회를 '적자생존'이라는 진화론적 관점에 의거해 설명하려는 이론, 즉 사회적 다윈주의social Darwinism가 확산되기 시작한다. 물론 그 대표 주자 중 한 사람은 《생물학의 원리Principles of Biology》(1864)라는 책에서 적자생존이라는 용어를 처음 사용한 철학자 허버트 스펜서다. 그러나 다윈 자신 또한 《종의 기원》 5판(1869)에서부터는 이 적자생존이라는 용어를 자연선택이라는 용어와 병기해 같은 의미로 사용하기 시작했는데, 생존경쟁struggle for existence 이라는 개념 자체가 사실 토머스 맬서스의 《인구론An Essay on the Principle of Population》에서 차용해 온 것이다. 다윈은 자연선택설의 또 다른 숨은 창시자라 할 수 있는 앨프리드 러셀 월리스에게 1859년

---

8   19세기 후반 영국은 남아프리카에서 케이프 식민지Cape Colony를 기지로 소위 종단정책을 추구하며 세력을 확대했는데, 그 북방에는 네덜란드계 백인인 보어인이 1852년과 1854년에 각각 건설한 트란스발공화국과 오렌지자유국이 자리 잡고 있었다. 그러다가 1867년 트란스발에서 금광이, 오렌지강변에서 다이아몬드 광산이 발견되자 이에 대한 이권을 둘러싸고 영국인과 보어인 사이에 갈등과 분쟁이 계속되었으며, 1899년 10월 마침내 전면전이 시작되었다. 초기에는 영국이 두 나라의 주력군을 제압하고 합병을 선언했지만, 이후 보어연합군은 게릴라전을 통해 영국군을 잇달아 격퇴시키고 영토의 대부분을 수복했으며 영국령 식민지까지 넘보게 되었다. 그러나 장기간의 전쟁은 50만에 가까운 대규모 병력을 투입한 영국의 승리로 귀결되어 1902년 5월 베레니킹 평화조약이 맺어졌고, 트란스발공화국과 오렌지자유국은 영국의 식민지가 되었다.

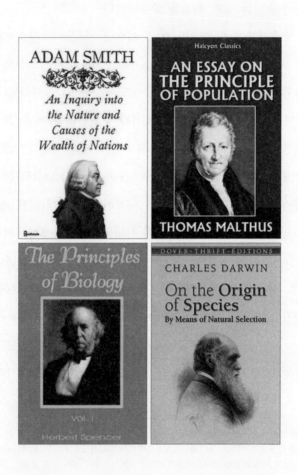

(왼쪽 위부터 시계 방향으로) 스미스의 《국부론》(1776), 맬서스의 《인구론》(1798), 다윈의 《종의 기원》(1859), 스펜서의 《생물학의 원리》(1864)에는 당대를 지배하던 '인식의 무의식적 체계(에피스테메)'가 작동하고 있었다. 즉 다윈주의 자체가 사회적이며, 당시의 시대적 산물인 것이다.

보낸 편지에서 "사육된 생물들, 즉 가축 연구로부터 나는 선택이 변화의 원리라는 결론에 이르렀다. 그리고 그때 맬서스를 읽었고, 나는 즉시 어떻게 이 원리가 적용되는지를 인식하였다"고 썼으며, 《종의 기원》 서문에서도 "세계의 모든 생물이 높은 기하급수적 비율로 증식하는 결과 일어나는 '생존경쟁'을 다루려 한다. 이는 맬서스의 원리를 모든 동식물계에 적용한 것이다"라고 직접 언급하기도 했다. 또한 말년에 쓴 자서전에서도 "연구를 시작한 지 15개월 후인 1838년 10월 우연히 접한 맬서스의 《인구론》으로부터 계속된 장기간의 동물과 식물의 습성에 관한 연구를 통해 모든 곳에서 생존경쟁이 일어난다는 생각을 하게 되었다"면서 자신이 자연선택설을 정립하게 된 과정을 술회한 바 있다.[9]

요컨대 흔히 다윈은 경쟁에 의한 선택(도태)의 논리를 자연의 세계에만 적용시킨 것으로 간주되고, 사회적 다윈주의의 시조인 스펜서가 이를 인간 사회로까지 확대시켰다고 이야기되지만, 이와 같은 평가에는 역설적인 측면이 존재한다. 경쟁과 도태의 논리는 당시 사회의 시대정신이었고, 다윈이 사회의 이런 논리를 자연의 세계에 투사했다고도 볼 수 있기 때문이다. 조금 더 공정하게 말하자면, 맬서스의 《인구론》(1789), 다윈의 《종의 기원》(1859), 스펜서의 《생물학의 원리》(1864)에는 푸코가 이야기하는 일종의 에피스테메episteme—특정한 시대를 지배하

---

9   김호연, 《우생학, 유전자 정치의 역사》, 74~75쪽.

는 인식의 무의식적 체계—가 작동하고 있었던 것이다. 그 유명한 애덤 스미스의 《국부론An Inquiry into the Nature and Causes of the Wealth of Nations》(1776) 역시 사정이 크게 다르지 않다. 서로 경쟁하는 경제 주체들의 세계에 '보이지 않는 손'이 질서를 부여한다는 인식과, 생존경쟁을 벌이는 동식물의 세계(혹은 인간 사회)에 '자연선택(혹은 적자생존)'이 질서를 부여한다는 인식 사이에는 일정한 동형성이 존재한다. 이런 맥락에서 로버트 영 같은 이는 "다윈주의 자체가 사회적이다Darwinism is social"라고, 즉 일정한 시대의 사회적 산물이라고 이야기한다. 다윈은 특히 1871년 출간한 《인간의 유래와 성 선택The Descent of Man, and Selection in Relation to Sex》에서 다음과 같이 언급하기도 했다.

문명국가에 영향을 미치는 자연선택의 작용도 여기서 어느 정도 언급을 할 가치가 있을 것 같다. 이러한 주제는 W. R. 그레그에 의해서, 그리고 그 이전에는 윌리스와 골턴에 의해서 훌륭하게 논의되어왔다. …… 미개인들 사이에서는 몸이나 마음이 허약한 자는 곧 제거된다. 그리고 살아남은 자들은 일반적으로 강인한 건강 상태를 보인다. 우리 문명화된 인간들은 반대로 약자가 제거되는 과정을 저지하기 위해 최대한의 노력을 기울인다. 우리는 저능한 사람, 불구자, 병자를 위해 보호시설을 세운다. 우리는 구빈법을 제정한다. 그리고 우리의 의사들은 모든 사람의 생명을 구하기 위해 마지막 순간까지 전력을 다한다. …… 그리하여 사회의 허약한 구성원들이 그들과 같은 종류의 자손을 증식시키게 된다. 가축을 기르는 일에 종사해본 사람이라면 누구라도 이것이 인간 종에게 대단히 해악적일 수밖에 없음을 의심치 않을 것이다.[10]

다윈의 입장에 따르면 인간에게 존재하는 독특한 본능인 협동능력, 이타심, 도덕은 인간이 생존경쟁을 겪으면서 진화한 결과 갖게 된 것이다. 다윈은 이 점에서 인간과 다른 동물들의 차이를 강조했는데, 문제는 이런 독특한 능력 때문에 인간이 더 이상 서로 죽고 죽이는 경쟁을 하지 않는 상태에 가까워진다는 데 있다. 다양한 복지정책 덕분에 사회적 약자가 살아남을 수 있었고, 국제적인 비난 때문에 약한 종족을 제거하는 일이 일어나지 않게 된 것이다. 즉 진화의 결과 인간은 더 이상의 자연적인 진화(자연선택)를 하기 어려운 상태에 이르게 된 셈이다.[11] 바로 여기에서 우생학의 핵심이라고 할 수 있는, 자연선택을 넘어선 인위선택artificial selection의 필요성 내지 당위성이 도출된다.

10　Charles Darwin, *The Descent of Man, and Selection in Relation to Sex* (Vol. 1), D. Appleton and Company, 1871, pp.161-162[한국어판: 찰스 다윈,《인간의 유래 1》, 김관선 옮김, 한길사, 2006, 216~217쪽].

11　홍성욱, 〈진화와 진보〉,《진보평론》 41호, 메이데이, 2009년 가을, 47쪽.

대자본가들의 우생학 커넥션

미국은 우생학이 대중적으로 가장 큰 성공을 거둔 나라였다. 영국에서 사회적 다윈주의가 확산되고 우생학이 발전하는 데 선구적인 역할을 한 사람이 골턴국가우생학연구소Galton Laboratory for National Eugenics를 설립한 골턴과 그의 동료 칼 피어슨이었다면, 미국에서는 찰스 대븐포트와 해리 로플린이 그러한 역할을 수행했다. 하버드대학교 진화생물학 교수였던 대븐포트는 1898년에 뉴욕의 콜드스프링하버연구소Cold Spring Harbor Laboratory의 책임자로 부임했는데, 이 연구소는 현재도 분자생물학과 유전학 분야에서 지대한 영향력을 발휘하고 있다. 1953년에 그 유명한 DNA의 이중나선 구조를 발견한 제임스 왓슨도 당시 이 연구소 소속이었다. 대븐포트는 이 연구소를 근거지로 해서 골턴과 피어슨에게서 전수받은 우생학 사상을 소개했다. 그리고 1910년에는 로플린과 함께 콜드스프링하버연구소 내에 우생학기록보관소Eugenics Record Office를 설립하고, 다양한 형질과 질병의 유전에 대한 광범위한 연구를 수행해 우생학의 과학적 기반을 다졌다. 또한 주요 우생학 단체들의 요직을 겸임하면서 미국의 여러 주에서 네거티브 우생학이 확산되는 데 핵심적인 역할을 했다.

우생학기록보관소의 초대 소장이었던 로플린은 1913년에 "기업이 더 좋은 상품을 생산하려 하듯 인간도 그렇게 만들려는 것이다. 우생학이란 인간의 재생산에 대기업의 방법을 적용한 것"이라고 언급한 바 있다.[12] 그의 발언이 시사하듯, 미국에서 우생학은 독과점으로 거대한 부를 축적한 자본가들의 적극적인 지원을 통해 발전하게 된다. 우생학기록보관소는 철도왕 에드워드 해리먼이 죽고 난 후 그의 아내 메리 해리먼의 직접적인 지원 아래 설립되었으며, 철강왕 앤드루 카네기의 카네기연구소Carnegie Institute, 석유왕 존 록펠러의 록펠러재단Rockefeller Foundation이 차례로 우생학기록보관소의 재정적 후견인이 되었다. 씨리얼을 판매해 엄청난 재산을 모은 존 켈로그는 1911년에 인종개량재단Race Betterment Foundation이라는 좀 더 노골적인 이름의 재단을 설립해 우생학의 발전을 도모했다. 미국의 화학재벌 듀폰 가문이나 금융재벌인 J. P. 모건 가문 역시 우생학 단체들의 주요 자금원이 되어주었다. 이들을 제외하고 미국 우생학의 발전과 확산을 이야기하기는 어렵다. 이 거대 자본들은 자신들의 기구를 통해 직접 우생학 연구를 촉진하거나, 혹은 우생학을 위해 설립된 다른 단체들을 지원함으로써 우생학을 크게 발전시키고 우생학적 국가 정책을 주도했다.[13]

---

12 강혜민, 〈우생학은 여전히 오늘을 지배한다〉, 비마이너, 2013. 12. 17.
13 김택균(Beilang), 〈우생학: 순수와 우월을 지향하는 근대의 폭력(1)〉, 수유너머 Weekly 103호, 2012.

미국에서 우생학과 우생학적 국가 정책은 철도왕 에드워드 해리먼, 철강왕 앤드루 카네기, 석유왕 존 록펠러, 씨리얼왕 존 켈로그 같은 독점 대자본가들의 자금 지원과 주도를 통해 발전할 수 있었다. 왼쪽 위부터 시계방향으로 해리먼, 카네기, 록펠러, 켈로그.

좌우를 막론한 우생학 지지

1907년 영국에서는 골턴국가우생학연구소와 더불어 최초의 우생학 운동 단체라고 할 수 있는 영국우생학교육협회British Eugenics Education Society가 창립되었으며, 이듬해 골턴이 명예회장으로 추대되었다. 이 협회는 1926년에 영국우생학회British Eugenics Society로 명칭을 변경한다. 영국우생학회의 회원은 그 수가 가장 많았을 때에도 700명 정도로 아주 큰 규모는 아니었지만, 회원과 지지자 중에는 당대의 저명한 의사, 과학자, 사상가를 비롯해 사회적 지도층 인사들이 대거 포함되어 있었다. 영국의 총리를 역임한 아서 밸푸어와 아서 체임벌린 같은 보수당의 정치가들도 이 협회의 회원이었다. 1912년 런던에서 열린 제1회 국제우생학회의International Eugenic Congress의 부의장에 이름을 올린 인물 중에는 우리가 잘 알고 있는 윈스턴 처칠과 알렉산더 그레이엄 벨도 있다. 전화기를 발명한 것으로 유명한 벨은 농인의 교육을 위해 힘썼다고 알려져 있지만, 그 전에 농인이 태어나는 것을 막기 위해 농인들 간의 결혼을 금지해야 한다고 역설했던 우생학 지지자이기도 했다.

우생학의 지지자들은 우파 성향의 인물에 한정되지 않는다. 과학소설가 겸 문명비평가로 레닌 및 트로츠키와도 교류했던 열렬한 사회주의자 허버트 조지 웰스, 페이비언 사회주의Fabian socialism의 지도자인 시드니 웨브와 비어트리스 웨브 부부, 1925년 노벨문학상을 수상한 저명한 극작가이자 소설가이며 페이비언협회의 리더 중 한 명이었던 조지 버나드 쇼, 산아제한 운동의 선구자인 마리 스톱스 또한 우생학의 지지자였으며, 시드니 웨브는 "일관성 있는 어떠한 우생학자도 '자유방임주의'적인 개인주의자일 수는 없다. 그가 절망해 게임을 포기하지 않는 한에는 말이다. 즉 그는 개입하고, 개입하고, 또 개입해야만 한다!"고 말하기도 했다.[14] 이처럼 우생학은 영국의 당대 마르크스주의자, 페이비언주의자, 페미니스트들 사이에서도 하나의 과학으로서 폭넓은 지지를 받았고 보편적으로 받아들여졌다.

미국의 경우도 이와 크게 다르지 않다. 우생학을 지지했던 이들 중 다수는 시어도어 루스벨트 대통령이나 조지 부시 대통령의 조부 프레스콧 부시 같은 보수주의자였지만, 영국의 우생학 운동에서처럼 급진주의적이거나 진보주의적인 세력들도 상당수 포함되어 있었다. 예컨대 1915년에 시카고 독미병원German-American Hospital의 외과의사 해리 J. 하이젤든이 우생학적인 이유로 장애 유아 존 볼린저의 구명 수술을 거부하고 죽음에 이르도록 방치한 사건은 사회적으로 큰 논쟁을 불러일으켰는데, '노동자들을 위한 신문'을 표방했던 유력 사회주의 일간지《뉴욕 콜New York Call》은 하이젤든의 행위를 적극적으로 옹호했다.[15] 헬렌 켈러조차《더 뉴 리퍼블릭The New Republic》에 기고한

---

14   Diane B. Paul, *The Politics of Heredity: Essays on eugenics, biomedicine and the nature-nurture debate*, SUNY, 1998, p.14.

15   Kim E. Nielsen, *The Radical Lives of Helen Keller*, New York University Press, 2004, p.36.

제2차 세계대전의 영웅 윈스턴 처칠, 전화기를 발명한 알렉산더 그레이엄 벨, 페이비언 사회주의의 지도자였던 웨브 부부, 노벨문학상을 수상한 극작가 조지 버나드 쇼 등 당대의 저명인사들 다수가 좌우를 막론하고 우생학 사상을 수용했다. 왼쪽 위부터 시계 방향으로 처칠, 그레이엄 벨, 버나드 쇼, 웨브 부부.

글에서 "생명에 신성함을 부여하는 것은 행복·지능·능력의 존재 가능성인데, 열등하고 기형이며 마비되고 사고력이 없는 생명체에는 이러한 것들이 부재하다", "정신적 결함자는 범죄자가 될 가능성이 거의 확실하다", "우리는 하이젤든이 취한 것과 같은 훌륭한 인간애와 비겁한 감상주의 사이에서 결단을 내려야만 한다"고 쓰면서 하이젤든의 입장을 옹호하고 우생학을 지지했다.[16] 켈러가 교류하던 진보주의자 서클의 활동가들 중에서도 하이젤든을 비판했던 인물은 거의 없었다. 저명한 페미니스트 산아제한 운동가이자 우생학 지지자였던 마거릿 생어는 물론이고, "내가 춤출 수 없다면 그건 내 혁명이 아니다"라는 말로

16　Helen Keller, "Physicians' Juries for Defective Babies", *The New Republic*, December 18, 1915, pp.173-174(John Gerdtz, "Disability and Euthanasia: The Case of Helen Keller and the Bollinger baby", *Life and Learning* 16(15), 2006, pp.495-496에서 재인용). 이런 사실에 대해 많은 이들이 '장애인 당사자'였던 헬렌 켈러가 어떻게 그럴 수 있었는가라는 놀라움과 의문을 갖게 될 것이다. 《헬렌 켈러의 급진적 삶》의 저자 킴 닐슨은 켈러가 후천적으로 장애를 갖게 된 자신과 선천적으로 결함을 갖고 태어난 이들을 구별하려 했던 게 아니었겠냐는 이야기를 했지만(Kim E. Nielsen, *The Radical Lives of Helen Keller*, p.37), 우리는 이것을 조금 다른 방식으로 이해해볼 수도 있을 것이다. 사실 20세기 초반만 해도 '장애인'은 적어도 대중들 사이에서 사회적으로 확립된 범주나 정체성이 아니었다. 따라서 '농인', '맹인', 다양한 형태의 '지체 손상자', '정신적 결함자'들은 서로를 어떤 동일성을 지닌 집단으로 여기지 않았을 것이다. 기본적으로 유럽에서 'the disable-bodied'라는 (현재의 '장애인'에 해당하는) 범주가 처음 나타난 것이 1830년대 이후의 일이며, 20세기 초반의 문헌들에서도 다양한 신체적·정신적 손상을 지닌 이들은 장애인이라는 통합적 범주보다는 각각 나열되는 형태로 언급된다. 사라 F. 로즈의 《놀고먹을 권리는 없다No Right to Be Idle》(2017)는 미국 사회의 자본주의 발전과 연관지어 장애의 사회사를 서술하고 있는 책인데, 이 책의 부제 'The Invention of Disability, 1840s-1930s'는 시사하는 바가 꽤 크다. 서구에서도 20세기 초반까지는 장애인이라는 개념이 '발명'되어 아직 확립되던 중이었으며, 양차 세계대전 이후에야 장애와 관련된 사회 정책이 확장되면서 '장애인'이 하나의 확고한 사회적·인구학적 범주이자 정체성이 되었다는 것을 간접적으로 말해주고 있기 때문이다.

잘 알려진 아나키스트 엠마 골드만도 그저 침묵을 지켰다.[17]

독일에서도 1905년 알프레트 플뢰츠의 주도하에 설립된 독일인종위생학회Deutsche Gesellschaft für Rassenhygiene는 모든 정당들의 지지를 받았다. 예컨대 독일사회민주당Sozialdemokratische Partei Deutschlands, SPD의 지도자인 카를 카우츠키는 낙태의 결정을 개별 여성들에게 맡기는 것에 반대했으며, 같은 독일사회민주당 소속으로 베를린대학교 사회위생학 교수였던 알프레트 그로트잔은 부적자의 단종수술을 옹호했다.

한편 세계 최초의 공식적인 단종법은 1907년 미국 인디애나주에서 통과되었다. 1935년에는 28개 주에서 단종법이 제정되고 7개 주에서는 입법 발의 후 의회의 통과를 기다리는 상황으로 발전했는데, 특히 미연방대법원이 단종법의 합헌성을 인정한 1927년의 '벅 대 벨 사건' 판결이 단종수술을 더욱 확산시키는 계기가 되었다. 캐리 벅은 버지니아주 샬러츠빌 태생으로, 지적장애를 지닌 그녀의 어머니 엠마 벅이 린치버그에 있는 시설에 수용되면서 다른 가정에 수양딸로 입양된다. 그러다 17세 때 임신을 하게 되는데, 그녀의 설명에 따르면 임신은 양모의 조카에게 성폭행을 당한 결과였다. 이에 양부모는 캐리 벅이 출산한 아이를 빼앗고 그녀를 그녀의 어머니가 있는 시설로 보냈다. 당시 존 벨이 원장으로 있던 시설 측은 1924년 제정된 버지니아주의 단종법에 의거해 캐리 벅에게 단종수술을 시행했고,

---

17   Kim E. Nielsen, *The Radical Lives of Helen Keller*, p.147.

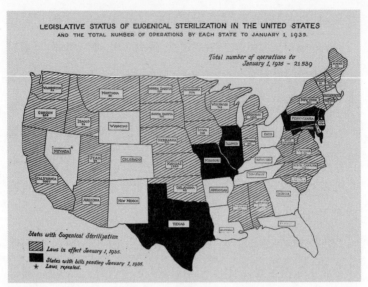

1935년 1월 1일을 기준으로 단종법을 통과시킨 미국의 28개 주(빗금)와 통과 예정인 7개 주(검은 색)를 보여주는 지도.

이를 둘러싼 논란은 법정으로 옮겨갔다.

미연방대법원은 버지니아주의 법률이 다수의 안전과 복지를 추구하는 헌법 정신에 어긋나지 않고 "퇴보한 후손들이 범죄를 저지르도록 기다리거나 그들이 저능함 때문에 굶어죽도록 놓아두는 대신에, 명백하게 부적자인 이들이 그 종을 잇지 않도록 사회가 막는 것이 전 세계를 위해 유익한 일이다. 강제 접종을 유지하려는 원칙은 나팔관을 잘라내는 데에도 적용 가능하다. 저능아는 3대로 족하다"며 시설 측의 손을 들어주었다.[18] 더군다나 이 판결문을 작성한 이는 '명백하고 현존하는 위험'이 존재하지 않는 한 표현의 자유가 보호되어야 한다는 원칙을 제시했을 뿐만 아니라, 무려 173건의 소수의견을 내며 자유와 인권의 수호자로 칭송받은 '위대한 반대자the great dissenter'올리버 웬들 홈스 대법관이었다.[19] 이처럼 단종수술이 진보주의자(리버럴리스트)에 의해 국가 공인 정책으로 확립되고 정당성을 획득하면서, 미국에서는 1974년 단종법이 모두 폐지될 때까지 공식적으로만 6만 5,000명 이상이 강제로 혹은 자신도 모르는 사이 단종수술을 당하게 된다. 그리고 미국의 이러한 단종수술 정책은 단종법이 전 세계적으로 제정되는 데에도 직간접적인 영향을 주었다.

살 가치가 없는 생명: 우생학에 깃든 경제 논리

20세기 초반 서구 사회에서 일종의 시대적 이데올로기가

18　벅 대 벨 사건은 소송의 시작과 진행 과정 전반에 모종의 음모와 왜곡이 있었다. 우선 시설 거주인이었던 엠마 벅과 캐리 벅 모녀는 변호사를 선임해 연방대법원까지 가는 긴 소송을 진행할 만한 경제적 여력도 인적 자원도 없었다. 따라서 이 소송에는 일종의 기획자와 후원인이 필요했는데, 그 기획자이자 후원인이 바로 소송의 다른 당사자인 존 벨이었다. 즉 캐리 벅에게 단종수술을 시행했던 시설장 존 벨이 수술의 정당성을 더욱 공고히 하고자 친히 변호사를 붙여주며 소송을 벌이도록 만들었던 것이다. 게다가 존 벨에게 발탁되어 캐리 벅을 변호했던 변호사 어빙 화이트헤드는 버지니아주립시설운영위원회의 위원이자 우생학적 단종수술의 강력한 지지자였다. 또한 미국의 우생학 연구자 폴 롬바도에 따르면 캐리 벅에게서 태어난 딸 비비안 벅은 생후 7개월에 IQ 검사를 통해 '정신박약'이라는 판정을 받았는데, 당시는 물론이고 지금도 IQ 검사 도구로 7개월 된 아기의 지능을 측정한다는 것은 불가능한 일이며, 비비안 벅은 이후 학교를 다니면서 우수한 성적을 받았다고 한다. 결국 "저능아는 3대로 족하다"는 당시 판결의 근거는 완전히 조작된 것이었다.

19　김두식, 《불편해도 괜찮아》, 창비, 2010, 139쪽.

된 사회적 다윈주의는 독일에서도 엄청난 영향력을 발휘했다. 저명한 생물학자 에른스트 헤켈은 베스트셀러에 오른 책《세계의 수수께끼Die Welträtsel》(1899)에서 "어떤 생명이 전혀 쓸모가 없게 된 경우까지도 모든 상황에서 생명을 유지하고 연장해야 할 의무가 있는 것은" 아니라고 주장하면서, 누가 살아야 하고 누가 죽어야만 하는지를 결정할 수 있는 위원단을 선임할 것을 권고했다. 또한 베르사유 조약이 체결된 직후인 1920년에 법률가인 카를 빈딩과 정신과 의사인 알프레트 호헤는《살 가치가 없는 생명의 말살에 대한 허용Die Freigabe der Vernichtung lebensunwerten Lebens》이라는 제목의 책을 썼는데, 두 저자는 이 책에서 장애인들을 '인간 밸러스트'[20]로 묘사하면서 그들이 초래하는 경제적 부담을 강조하고 '자비로운 살해mercy killing'를 그 해결책으로 제시했다.

나치 집권 후 이루어진 초기 조치들 중 하나는 장애인과 환자들을 위한 시설에서 자원을 회수하는 것이었다. 자원 절약의 필요성은 흔히 우생학을 정당화하는 데 동원되었고, 따라서 장애인을 돌보는 것은 '돈 낭비'로 간주되었다. 이로 인해 어떤 정신장애인 시설에서는 의사 한 명이 500명에 이르는 장애인을 담당하게 되었다. '쓸모없는 식충이useless eater', '살 가치가

20　밸러스트ballast는 안전하게 항해하기 위해 선체를 물속에 더 잠기게 할 목적으로 화물 이외에 싣는 중량물을 말한다. 돌이나 모래가 이용되기도 했지만, 최근에는 주로 밸러스트 탱크ballast tank에 해수를 채운다. 다시 말해 여기서 밸러스트는 언제든 버려져도 상관없는 무익한 존재를 비유적으로 지칭한다.

장애인들이 국가의 경제적 부담을 가중시키고 있음을 강조하는 나치의 선전물. 선천성 질환이나 장애를 지닌 사람에게 하루에 지출되는 5.5마르크의 비용이 건강한 일가족이 하루를 살 수 있는 비용임을 설명하고 있다.

유전성 장애를 지닌 사람 한 명이 60세까지 생존하는 데 필요한 비용은 5만 마르크이며, 이 비용이 독일 노동자의 어깨를 짓누르고 있음을 묘사하는 포스터.

없는 생명', '인간 밸러스트' 같이 장애인을 격하하는 표현은 나치의 선전뿐 아니라 각종 대중매체에서도 어렵지 않게 접할 수 있는 용어가 되어갔다. 장애인에게 들어가는 비용의 부담과 그 무익함을 강조하기 위해, 학교에서 사용되는 수학 교과서에는 다음과 같은 문제들이 실리기도 했다.

문제 94)

독일제국의 한 지역 국립 병원에 4,400명의 정신질환자가 수용되어 있고, 4,500명이 국가의 원조를 받고 있으며, 1,600명은 지방 병원에, 200명은 뇌전증[간질] 환자를 위한 시설에, 1,500명은 복지시설에 있다. 그리고 국가는 이런 시설과 환자들에게 최소한 매년 1,000만 마르크를 지불하고 있다.

I. 국가가 1년에 환자 1인당 부담하고 있는 평균 비용은 얼마인가?

II. I번 문제에서 계산된 결과를 사용하여, 다음의 각 경우에 국가가 부담해야 할 비용은 얼마인지 구하라.

A. 868명의 환자가 10년 이상 거주하고 있다면?

B. 260명의 환자가 20년 이상 거주하고 있다면?

C. 112명의 환자가 25년 이상 거주하고 있다면?

문제 95)

정신병원을 하나 짓는 데 600만 마르크가 든다. 정신병원을 짓는 데 들어간 비용으로 한 채 당 1만 5,000마르크가 소요되는 주택을 몇 채나 지을 수 있는가?[21]

　나치는 정권을 잡은 지 채 6개월도 지나지 않은 1933년 7월 14일 〈유전적 결함을 지닌 자손의 예방을 위한 법률Gesetz zur Verhütung erbkranken Nachwuchses〉을 시행에 옮겼다. 이 법률은 "유전병을 앓고 있는 사람이 갖게 될 어떤 아이가 상당히 심각한 신체적 또는 정신적 결함을 지닐 가능성이 매우 높음이 과학적인 의료적 경험으로 입증된 경우라면, 그와 같은 모든 사람은 외과적 수술을 통해 자식을 갖지 못하도록 만들 수 있다"고 명시하고 있었다. 이 법에 따라 독일에서는 1939년 9월 1일까지 약 37만 5,000명이 단종수술을 당했다. 아래는 단종수술의 대상이 되었던 장애의 목록을 정리한 것으로, 괄호 안의 수치는 1934년 실시된 전체 단종수술에서 각 장애가 차지했던 비율이다. 특히 '선천성 정신박약'으로 표기된 발달장애가 과반을 넘었다. 단종수술 중 24.1퍼센트는 본인이 아닌 법적 후견인에 의해서만 동의가 이루어졌고, 38.6퍼센트는 강제로 수술을 당했다. 이 법에 따라 나치 체제하에서 단종수술을 받은 사람은 전체 인구의 5퍼센트에 달했다고 한다.[22]

21　Robert Proctor, *Racial Hygiene: Medicine Under the Nazis*, Harvard University Press, 1998, pp.183-184.

22　Anne Kerr and Tom Shakespeare, *Genetic Politics: From Eugenics to Genome*, New Clarion Press, 2002, pp.27-28.

1. 선천성 정신박약 (52.9퍼센트)

2. 조현병 (25.4퍼센트)

3. 순환정신병(조울증) (3.2퍼센트)

4. 유전성 뇌전증 (14퍼센트)

5. 유전성 무도병(헌팅턴병[23]) (0.2퍼센트)

6. 유전성 맹 (0.6퍼센트)

7. 유전성 농 (1퍼센트)

8. 중증의 유전성 신체적 기형 (0.3퍼센트)

9. 자신의 재량으로 통제하지 못하는 중증의 알코올중독 (2.4퍼센트)

또한 1935년 9월 공표된 뉘른베르크 법령[24]에 뒤이어 10월에 제정된 〈혼인보건법〉은 배우자 중 어느 한쪽이라도 유전성 질환, 정신착란, 혹은 결핵이나 성병 같은 전염성 질환을 앓고 있는 경우 결혼을 완전히 금지시켰다. 그들 중 대다수가 이미 단종수술을 받았는데도 말이다. 이처럼 장애인이 태어나는 것

---

23 얼굴, 손, 발, 혀 등의 근육에서 불수의적不隨意的 운동장애가 나타나는 증후군을 무도병舞蹈病이라고 하는데, 헌팅턴병은 상염색체 우성으로 유전되거나 4번 염색체 이상으로 뇌의 신경세포가 퇴화해 발생하는 무도병의 일종이다. 치매를 동반하는 경우가 많으며 대부분 발병 후 15~20년 이내에 사망한다.

24 유대인 박해와 우생학적 차별의 합법화를 위해 1935년 9월 뉘른베르크에서 공표된 법령이다. 독일 시민권자 중 독일 혈통으로 간주되지 않는 사람들의 시민권을 박탈하는 내용을 담고 있는 〈독일제국 시민권법Reichsbürgergesetz〉, 유대인과 독일인 간의 결혼 및 혼외정사 금지를 주요 내용으로 하는 〈독일인의 혈통과 명예의 보호를 위한 법Gesetz zum Schutze des deutschen Blutes und der deutschen Ehre〉을 함께 지칭한다.

을 원천적으로 막고자 한 나치 독일은 여기서 멈추지 않고 안락사라는 미명하에 장애인을 집단 학살하기까지 했다.

장애인 안락사 프로그램은 1939년 9월부터 시작되었는데, 이를 담당했던 비밀 조직이 베를린 시내의 동물원로 Tiergartenstraße 4번가에 위치해 있던 유대인에게서 몰수한 한 저택에 근거지를 두고 있었기에 'T-4'라는 암호명으로 불리게 된다. 이 조치는 공식적인 법률이나 정부 차원의 정책이 아니라 히틀러의 개인적인 명령에서 비롯된 것으로, 그의 주치의였던 카를 브란트가 총통비서실장 필립 불러와 더불어 총 책임을 맡았다. T-4 프로그램의 주요 대상은 정신박약, 조현병, 우울증, 왜소증, 마비, 뇌전증 같은 이상을 지닌 사람들이었으며, 생산성의 정도가 중요한 기준이 되었다. 그 시점이 제2차 세계대전의 발발과 맞물려 있다는 점에서 알 수 있듯, 안락사 조치의 기저에는 전쟁 수행에 필요한 자원의 고갈의 막는다는 경제적 동기가 깔려 있었다. T-4 조직에 고용되었던 한 통계 전문가는 나치 체제하에서 이루어진 7만 273회의 '살균'이 독일제국의 예산 8억 5,543만 9,980마르크를 절감시켰으며, 독일 전체에서 1,249만 2,440킬로그램의 고기와 소시지의 낭비를 막았다는 통계를 산출하기도 했다.

전후 뉘른베르크 전범재판에 제출된 레오 알렉산더의 연구에 따르면, 나치 체제하에서 살해된 장애인의 수는 27만 5,000명으로 추산된다. 이어서 살펴볼 북유럽의 경우 대개 재정이 열악한 지방정부 당국들이 단종수술 정책을 적극적으로 실행에 옮겼는데, 이는 자신들의 공적 자금으로 발달장애인들을 부양할 만한 여유가 없다고 판단했기 때문이다. 즉 넓은 의미에서의 인종주의와 결합된 경제적 논리가 우생학의 희생자들을 양산하는 매우 강력한 동기가 되었던 것이다.

북유럽의 '복지'와 우생학이 만났을 때

미국의 각 주에서 단종법이 확산되던 1920년대 말과 1930년대는 전 세계적으로 단종법이 널리 제정된 시기였으며, 북유럽의 복지국가들도 예외는 아니었다. 1997년 8월 스웨덴의 일간지 《다겐스 뉘헤테르Dagens Nyheter》는 1950년대까지 스웨덴에서 발달장애인을 대상으로 반강제적인 불임수술이 이루어졌다는 사실을 보도해 커다란 충격과 사회적 파장을 불러일으켰다. 과학사회학과 사회정책을 연구해온 영국의 페미니스트 사회학자 힐러리 로즈는 알 만한 사람은 이미 알고 있던 이 오래된 이야기가 어째서 현재의 뉴스가 되었는지에 대해 성찰하며 다음과 같이 언급했다.

당시 일어났던 일들에 대해 자유민주주의 나라들, 특히 강력한 복지국가를 건설해온 나라들은 부인의 문화를 발전시켰다. 여러 모로 불편함 감정을 느끼게 만드는 우생학의 역사는 망각되었다. 대신 우생학적 실천은 단지 나치의 소행으로만 치부되었다. 나치의 악마들을 악마로 묘사하는 것은 충분히 온당하지만, 이를 통해 우리의 과거를 덮으려 한다면 그건 잘못된 것이다. 유전학자, 사회정책 분석가, 사회개혁가, 마르크스주의 혁명가를 불문하고 20세기 전반기의 지식인들 사이에서 우생학에 대한 열광이 광범위하게 존재했다는 사실을 좌파와 자유민주주의자 양쪽 다 잊고 싶어 했다.[25]

많은 사람들이 휴머니즘의 얼굴을 한 최상의 복지국가들에 비인간적인 단종법이 존재했다는 사실을 충격적으로 받아들이는 것 같다. 그러나 앞서 살펴본 대로 영국, 미국, 독일에서도 좌우파를 막론하고 우생학에 대한 지지가 존재했다는 사실, 그리고 뒤에서 설명하겠지만 근대적 복지의 탄생과 뒤얽혀 있던 생명권력의 속성이 어떠한 것이었는지를 이해한다면, 북유럽 국가들에서 자행된 우생학적 폭력은 어쩌면 그다지 놀라운 일이 아닐지도 모른다.

스웨덴은 1922년에 국가인종생물학연구소Statens institut för rasbiologi, SIFR라는 우생학 연구기관을 전 세계 최초로 민간이 아닌 정부 차원에서 설립한 국가였고, 단종법안도 같은 해 북유럽 국가들 중 가장 먼저 의회에 제출했다. 실제로 법률이 제정된 것은 1935년이었지만, 단종법이 제정되었던 덴마크(1929년), 노르웨이(1934년), 핀란드(1935년) 등 다른 이웃 국가들보다도 훨씬

---

25   Anne Kerr and Tom Shakespeare, *Genetic Politics*, p.46.

〈표 1〉 덴마크에서의 단종수술(1929~1950년, 단위:명)

시기	발달장애 여성	발달장애 남성	발달장애를 지니지 않은 여성	발달장애를 지니지 않은 남성	총계
1924~1934년	84	19	4	1	108
1935~1939년	825	375	150	30	1,380
1940~1945년	1,000	500	510	110	2,120
1946~1950년	869	465	902	96	2,332
총계	2,778	1,359	1,566	237	5,940

더 강력한 법률하에서 가장 많은 단종수술을 시행했다. 1935년의 단종법과 1941년의 개정 단종법하에서 1935~1975년 사이에 이루어진 단종수술은 총 6만 3,000건에 이른다. 나치 독일을 제외하면 세계에서 인구 당 가장 많은 단종수술이 이루어진 나라가 바로 스웨덴이다. '인민의 가정folkhem[people's home]'이라는 구호[26] 아래 북유럽 국가들의 복지 정책을 선도했던 스웨덴은 우생학 정책 또한 가장 선두에서 시행했다.

덴마크의 우생학 정책에서 두드러진 인물로는 사회민주당의 핵심 정치가이자 덴마크 복지제도의 설계자로 불리는 칼 크

---

[26] 1928년에 스웨덴 사민당의 당수 페르 알빈 한손은 의회 연설에서 '인민의 가정'이라는 개념을 공식화했는데, 이는 사회계층 간의 장벽을 넘어 모든 이에게 안락한 가정을 만들어주고자 하는 포괄적 복지의 개념을 함축하고 있었다. 이 구호는 한손이 총리로 재직했던 1932~1946년의 시기를 포함해 1976년까지 이어진 44년간의 사회민주당 장기 집권 기간 중 정부가 지속적으로 펼친 사회정책의 좌표가 되었다.

리스티안 스타인케를 들 수 있다. 스타인케 같은 사회개혁가들에게 우생학은 복지국가를 만들기 위한 청사진의 핵심 요소였다. 사회적 약자로 범주화되는 특수 집단이 아닌 국민 모두를 대상으로 하는 보편적 복지국가가 '모두가 함께 기여하고 모두가 함께 누린다'는 원칙하에서 운영된다고 할 때, 기여하지는 못하면서 누리는 자들의 수를 줄이는 것이 '합리적'이라고 인식되었던 것이다. 그는 1920년 출간된 《미래의 사회구제Social Relief of the Future》에서 부적합하고 무력한 이들을 국가가 그냥 버리는 것은 냉담한 태도이겠지만, 그렇다고 그들이 아무런 제약 없이 재생산되도록 놔두는 것도 어리석은 일이 될 것이라고 이야기한다. 그리고 우생학이 바로 이런 딜레마에 대한 해결책이 될 수 있다고 주장한다. 즉 우생학적 조치들이 그들의 수가 증가하지 않도록 보장해준다면, 사회가 그들을 인도적이고 관대한 태도로 대할 수 있다는 것이다.

한편 북유럽 국가들의 단종법은 단종수술의 사유로 "아이를 기를[돌볼] 수 없는 경우"라는 조항을 공통적으로 두고 있었다. 그리고 여성보다는 남성의 단종수술 시술이 훨씬 더 간단하고 용이했음에도 여성에게 압도적으로 많은 단종수술을 시행했다. 예컨대 덴마크에서 1929년부터 1950년까지 단종수술을 받은 사람은 총 5,940명이었는데 이 중 여성이 4,344명으로 70퍼센트 이상을 차지했으며, 노르웨이에서도 단종수술을 받은 사람들의 80~90퍼센트가 여성이었다.[27] 이는 출산과 양육의 책임이 기본적으로 여성에게 할당되는 가부장적이고 젠더

차별적인 사회 현실이 적나라하게 반영된 수치라고 할 수 있을 것이다.

---

27   Anne Kerr and Tom Shakespeare, *Genetic Politics*, pp.54-55.

2

우생학, 새로운 간판을 내걸다

우생학의 자기 혁신: 개혁 우생학과 인류유전학

주류 우생학이 누렸던 대중적 인기와 지위는 1930년대를 정점으로 조금씩 약화되다가 전후에는 나치가 자행한 홀로코스트의 참상이 알려지면서 결정적인 위기를 맞게 된다. 그러자 우생학은 일정한 원칙들은 보존하고 내부의 극단적 입장들이나 비과학적인 요소들은 스스로 비판하면서 소위 '개혁 우생학 reform eugenics'으로 변모해나간다. 개혁 우생학이 사회적으로 용인될 만한 것으로서 새로운 추동력을 얻게 된 이유 중 하나는, 이 분야의 연구자들이 유전뿐 아니라 환경도 전략적으로 강조했다는 데 있었다. 예컨대 우생학의 열성적 지지자 중 한 명이었던 허먼 멀러는 1939년에 다른 22명의 영국 및 미국 과학자들과 함께 〈유전학자들의 선언Geneticists' Manifesto〉을 작성했는데,

여기서 자신들의 목표는 유전적 개량을 통해서든 환경의 개선을 통해서든 가능한 한 최선의 아이를 만들어내는 것이라고 공표했다.

그리고 1940~1950년대를 거치면서 개혁 우생학은 다시 인간의 질병 문제에 초점을 맞춘 인류유전학 내지 의료유전학으로 점차 간판을 바꿔 달기 시작한다. 칼 피어슨이 1925년 창간한 격월간 저널《우생학 연보Annals of Eugenics》는 1954년에 제호를《인류유전학 연보Annals of Human Genetics》로 변경했고, 1922년 설립된 스웨덴의 국가인종생물학연구소도 1958년에 웁살라대학교의 부설기관이 되면서 명칭을 의료유전학연구소Institutionen för medicinisk genetik로 바꾸었다. 미국에서는 1948년에 미국인류유전학회American Society of Human Genetics, ASHG가 창립되는데, 창립 이후 회장직을 맡았던 6명 중 5명이 미국우생학회의 이사였다. 우생학을 적극적으로 지원했던 록펠러재단은 변함없이 인류유전학계에 막대한 자금을 댔을 뿐만 아니라, 1901년 설립된 록펠러의학연구소Rockefeller Institute of Medical Research—지금의 록펠러대학교—를 통해 의료유전학을 비롯한 생명과학 연구에 힘을 쏟았다.

1940년대에 인류유전학은 걸음마 단계에 있었지만, 점차 다양한 분야의 광범위한 과학자들에게 관심을 받았다. 특히 물리학자와 화학자들의 참여가 두드러졌는데, 이들의 참여로 분자유전학이 발전하면서 막연한 가설의 수준에 머물러 있던 유전자의 전모가 점차 밝혀지기 시작했다. 1944년에 록펠러의

학연구소의 오즈월드 에이버리와 그의 동료들은 보통 DNA라는 약자로 불리는 디옥시리보핵산deoxyribonucleic acid이 유전자라는 추상적 개념의 배후에 있는 물리적 실체일 것이라고 제안했고, 1948년에는 1유전자-1효소설이 확립된다.[28] DNA 조각을 전기적으로 나눠 유전자의 패턴을 알아내는 기술인 전기영동법electrophoresis 또한 라이너스 폴링에 의해 이 시기에 개발되었다. 그리고 1953년에 프랜시스 크릭과 제임스 왓슨이 그 유명한 DNA의 이중나선 구조를 발견함으로써 마침내 DNA의 분자적 구조와 그 실체가 세상에 알려진다. 이처럼 유전자의 물리적 전모가 밝혀지면서 유전자 결정론에 다시 힘이 실리게 되었다.

여기서 주목할 만한 점은 인류유전학의 발전에 커다란 업적을 남긴 인물들 중 다수가 우생주의자였다는 사실이다. 〈유전학자들의 선언〉을 주도했던 미국의 허먼 멀러는 모건 학파의 유전학자로 1934년부터 1937년까지 소련에 건너가 모스크바 유전학연구소에서 연구 활동을 했으며, X선에 의한 인공적 돌연변이의 발생을 초파리를 대상으로 한 실험에서 확인한 공로로 1946년에 노벨생리의학상을 수상한 인물이다. 그는 말년에 생식세포선택재단Foundation for Germinal Choice의 설립 가능성을 검토하고, 이 재단에서 엄정하게 가려진 우수한 기증자의 정자를 활

28　하나의 유전자는 하나의 특정 효소를 지배하는 유전 암호genetic code를 간직하고 있다는 학설로 스탠퍼드대학교의 조지 비들과 에드워드 테이텀이 확립했다. 이후 인슐린 같은 호르몬과 그 외의 구조단백질들은 효소가 아니라는 것이 밝혀진 후 1유전자-1폴리펩티드설로 바뀌었다.

용해 인공수정 서비스를 제공하는 구상을 했다. 그리고 1967년 멀러가 사망한 후 실제로 그와 같은 기관이 설립된다.

미국의 백만장자 사업가이자 우생주의자였던 로버트 그레이엄은 멀러의 구상을 따라 1980년 캘리포니아주 에스콘디도에 생식세포 선택을 위한 보관소Repository for Germinal Choice라는 이름의 정자은행을 설립했다. 애초에는 노벨상 수상자들의 정자만 기증받고자 했으나, 현실적인 어려움으로 아주 높은 IQ를 지닌 사람이나 올림픽 금메달리스트의 정자 또한 선별해 받았다고 한다. 언론은 이 기관을 대체로 '노벨상정자은행Nobel prize sperm bank'이라고 불렀는데, 노벨상 수상자 중 공식적으로 알려진 정자 기증자로는 열렬한 우생학 지지자였으며 트랜지스터를 발명한 공로로 1956년에 노벨물리학상을 수상한 윌리엄 쇼클리가 있었다. 쇼클리는 IQ가 100 이하인 사람들에게 단종수술 비용을 의무적으로 지급하자는 제안을 미국심리학회American Psychological Association에 하는 등 우생주의적 신념에 따른 돌출 발언과 행동으로 수많은 논쟁의 중심에 섰던 인물이기도 하다. 이곳의 정자를 이용한 인공수정을 통해 1982년 4월 19일 첫 번째 아기의 출산이 이루어졌으며, 같은 방식으로 총 218명의 아기가 태어났다고 알려져 있다. 이 정자은행은 그레이엄이 사망하고 2년이 지난 후인 1999년에 문을 닫는다.

전기영동법을 개발한 폴링은 원자와 원자의 화학적 결합에 대한 특성을 밝혀내 1954년에 노벨화학상을, 핵실험 반대 운동에 기여한 공로로 1962년에는 노벨평화상까지 받은 미국의 물리화학자이다. 그는 분자유전학과 인류유전학 분야에서도 많은 성과를 남겼다. DNA의 구조를 밝히는 연구에서는 크릭과 왓슨의 가장 유력한 경쟁자였고, 겸상적혈구빈혈증[29]의 원인이 혈액에 포함된 이상 혈색소인 헤모글로빈 S 때문이라는 것을 1949년에 처음으로 입증해 분자병의 개념이 성립되는 기초를 마련하기도 했다. 그렇지만 1968년에 폴링은 결혼기 남녀에게 겸상적혈구빈혈증 및 다른 유해 유전자에 대한 의무 검사를 실시해야 하며, 보인자保因者[30]임이 확인될 경우 그들에게 문신을 새겨야 한다고 주장해 논란을 불러일으킨 바 있었다.

DNA의 이중나선 구조를 발견해 1962년에 노벨생리의학상을 수상한 크릭과 왓슨 또한 우생주의적 입장을 적극적으로 표명한 인물들이다. 크릭은 1961년에 대규모 우생학 프로그램을 마련하자고 주장했는데, 여기에는 식품첨가물을 통한 단종술이 포함되어 있었다. 그는 멀러의 생식세포선택재단 구상에 대해서도 열렬한 지지를 보냈다. 또한 유전적으로 바람직하지 않은 아이의 출산을 제한하는 계획을 허용해야 한다는 견해를 피력했으며, 예비 부모들이 재생산을 하기 위해서는 자격증을

---

29 겸상적혈구빈혈증sickle-cell anemia은 주로 아프리카, 지중해 연안, 미국의 흑인들에게 발병하는 유전질환이다. 고산지대에 있거나 육체적 스트레스를 받을 경우 혈액 내 산소의 분압이 낮아지면서 헤모글로빈의 분자 구조에 이상이 생겨 낫 모양(겸상)의 적혈구가 생성된다. 겸상적혈구는 쉽게 파괴되어 심한 빈혈을 일으킬 뿐만 아니라 모세 혈관을 막아 육체적 피로, 통증, 뇌출혈, 폐·심장·신장의 기능 장애를 초래하기도 한다.

30 보인자란 기본적으로 어떤 유전병과 관련된 유전자를 보유하고 있지만 증상은 나타나지 않는 상태에 있는 사람을 말한다.

발급받을 필요가 있다는 황당한 발언까지 했다. 왓슨 역시 임신한 태아가 동성애자인 것으로 판명될 경우 여성들이 태아를 낙태할 수 있도록 허용해야 한다고 주장하는가 하면, 1997년에는 한 논문에서 다음과 같이 썼다.

> 우리는 히틀러가 지지했던 것이라면 모두 반대하는 어리석은 함정에 빠져서는 안 된다. 히틀러가 정신병을 사회에 대한 재앙으로 여겼던 것은 결코 부도덕한 일이 아니다. …… 히틀러가 지배 인종Herrenrasse이라는 용어를 사용한 것 때문에, 우리가 인간을 오늘날보다 좀 더 유능한 존재로 만드는 데 유전학이 사용되기를 결코 원치 않는다고 말해야만 하는 것처럼 느껴져서는 안 된다.[31]

대부분 노벨상까지 받은 저명한 인류유전학 연구자들에게서 우생주의적 언행이 빈번히 나타나는 것을 물론 필연이라고 할 수는 없을 것이다. 하지만 그 상관관계를 완전히 배제하거나 부정하기는 어렵다. 현대의 인류유전학은 동기적인 측면에서나 내용적인 측면에서 과거의 우생학으로부터 많은 것들을 쇄신된 형태로 물려받았으니 말이다. 위에서 언급한 이들뿐 아니라 의료유전학계의 주요 인사들—미국과 캐나다의 클래런스 올리

---

31 James D. Watson, "Genes and politics", *Journal of Molecular Medicine* 75, 1997, p.624.

노벨상을 받은 저명한 인류유전학자들인 허먼 멀러, 라이너스 폴링, 프랜시스 크릭, 제임스 왓슨. 그러나 한편으로 이들은 모두 우생학적 사고와 신념을 적극적으로 표명한 우생주의자들이기도 했다. 왼쪽 위부터 시계 방향으로 멀러, 폴링, 크릭, 왓슨.

버, 커트 스턴, 리 다이스, 허루프 스트랜드스코브, 고든 앨런, 윌리엄 앨런, 내시 헤론, 프란츠 칼만과 해럴드 폴즈, 매지 매클린, 프랭크 클라크 프레이저, 영국의 엘리엇 슬레이터와 세드릭 카터, 덴마크의 타게 켐프 등—도 1960년대 내내 자신들의 작업이 '우생학'의 한 형태라고 공공연히 이야기했다.[32]

1970년대에 접어들자 인류유전학은 가장 각광받는 과학 분야 중 하나가 되었으며, 1973년에 스탠리 코언과 허버트 보이어가 개발한 재조합DNA[33] 기술은 DNA의 이중나선 구조 발견 이후 인류유전학을 다시 한 번 크게 도약시켰다. 이 기술을 통해 본격적인 의미에서의 유전자 조작, 즉 유전공학genetic engineering이 가능하게 되었다. 유전자 검사 및 치료도 재조합DNA 기술로 더욱 탄력을 받았다. 그리고 1990년에 시작되어 2003년 완결된 인간게놈프로젝트에 의해 30억 염기쌍으로 이루어진 인간 게놈[34]의 95퍼센트 이상이 분석되고 3만 개가 넘는 인간의 유전자에 대한 지도가 작성되면서, 인간의 생명과 질병을 다루는 인류유전학과 의료유전학은 이전과는 전혀 다른 질적 수준에 이르게 된다. 한편 1975년 출간된 에드워드 오스

---

32   Diane B. Paul, *The Politics of Heredity*, p.137.
33   재조합DNA는 제한효소를 사용해서 DNA의 사슬을 절단한 후 연결효소를 이용하여 그 단편을 다른 DNA에 연결해 만든 잡종 DNA를 말한다. 보통 한쪽의 DNA는 벡터(유전자의 운반체)이고, 다른 한쪽은 목적으로 하는 유전자를 함유한 DNA 단편이다.
34   '게놈'([독]genom, [영]genome)은 독일 함부르크대학교의 식물학자이자 유전학자인 한스 빈클러가 1920년 'gene(유전자)'과 'chromosome(염색체)'을 합성해 창안한 용어이며, 일반적으로 한 생명체가 지닌 모든 유전 정보의 집합체를 뜻한다. '유전체'로 번역하기도 한다.

본 윌슨의《사회생물학Sociobiology》과 1976년 출간된 리처드 도킨스의《이기적 유전자The Selfish Gene》는 사회생물학을 대중화했고, 그 주창자들의 의도와 상관없이 유전자 결정론적 시각을 사회 담론의 수준에서 확산시키는 데 상당 부분 활용되었다.

미국우생학회가 1972년에 사회생물학회Society for the Study of Social Biology로 이름을 바꾸고 영국우생학회 또한 1989년에 골턴연구회Galton Society라는 이름의 소규모 학회로 변모한 사실에서 드러나듯, 1970년대 이후부터는 가장 극단적인 이들을 제외하면 대부분의 사람들이 우생학이라는 단어를 잘 사용하지 않게 되었다. 그러나 위에서 살펴보았듯, 전후 우생학과 유전학은 진화론적 어법으로 말해 공진화共進化, coevolution를 거듭해왔으며, 그 기본적인 관점과 이데올로기를 점차 인류유전학과 의료유전학으로 이전시켰다. 나아가 현대의 유전학은 더 이상 국가의 억압적 통제와 인구정책이 아니라, 유전 상담genetic counselling을 통한 '개인의 자발적 선택'이라는 차원에서 우생주의적 시스템을 가동할 수 있는 역량을 획득하게 된다. 신자유주의적 경쟁 문화의 전면화와 생명공학 산업의 발흥이라는 사회적 조건이 이런 역량을 더욱 강화해온 것은 물론이다.

행선지가 정해진 기차표: 산전 검사와 선별적 낙태

1946~1948년에 초대 유네스코 의장을 지낸 생물학자 줄

리언 헉슬리는 우생학을 적극적으로 지지했던 또 다른 저명인 사이다. 과학이 극도로 발달한 우생주의적 디스토피아의 세계를 그린 풍자 소설 《멋진 신세계Brave New World》를 쓴 올더스 헉슬리가 그의 친동생이었다는 것은 하나의 아이러니라고 할 수 있겠다. 줄리언 헉슬리는 영국우생학회가 1937년 제작한 선전 영화 〈인간의 유전Heredity in man〉에서 해설을 맡았던 적이 있다. 15분 분량의 영화는 스포츠, 음악, 예술 등의 분야에서 뛰어난 재능을 발휘한 사람들의 가계를 전반부에서 소개하며 그 재능이 유전된 것이라고 설명한다. 후반부에서는 열등한 형질이 유전되는 예로 지적장애인 부모에게서 태어난 6명의 형제가 모두 시설에서 생활하는 모습을 비추며 이들의 일그러진 얼굴과 텅 빈 시선을 클로즈업한다. 이후 영화는 "장애인을 제대로 관리하는 것은 사회의 당연한 의무지만, 그들이 태어나지 않는 편이 자신을 위해서도 사회를 위해서도 보다 행복한 일이 될 것이다"라는 헉슬리의 말로 끝을 맺는다.[35]

이 영화가 잘 보여주는 것처럼 과거의 우생주의자들은 장애를 지닌 사람들이 세상에 태어나는 것을 막고자 했고, 이를 위해 혼인법을 통해 결혼을 제한하고 단종수술을 시행했다. 그러나 유전학적으로 볼 때 이런 조치만으로는 목적을 제대로 달성하기 어려웠다. 따라서 좀 더 적극적인 네거티브 우생학자들은 안락사를 지지했고, 실제로 (암암리에 혹은 공식적으로) 행해졌

35   염운옥, 《생명에도 계급이 있는가》, 11~12쪽.

다. 그러나 현대 유전학은 단종수술이나 안락사가 아니더라도 원하기만 한다면 장애인의 탄생을 사전에 막을 수 있는 좀 더 이상적인 형태의 기술들을 발전시켰다. 그러한 기술들 중 가장 기본적인 것이 바로 산전 검사와 선별적 낙태이다. 즉 산모 혈청 검사[36], 초음파 검사, 양수 검사amniotic fluid test[37], 융모막 융모 생검chorionic villus sampling, CVS[38] 등을 통해 태아의 장애 유무를 미리 확인할 수 있게 함으로써 장애가 존재하는 경우에 한해서만 선별적으로 낙태를 할 수 있게 된 것이다.

산전 검사는 어떤 유전학적 이상의 위험성이 존재하는지를 일차적으로 가려내기 위해 광범위한 산모를 대상으로 실시되는 선별 검사와, 선별 검사에서 태아에게 일정 확률 이상의 위험성이 있는 것으로 판단될 경우 그 이상의 존재 여부를 확정하기 위해 실시되는 진단 검사로 구분될 수 있다. 양수 검사 외에 별다른 산전 검사 기술이 존재하지 않았던 1960년대까지

---

36 삼중[사중] 표지자 검사Triple[Quad] test라고도 한다. 모체의 혈액 내에 존재하는 세 가지 호르몬(알파태아단백, 사람 융모성 성선자극호르몬, 비결합에스트리올)을 검사하는 것이 삼중 표지자 검사이고, 사중 표지자 검사는 이 세 가지 호르몬에 인히빈A를 추가로 검사해 태아의 다운증후군, 에드워드증후군, 신경관 결손이나 복벽 결손의 위험도를 측정한다.
37 가는 주사 바늘을 이용해 자궁 내의 양수를 채취한 후, 양수에 포함되어 있는 태아 조직세포의 DNA와 양수의 화학 성분을 분석해 태아의 이상 유무를 확인하는 산전 검사법이다. 일정한 양의 양수가 태아를 둘러싼 후인 임신 15주 이후부터 20주 사이에 실시된다.
38 태아와 양수를 둘러싸고 있는 융모막은 수정란에서 유래되기 때문에 태아와 거의 유사한 염색체 구성을 나타낸다. 융모막 융모 생검은 융모막의 융모를 채취해 세포유전학적 분석, DNA 분석 및 효소 분석을 하는 산전 검사법의 하나로, 통상적으로 임신 10~13주 사이에 실시된다. 양수 검사보다 조기에 시행될 수 있는 반면, 태아가 유산될 위험성이 좀 더 높은 것으로 보고되고 있다.

는 이런 구분이 의미가 없었지만, 현재는 산모 혈청 검사나 초음파 검사 같은 비침습적 검사는 선별 검사로서, 양수 검사나 융모막 융모 생검 같은 침습적 유전자 검사는 진단 검사로서 실시된다.[39]

산전 검사는 인간게놈프로젝트를 거치며 질병과 연관된 유전자에 대한 지식이 늘어나고 관련 기술이 정교화되면서 점점 더 확장되었다. 유전자 검사를 제공하는 전 세계의 실험실과 클리닉에 대한 정보 등을 안내하는 '진테스트GeneTests'의 웹사이트(www.genetests.org)에서는 2017년 5월 1일을 기준으로 유전자 검사가 이루어질 수 있는 4,977가지 장애의 목록을 제시한 바 있는데,[40] 그중 대다수가 태어날 아이에게 유전적 장애가 존재하는지에 관한 정보를 제공하는 재생산 관련 검사에 해당한다. 또한 유산의 위험이 없는 비침습적 검사인 초음파 검사와 산모 혈청 검사 기술이 발전한 결과, 이제 산전 선별 검사는 거의 모든 산모를 대상으로 실시되고 있다. 이처럼 광범위한 인구를 대상으로 하는 선별 검사는 사회적으로 상당한 비용을 초래하지만, 공중위생 경제학에서는 비용 대 편익이라는 견지에서 정당화된다. 즉 산전 선별 검사 프로그램은 검사에 드는 총비용이

---

39 침습적invasive 검사란 신체 조직에 손상을 유발하며 그로 인해 잠재적으로 부작용을 동반할 수 있는 외과적 형태의 검사를 말한다. 양수 검사와 융모막 융모 생검과 같은 침습적 검사는 산모와 태아에게 직간접적인 영향을 주어 유산의 위험성을 일정 정도 높이게 된다.

40 이 웹사이트는 도메인을 'www.gene-tests.org'로 바꾸고 전면 개편한 이후로는 더 이상 이와 관련된 정보를 업데이트하고 있지 않다.

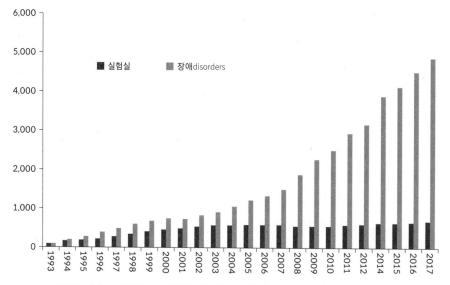

유전자 검사를 제공하는 전 세계의 실험실(짙은 색)과 유전자 검사가 시행될 수 있는 장애(흐린 색)의 증가를 보여주는 도표. 2001년만 해도 819가지에 머물렀던 장애 목록은 급격히 증가해, 2017년 5월 1일을 기준으로 무려 4,977가지에 달하게 되었다. (출처: www.genetests.org)

검사를 시행하지 않았을 경우 태어났을 장애아에 대한 의료비 및 복지 비용보다 적다는 것이 논증될 수 있을 때 도입된다. 이와 같은 비용-편익 분석은 장애인에 대한 사회적 비용을 단종 수술과 안락사를 정당화하는 근거로 활용한 과거의 네거티브 우생학과 뚜렷하게 공명하고 있다.

그러나 표면적으로 산전 검사는 임신과 관련해 소위 '충분한 정보에 근거한 선택informed choice'을 할 수 있는 예비 부모의 권리로서 정당화된다. 또한 산전 검사를 기반으로 이루어지는 유전 상담은 이런 재생산 선택권을 보장하기 위해 객관적인 정보를 제공하면서 '비지시적'으로 이루어진다고 가정된다. 산전 검사는 진정 예비 부모의 선택권을 보장하기 위한 것이며, 예비 부모들은 비지시적인 상담을 기반으로 자유로운 선택을 하는 것일까? 나는 상당히 회의적인 입장을 견지할 수밖에 없는데, 다음과 같은 세 가지 이유 때문이다.

첫째, 태아의 장애 여부를 확인하기 위한 산전 검사는 현재 고민이나 선택을 할 여지도 없이 하나의 '관례화된' 절차로 제공될 뿐만 아니라, 그런 검사 자체가 특정한 지향을 갖는다. 즉 임신한 여성이라면 누구나 받게 되는 산모 혈청 검사 같은 선별 검사는 이미 양수 검사 같은 진단 검사를 전제하며, 진단 검사는 다시 선별적 낙태를 전제한다. 한국의 경우 낙태가 오랫동안 형법상 범죄였기 때문에 정확한 실태 파악이 불가능하지만, 미국과 영국에서 선별 검사를 받은 산모들이 이후 진단 검사와 낙태를 선택하는 비율은 이런 연계적 경향성을 잘 보여준다. 1990년을 전후해 취합된 관련 데이터를 보면, 미국(1984~1993년)의 경우 다운증후군에 대한 산전 선별 검사에서 양성 결과가 나온 산모들 중 79퍼센트가 양수 검사 제안을 받아들였고, 양수 검사에서 다운증후군을 지닌 태아를 임신한 것으로 진단된 여성의 85퍼센트는 다시 낙태를 선택했다. 그리고 영국(1991~1993년)의 경우에도 같은 상황에서 75퍼센트가 양수 검사 제안을 받아들였고, 92퍼센트가 낙태를 선택했다.[41] 다시 말해 사람들은 기차역에서 자유롭게 행선지를 선택하고 있는 것이 아니라, 역 입구에서 모두에게 나눠주는 부산행 기차표를 받아들고 나서 부산으로 갈 것인지 말 것인지의 여부를 선택하고 있는 셈이다.

둘째, 유전 상담을 행하는 주체들과 여기서 제공되는 정보들은 결코 중립적이거나 비지시적이지 않다. 현재 산전 검사와 선별적 낙태의 과정에서 상담을 행하는 주체는 의료적 장애 모델의 관점에 강하게 사로잡혀 있는 이들이다. 그들은 장애를 의료적 중재를 통하여 해결해야 할 문제로 여기도록 훈련받아왔기에, 어떤 이상이 치료될 수 없다면 사전에 예방되어야 한다는 생각은 그들의 입장에서 전혀 비논리적이지 않다. 한편 많은 장애인들에게 장애란 엄연한 삶의 일부일 뿐 의료적 비극이 아니지만, 장애에 대한 산전 검사와 낙태 여부를 선택하는 과정에서 그들의 경험은 하나의 정보로서 제공되지 않는다. 즉 유전 상담을 행하는 주체들이 의도적이고 악의적으로 지시적이어서가 아니라, 그들이 지니고 있는 관점과 지식 자체가 이미 한쪽으로 편향되어 있기 때문에 비지시적인 상담이 이루어지기 매우 어려운 것이다.

셋째, 예비 부모들로 하여금 산전 검사의 결과에 따라 장애아의 낙태를 선택하도록 하는 강력한 사회문화적·경제적 압력이 존재하며, 이런 조건에서 장애아를 낳아 기를 수 있는 예비 부모들의 자유와 역량은 제한될 수밖에 없다. 주지하다시피 대다수 사회들에는 여전히 장애인에 대한 편견과 차별적인 문화

41　　James E. Haddow and Glenn E. Palomaki, "Similarities in Women's Decision-making in the U.S. and U.K. during Prenatal Screening for Down's Syndrome", *Prenatal Diagnosis* 16, 1996, pp.1161-1162.

가 지배적이어서, 장애를 지닌 태아의 출산 여부를 결정해야 하는 예비 부모들은 그런 사회적 분위기에 직접적인 영향을 받게 된다. 또한 사회적 지원이 미비한 상황에서 장애아를 키우는 부모들은 추가적인 의료비, 양육비, 교육비의 부담을 개인적으로 짊어져야 할 뿐만 아니라, 다수의 실태조사에서 나타나듯 경제 활동까지 포기해야만 하는 경우도 비일비재해 이중적인 경제적 어려움에 직면하게 된다. 이와 같은 사회적 조건들은 당연히 장애아의 출산을 가로막는 매우 큰 압력으로 작용한다. 하버드 대학교의 생물학 명예교수이자 책임 있는 유전학을 위한 회의 Council for Responsible Genetics, CRG의 일원인 루스 허버드는 이런 측면을 날카롭게 성찰하며 다음과 같이 썼다.

물론 여성에게는 그 이유가 무엇이든 간에 임신을 중절할 수 있는 권리가 있어야 하지만, 그녀는 또한 임신을 중절하지 않을 수 있는 권한을 지니고 있다는 느낌을, 그녀와 그녀의 아이가 충족된 삶을 살아갈 수 있도록 사회가 할 수 있는 조치들을 취할 것이라는 확신을 지닐 수 있어야만 한다. 출산 전의 중재가 장애인에 대한 사회적 편견에 따라 행해진다면 그것은 재생산 선택권을 확장하지 않는다. 그것은 선택권을 제한한다.[42]

---

[42]   Ruth Hubbard, "Abortion and Disability: Who Should and Who should Not Inhabit the World?", ed. Lennard J. Davis, *The Disability Studies Reader*, Routledge, 1997, p.199.

'선택권' 혹은 '선택의 자유'라고 하는 것은 언제나 일정한 사회적 맥락과 조건 속에서만 해석될 수 있고, 그렇게 해석되어야만 한다. 마사 누스바움은 정치적 자유주의를 일관되게 지지하는 법철학자이지만, "'소극적 자유negative liberty' 개념은 모순이다. 모든 자유는 적극적 자유다"라고 규정한다.[43] 그녀의 역량 접근법capabilities approach에서 '역량'은 말 그대로 어떤 사람이 '실제로' 무엇을 할 수 있는가에 관한 것이며, "구체적인 정치적·사회적·경제적 환경에서 선택하고 행동할 수 있는 기회의 총합"을 의미한다.[44] 즉 '선택할 자유' 개념이 역량 개념에 내재해 있고, 자유의 확장이란 곧 역량의 확장과 다른 무엇이 아니다(자유=역량).[45] 그녀의 관점은 역량(능력)은 어디까지나 개인이 소유한 것이며, 환경(조건)과는 별개의 영역이라는 주류 자유주의의 허구적인 이분법적·소유권적 관점을 넘어선다. 에티엔 발리바르의 용어를 빌리면, 자유-역량 자체가 언제나 '관개체적貫個體的, transindividual'인 것, 즉 개인을 가로지르고 초과하는 무엇일 수밖에 없다.

과거의 우생학 정책도 때로는 본인의 동의를 거치는 소위 '자발적 단종수술'이라는 형태로 제시되었지만, 그런 경우에도 보이지 않는 정치적 강압이 늘 존재했다. 또한 현재 어떤 장애인이 시설 입소를 선택한다고 할 때, 이는 지역사회에서의 자립

---

43 마사 누스바움, 《역량의 창조》, 한상연 옮김, 돌베개, 2015, 86쪽.
44 마사 누스바움, 《역량의 창조》, 35~37쪽.
45 마사 누스바움, 《역량의 창조》, 40쪽.

적인 삶을 불가능하게 하는 사회문화적·경제적인 압력과 조건 때문이지 시설에서의 삶이 좋아서가 결코 아니다. 즉 시설 입소를 선택하지 않을 수 있는 장애인들의 자유-역량은 제한되어 있다. 요컨대 어떤 선택이 진정 자유로운 선택이 되기 위해서는 그 반대편을 선택하는 것을 가로막는 사회적 압력이 충분히 제거되어야, 다시 말해 반대편을 선택할 수 있는 자유-역량이 사회적으로 부여되어야 하지만, 자발적 단종수술이나 시설 입소의 문제와 마찬가지로 산전 검사 및 선별적 낙태의 문제에는 이런 조건이 형성되어 있지 않다.

이처럼 산전 검사에 대해 비판적이고 회의적인 평가를 내림으로써 그 검사를 받는 사람들이 어떠한 선택권도 부정당하게 됨을 이야기하려는 것은 아니다. 또한 그들이 누군가에게 직접적으로 강요를 당하거나 속아 넘어가 선별적 낙태를 택하게 된다고 말하려는 것도 아니다. 그러나 우리는 위의 세 가지 요인이 충분한 정보에 근거한 자유로운 선택이 가능하지 않은 상황을 맥락적으로 생성해내고 있으며, 이런 맥락 속에서 산전 검사와 선별적 낙태가 하나의 우생주의적 시스템으로 작동하고 있다는 사실을 인식할 수 있어야 한다.

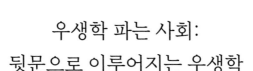

3

우생학 파는 사회:
뒷문으로 이루어지는 우생학

살게 만드는 권력이 어째서 사람을 죽게 만드는가

생명권력에 대한 통찰은 기본적으로 미셸 푸코의 논의에 기반을 둔다. 그는 1976년 출간된 《성의 역사 1: 앎의 의지Histoire de la sexualité: La volonté de savoir》의 마지막 장과 콜레주 드 프랑스에서 진행된 1975~1976년의 강의 《"사회를 보호해야 한다Il faut défendre la société"》의 마지막 11번째 강의에서 생명권력이라는 새로운 개념의 개요를 제시한 바 있다. 푸코는 근대 이전의 군주가 지닌 고전적 주권에도 인민에 대한 일종의 생사여탈권이 포함되어 있었지만, 그것은 기본적으로 죽음의 편에서 불균형하게 행사되는 칼의 권리였으며 "죽게 만들고 살게 내버려두는" 권력이었다고 말한다. 그러나 근대사회로 넘어오며 국가가 인민에 대해 행사하는 생사여탈권은 오히려 삶의 편에서 불균형하게 행사되는 권리로, 즉 "살게 만들고 죽게 내버려두는" 권력으로 성격이 변하는데, 푸코는 이를 생명권력이라고 지칭했다.[46] 따라서 생명권력은 기본적으로 '살게 만드는' 권력, 생명[生]을 지키는[衛] 권력, 즉 '위생권력'이라고 할 수 있다.

푸코가 명시적으로 설명하지는 않았지만, 국가권력의 성격 변화는 근대 자본주의 체제로 전환되면서 생산자와 생산수단이 분리된 것과 밀접하게 연관된다. 전前자본주의 시대는 기본적으로 생산자인 농민들이 생산수단인 토지에 직접적으로 결합되어 식량을 생산하고, 이를 통해 알아서 먹고사는 자급자족적인 성격의 사회였다. 군주의 입장에서 이것은 그냥 살게 내버려두는 것에 가까웠으므로, 능동적 권력은 죽게 만드는 칼의 권리를 통해 행사되었다. 한편 자본주의로의 전환기를 기점으로 생산자는 생산수단에서 분리되어 무산자가 되지만, 이들 중 고용이라는 매개 과정을 거쳐 자본가가 지닌 생산수단에 간접적으로 결합되지 않는 대중, 즉 상대적 과잉 인구 또는 산업예비군이 광범위하게 발생한다. 따라서 근대적 권력은 이들을 그냥 죽게 내버려둘 수 있고, 살게 만들 때 능동적 권력을 행사하게 된다. 바로 이런 맥락에서 근대적 의미의 사회복지의 탄생을 이해할 수 있을 것이다.

자본주의가 출현해 자리를 잡아가던 시기, 국가권력은 인민들이 자본주의적 노동 규율을 내재화하도록 강제하기 위해

---

46   미셸 푸코, 《"사회를 보호해야 한다"》, 박정자 옮김, 동문선, 1998, 278~279쪽.

일차적으로 '개별적인 신체'에 대한 규율과 훈육에 관심을 두었다. 여기에서 근대적 규율권력disciplinary power이 출현한다. 감옥, 병원, 구빈원, 학교, 군대, 공장 등의 장치를 통해 이 과정이 어느 정도 진척되고 그 메커니즘이 확립되자, 18세기 후반부터는 이와 더불어 '인구'(즉 전체 노동력)의 육성과 관리에 주된 관심을 두는 생명권력이 등장하게 된다. 개체 수준에서 행사되는 규율권력과 인구 수준에서 행사되는 생명권력이 교차적·상호의존적으로 작동하면서, 인간의 생명과 삶이 생산에 활용되고 그러한 활용에 순응하게 되었던 것이다.

여기서 중요한 것은 생명권력의 대상이 어떤 위기에 처하거나 생사의 기로에 놓여 일정한 지원이나 보호가 필요한 구체적인 개인들의 생명이 아니라는 점이다. 하나의 "종種으로서의 인간" 내지는 인구 전체의 생명이 그 대상이 된다. 이에 따라 생명권력은 인구의 출산율, 사망률, 평균수명, 발병률 등의 '정상적' 분포를 유지하는 데 지대한 관심을 둔다. 의학을 비롯한 생명과학이 근대 권력의 핵심부와 접속하게 되는 것도 바로 이 때문이다. 그리고 인구의 건강과 생명활동을 유지하고 증진시키기 위해, 바로 그런 명분과 목적 아래, 때때로 전체 인구 중 열등하거나 해악적이라고 간주되는 특정 집단을 정리해버리는 잔혹함을 발휘할 수 있게 된다. 즉 생명권력은 그 자체로 '생물학적 전체주의'의 성격—일종의 "생물학의 국유화"[47]—을 띤다고 할 수

---

[47]   미셸 푸코, 《"사회를 보호해야 한다"》, 277쪽.

있으며, "마치 유기체적 신체에 내포된 부분이지만 그 신체의 생명을 위협하는 암세포를 제거하듯이"[48] 전체를 위해 살게 할 자와 그럴 가치가 없는 자를 규정해버리는 것이다.

그렇다면 그처럼 전체 인구의 생명활동을 약화시키는 이들은 어떤 종류의 인간들일까? 푸코의 설명에 따르면, 그들은 큰 틀에서 볼 때 자본주의 체제에서 생산성을 발휘하지 못하거나 자본주의적 규율에 순응하지 못한다고 판단된 인간들, 즉 '비정상인' 내지는 '일탈자'들이었다. 요컨대 각종 유전병을 비롯한 질병이나 정신·정서·신체상의 장애를 가진 사람들이 '살 가치가 없는 생명'의 일차적 대상이 된다. 더불어 사회의 규범으로부터 일탈하는 다양한 비행자들과 자활自活하지 못하는 인간들 또한 언제든지 그러한 집단에 속하게 될 수 있다. 그들은 전체를 살리기 위해 소극적인 방식으로 죽도록 방치되거나 적극적인 방식으로 제거될 수 있는 것이다. 맬서스가《인구론》에서 식량은 산술급수적으로 늘어나지만 인구는 기하급수적으로 늘어나므로 잉여 인간들은 죽어야 한다고, 그렇게 남아도는 인간은 "죽게 내버려두는 게 사회 전체의 증대를 이끌 수 있다"고 주장한 것에서도 근대적 생명권력의 한 측면을 확인할 수 있다. 20세기 전반기의 우생학 운동이나 나치하에서의 장애인 학살 역시 이런 생명권력의 모습을 적나라하게 드러낸다.

---

48 정정훈,《인권과 인권들》, 그린비, 2014, 195쪽.

예외상태에 놓인 생명, 장애인

이탈리아의 정치철학자 조르조 아감벤은 푸코가 제시한 생명권력 개념을 새로운 방향에서 확장하고 심화했다. 단, 그는 푸코와 달리 생명권력이 근대 이후에 출현한 것이 아니라, 고대 그리스 이래의 서구 정치 구조 속에 항상-이미 함축되어 있었다고 주장한다. 그의 관점에 따르면, '살 가치가 없는 생명'을 결정하는 생명권력은 모든 주권 권력의 핵심에 놓여 있으며, 단지 근대 이후에 좀 더 일상화되고 전면화되었다고 할 수 있다. 아감벤의 생명권력 이론에서 가장 핵심적인 개념은 그가 쓴 유명한 저서의 제목에도 등장하는 '벌거벗은 생명bare life'[49]과 '예외상태state of exception'[50]인데, 우선 이에 대해 개략적으로 살펴보도록 하자.

고대 그리스에서는 '삶/생명life'을 가리키는 단어가 두 개로 구분되어 있었는데, '조에zoē'와 '비오스bios'가 바로 그것이다. 조에란 모든 생명체에 공통된 것으로 '살아 있음'이라는 단순한 사실을 가리킨다. 즉 동물적·생물학적 삶/생명이 바로 조에다. 반면 비오스란 어떤 개인이나 집단에 특유한 삶의 형태나 방식을 가리킨다. 다시 말해 비오스는 정치적·사회적 존재로서의 삶/생명이다. 고대 그리스에서는 조에로서의 삶이 영위되는 공

---

49   조르조 아감벤, 《호모 사케르: 주권 권력과 벌거벗은 생명》, 박진우 옮김, 새물결, 2008.
50   조르조 아감벤, 《예외상태》, 김항 옮김, 새물결, 2009.

간은 '오이코스[가정]oikos'였고, 비오스로서의 삶이 실현되는 공간은 '폴리스polis'였으며, 이 둘은 철저하게 분리되고 구분되었다. 아감벤은 주권 권력에 의해 비오스의 영역에서 추방되고 배제되어 조에로서만 존재하는 생명을 발터 벤야민이 이야기했던 '한갓 생명bloßes Leben'과 한나 아렌트가 이야기한 '단순한 생명sheer life' 개념을 참조해 '벌거벗은 생명'이라고 부른다.

아감벤은 벌거벗은 생명의 대표적인 형상을 고대 로마법에 나오는 호모 사케르Homo sacer에서 찾는데, 로마법에서 호모 사케르는 "희생물로 바치는 것은 허용되지 않지만 그를 죽이더라도 살인죄로 처벌받지 않는" 자로 기술된다. 호모 사케르는 희생물이 될 수 없다는 점에서 신의 법에서도 배제되어 있고, 그를 죽여도 살인죄가 성립되지 않는다는 점에서 세속의 법에서도 배제되어 있는 존재, 즉 법질서의 외부에 있는 존재라고 할 수 있다. 이처럼 호모 사케르가 주권 권력에 의해 법(즉 권리)[51]으로부터 추방되고 배제된 채 벌거벗은 생명으로서만 존재하는 영역이 바로 '예외상태'다.

예외상태는 단순화해서 말하면 일종의 치외법권 지대라고 할 수 있다. 여기서 중요한 것은 치외법권 지대로서의 예외상태가 단순히 법으로부터 배제되어 있는 것이 아니라 배제된 채 법에 포함된다는 점이다. 예외상태는 법의 효력이 정지되고 미

---

51 주지하다시피 독일어의 'Recht'나 프랑스어의 'droit'는 '법'이라는 뜻과 함께 '권리'라는 의미를 지닌다.

치지 않는다는 의미에서 법의 외부에 있지만, 그 자체가 법에 의해 규정된다는 의미에서는 여전히 법의 내부에 있으며 법과의 관계를 유지한다. 위상학적으로 말하자면 법의 내부와 외부의 경계·극한·문턱, 좀 더 정확히는 내부와 외부의 구분이 불가능해지는 비식별역zone of indistinction에 해당한다. 결국 호모 사케르 역시 배제의 형식을 통해(서만) 법에 포함되는 존재, 그런 비식별역에서 주권자의 폭력에 무방비로 노출되어 있는 존재라고 할 수 있다.

이처럼 '예외상태에 놓인 벌거벗은 생명'으로서의 호모 사케르라는 형상을 우리는 바로 산전 검사와 선별적 낙태의 대상이 되는 장애를 지닌 태아에게서 발견할 수 있다. 장애를 지닌 태아가 우리 사회에서 '살 가치가 없는 생명'으로 간주되고 임의적인 폭력 앞에 노출되어왔다는 점에서 그러하며, 낙태와 관련된 법에서 장애가 말 그대로 예외적 조건으로 취급되어왔다는 점에서 또한 그러하다. 우리나라는 낙태가 실제로는 매우 광범위하게 이루어지고 있음에도 법으로 이를 엄격히 제한해온 나라 중 하나다. 그러나 〈모자보건법〉은 제14조 ①항에서 합법적으로 낙태(인공임신중절수술)가 이루어질 수 있는 예외적인 경우를 명시하고 있는데, 그중 1호가 바로 "본인 또는 배우자가 대통령령으로 정하는 우생학적 또는 유전학적 정신장애나 신체질환이 있는 경우"다. 이 조항은 태아의 장애 여부를 직접적으로 다루지는 않지만, 장애를 지닌 생명의 가치를 매우 명시적으로 절하하면서 장애아의 출산을 합법적으로 방지한다. 말 그

대로 '우생학적'인 규정인 것이다.[52]

또한 영국의 〈낙태법〉은 임신 24주 후에는 임신중절을 금지하지만, 아이가 심각한 장애를 지니고 태어날 상당한 위험이 존재하는 경우만은 예외로 한다. 이런 예외 조항은 표면적으로 태아가 출산 과정의 마지막까지 살아남을 가능성이 희박하거나 또는 신생아기 사망neonatal death—살아서 태어난 아기가 4주 이내에 사망하는 것—에 이를 수 있는 경우를 포괄하기 위해 마련된 것이다. 그러나 그 법이 '심각한 장애를 지닌severely handicapped'에 대한 구체적인 정의와 기준을 제시하지 않기 때문에, 심각한 장애와 그렇지 않은 장애의 경계를 어떻게 설정할 것인지 결정하는 문제, 즉 실제로 누가 태아에 대해 '주권자'로 행세하는가의 문제는 최종심급에서 결국 의료권력의 재량에 맡겨진다. 이런 조건 아래에서 그 자체로 생명을 전혀 위협하지 않는 이상인 구개열口蓋裂을 이유로 낙태가 이루어진 경우도 있었다.[53]

우리나라에서는 '부모'가 우생학적 또는 유전학적 정신장

<hr>

52 2019년 4월 11일 헌법재판소의 낙태죄(〈형법〉 제269조와 제270조) 헌법불합치 판결에 따라, 관련 조항인 〈모자보건법〉 제14조(인공임신중절수술의 허용한계)와 제28조(〈형법〉의 적용 배제), 동법 시행령 제15조(인공임신중절수술의 허용한계) 등도 2020년 12월 31일까지 개정될 예정이다. 그리고 이러한 개정의 과정에서 '장애'는 어떤 형태로든 다시 한 번 중요한 쟁점이 될 것이다.

53 Donna Reeve, "Biopolitics and Bare Life: Does the Impaired Body Provide Contemporary Examples of Homo Sacer?", eds. Kristjana Kristiansen, Simo Vehmas and Tom Shakespeare, *Arguing About Disability: philosophical perspectives*, Routledge, 2008, p.207.

애나 신체질환이 있는 경우 합법적으로 낙태가 이루어질 수 있기 때문에, 사실 산전 검사를 통한 장애 태아의 선별적 낙태는 성별 선택에 의한 낙태와 마찬가지로 불법이라고 볼 수 있다.[54] 그럼에도 그런 낙태가 불법/합법의 경계가 모호해지는 일종의 비식별역으로 들어올 수 있었던 것은 〈모자보건법〉 제14조 ① 항 5호가 "임신의 지속이 보건의학적 이유로 모체의 건강을 심각하게 해치고 있거나 해칠 우려가 있는 경우" 낙태가 이루어질 수 있다고 규정해왔으며, 의료권력이 손상을 지닌 태아의 임신은 그 정신적 고통과 스트레스로 인해 모체의 건강을 심각하게 해칠 것이라는 자의적 판단을 내릴 수 있는 권한을 부여받아 행사해왔기 때문이다.[55]

질병관리본부가 운영하는 국가건강정보포털(health.cdc.

54 이는 소위 '원치 않은 출산' 소송에서 법원에 의해 간접적으로 확인된 바 있다. 곽 모 씨의 첫째 아이에게는 장애가 있었으며, 2005년 7월 태어난 둘째 아이마저 아무런 이상이 없다던 병원의 검사 결과와는 달리 지적장애 1급 판정을 받았다. 곽 씨는 지난 2012년 '장애아인 것을 알았더라면 아이를 낳지 않았을 것인데, 병원 측 과실로 장애아를 낳고 키우게 됐다'며 병원 측을 상태로 총 2억 4,000만 원의 손해배상청구소송을 냈다. 그러나 2013년 6월 대전지방법원 천안지원은 '태아의 질환은 〈모자보건법〉이 허용하는 낙태 사유가 아닌 점'을 들어 "곽 씨가 둘째 아이의 장애를 알았다 하더라도 아이를 낙태할 결정권이 없다"며 원고 패소 판결을 내렸고, 2014년 7월 대전고등법원 역시 원고의 항소를 기각했다. 반면 장애 태아에 대해 낙태를 선택할 부모의 권리를 인정하고, 의사가 산전 검사를 잘 못해 낙태를 할 수도 있었는데 하지 못했을 경우 이에 대한 위자료는 물론 재산상의 손해에 대한 법적 책임까지도 인정한 판례 역시 존재한다. 서울서부지법 민사 11부는 2006년 12월 6일, 상염색체 열성 유전질환인 척추성근위축증을 지닌 자녀를 출산한 김모 씨 부부가 학교법인 연세대학교를 상대로 낸 손해배상청구소송에서 피고 병원은 원고들에게 1억 6,000여만 원을 지급하라는 원고 일부 승소 판결을 내렸다.

55 김나경, 〈태아의 장애를 이유로 하는 임신중절: 사회학적 구조와 형법정책〉, 《형사법연구》 제19권 제1호, 2007, 129쪽.

go.kr)에서는 '산전 기형아 검사' 항목의 개요 부분에서 "임신부나 그 가족은 임신 기간 내내 태아가 건강할까 하는 불안감으로 많은 걱정을 하게 됩니다. 만일 유전적 질환이나 선천적 기형을 갖고 있는 신생아가 태어나면 부모와 다른 가족은 물론 본인도 신체적, 정신적, 경제적 부담으로 고통받기 때문입니다. …… 특히 염색체 이상이 있는 경우는 평생 장애를 갖게 되고, 대부분 다발성 기형을 동반하므로 더욱 심각한 문제입니다"라고 기술한다.[56] 이 내용의 작성자 및 감수자로는 '보건복지부/대한의학회/대한산부인과학회'가 명시되어 있다. 국가권력과 결합된 의료권력의 이러한 공식적인 입장에는 "신체적, 정신적, 경제적 부담으로 (인한) 고통"과 "심각한 문제"에 어떻게 대처해야 하는지에 대한 지시적인 방향성이 함축되어 있다. 그리고 그 대처법(선별적 낙태)은 법의 내부와 외부의 구분이 무의미해지는 비식별역에서 아마 지금 이 순간에도 실행되고 있을 것이다.

신자유주의와 공모하는 우생주의

푸코는 1976년에 생명권력/생명정치 개념을 제시한 후 1978~1979년의 콜레주 드 프랑스 강의《생명정치의 탄생

---

56 국가건강정보포털(http://health.cdc.go.kr/health/HealthInfoArea/HealthInfo/View.do?idx=3350) 참조.

Naissance de la biopolitique》에서 신자유주의적 통치성의 성격과 그러한 통치가 초래하는 주체 형성의 양태를 선구적으로 분석했다. 1970년대 후반에 노자타협과 사회통합을 기조로 하는 복지국가적 통치가 위기에 빠진 후, 영국의 대처리즘과 미국의 레이거노믹스를 시작으로 1980년대에 신자유주의가 전면화되었다는 것은 익히 알려져 있는 사실이다. 신자유주의는 흔히 자유방임에 기초한 고전적 자유주의로의 회귀나 그것의 현대적 응용으로 이해되어왔다. 그러나 푸코는 《생명정치의 탄생》에서 현대 신자유주의 근원이 되는 두 종류의 신자유주의를 다루면서, 고전적 자유주의와는 전혀 다른 신자유주의의 성격을 분석했다.

푸코가 다루는 첫 번째 신자유주의는 전후 1948년부터 1962년에 이르는 시기 독일의 질서자유주의ordoliberalism다. 질서자유주의 그룹의 대표적인 인물로는 프라이부르크 학파의 발터 오이켄과 프란츠 뵘을 들 수 있으며, 프리드리히 하이에크와 빌헬름 뢰프케도 이들에게 지대한 영향을 주었다. 고전적 자유주의에서 시장이란 기본적으로 '교환'의 장소이지만, 오이켄을 비롯한 질서자유주의자들에게 시장이란 '경쟁'의 장소다. 여기서 중요한 것은 그런 경쟁이 자연 발생적으로 존재하는 현상(즉 자연적 소여)이 아니라, 오히려 적극적으로 생산되어야만 하는 것으로 파악된다는 점이다.[57] 하이에크에 따르면, 신자유주의란 "모든 개인의 활동을 상호 조정하고" "사회를 조직화하는 원리"

---

[57] 미셸 푸코, 《생명관리정치의 탄생》, 오트르망 옮김, 난장, 2012, 183~187쪽.

로서의 경쟁을 창출해내는 것이기에 "눈앞에 존재하는 것을 그저 방임"하지 않는다.[58] 즉 '자유방임'을 추구하지 않으며 "경쟁이 유익하게 작동하려면, 세심하게 배려된 법적 틀을 필요로 한다는 사실"을 "오히려 강조"한다.[59] 뢰프케 또한 "시장의 자유에는 능동적이고 극도로 용의주도한 정책이 필요하다"고 명확히 이야기한다.[60] 즉 신자유주의란 시장과 사회 전반에 인위적인 경쟁을 구축하기 위해 법과 제도를 통해 개입하는 '적극적 자유주의'이자 '개입적 자유주의'이며, "사회 따위는 없다There is no such thing as society"는 관점하에서 사회적이고 공적인 것을 해체한 후 시장 질서와 경쟁의 원리를 일상의 수준으로까지 확산함으로써 사회를 통치하는 통치 기법이다.

푸코가 다룬 또 하나의 신자유주의는 1960~1970년대에 걸친 이른바 제2세대 시카고학파, 특히 인적자본의 문제를 다룬 시어도어 슐츠와 게리 베커의 이론이다. 인적자본 이론에서 노동이란 생산을 위해 기업에 일정 시간만 판매되는 노동력 상품이라기보다는, 오히려 노동자가 지닌 적성 및 재능으로서의 '능력자본'이다. 그리고 임금이란 능력자본에 할당된 소득이다. 따라서 노동자는 각자의 능력자본을 소유하고 그러한 자본을 투자해서 임금이라는 형태의 소득을 창출하는 존재, 즉 '자

---

58 사토 요시유키, 《신자유주의와 권력》, 38쪽.
59 프리드리히 A. 하이에크, 《노예의 길: 사회주의 계획경제의 진실》, 김이석 옮김, 나남출판, 2006, 78쪽.
60 미셸 푸코, 《생명관리정치의 탄생》, 197쪽.

기 자신의[에 대한] 기업가'인 일종의 1인 기업으로 간주된다.[61] 능력자본으로서의 인적자본은 선천적 요소와 후천적 요소로 구성되는데, 전자는 다시 유전적인 것과 비유전적인 것으로 구분되며, 후자는 부모의 교육적 투자에 의해 후천적으로 획득된다. 여기서 '투자'란 아이의 교육에 돈을 지출하는 것과 같은 경제적인 의미의 투자를 넘어, 부모가 자녀와 함께 시간을 보내고 애정을 쏟는 것 같은 비경제적 행위까지 포괄한다.[62] 이렇듯 신자유주의는 사회체의 가장 기본적인 단위인 가족은 물론 개인까지도 각자 투자, 생산, 비용을 관리하는 하나의 기업으로 파악한다.

이처럼 사회 전체를 '경쟁'과 '기업'이라는 키워드에 따라 재편해온 현대의 신자유주의적 통치 체제는 종신고용 관행의 철폐, 능력별 급여 도입, 노동시장 유연화, 사회복지 축소에 따른 사회보장의 개인화 등과 같은 정책을 일관되게 추진해 무한 경쟁의 환경을 조성해왔다. 또한 그런 경쟁에 적응하지 못하는 주체들은 마치 시장에서 기업이 도산하며 퇴출되듯 가차 없이 사회 바깥으로 내쳐진다. "죽게 내버려"지는 것이다. 그리고 이런 통치 메커니즘은 단지 근대적 규율권력에 의해 통제되는 것을 넘어서는 새로운 주체, 즉 시장의 원리와 욕망을 내면화한 채 자발적으로 자기 자신에게 투자하고 자기의 위험을 관리하

---

61   미셸 푸코, 《생명관리정치의 탄생》, 316~319쪽.
62   미셸 푸코, 《생명관리정치의 탄생》, 322~326쪽.

는 '자기-경영적 주체'를 만들어낸다. 자기개발서의 적극적인 탐독, '스펙'을 쌓기 위한 시간 쪼개기 형태의 자기 투자, 외모 경쟁력 강화를 위한 성형수술 및 피트니스fitness—즉 인위적인 적합화—의 대중화, 조기교육과 사교육 투자의 지속적인 증대는 개인과 가족 단위에서 실행되는 자기-경영적 주체의 모습을 잘 보여준다.

그렇다면 신자유주의적 통치 환경과 우생주의는 과연 어떤 상관성을 지닐까? 앞서 살펴본 인적자본의 요소에서 직접적으로 나타나듯, 유전적·선천적 결함을 지닌 장애인은 출발선에서부터 능력자본이 취약한 존재로 간주된다. 그리고 후천적인 교육 투자가 이루어진다 해도 능력자본이 회복되고 무한경쟁의 환경에서 살아남을 수 있는 가능성이 낮은 존재로 이 사회에 남겨질 수밖에 없다. 특히 지식 기반 사회라고 불리며 비물질적 노동immaterial labor의 중요성이 증대된 오늘날의 사회에서 지적장애인이나 자폐성장애인 같은 발달장애인은 더욱 그러하다. 그렇다면 다른 거창한 이유가 아니더라도 이 사회에서 배제되지 않고 살아남도록 하기 위해, 남들보다 더 우수하고 결함이 없는 아이를 갖고 싶은 우생주의적 욕망은 사회 구성원들 사이에서 점차 확대될 수밖에 없을 것이다. 그리고 이처럼 우생주의적 욕망이 현대를 살아가는 자기-경영적 주체들에게 내면화될 때, 신자유주의적 권력은 시장에서 판매되는 유전학적 서비스와 생명공학 상품을 통해 우생주의적 시스템을 작동시킬 수 있게 된다. 굳이 강압적 정책을 펴지 않더라도 말이다.

산전 검사 및 선별적 낙태 같은 네거티브 우생학적 서비스만이 아니다. 체외 수정in vitro fertilization, IVF과 착상 전 유전자 진단pre-implantation genetic diagnosis, PGD[63] 기술로 이미 '맞춤 아기designer baby'[64]의 탄생이 가능해졌고, 그 기술이 지금과 같은 치료의 목적이나 성별의 선택을 넘어서 포지티브 우생학적 서비스로 상품화될 가능성은 얼마든지 있다. 1978년에 영국에서 최초의 시험관 아기 루이즈 브라운을 탄생시킨 저명한 발생학자 로버트 에드워즈 교수는 유럽 인간 생식 및 발생 학회European Society of Human Reproduction and Embryology의 1999년도 연례총회에서 "머지않아 유전병이라는 무거운 짐을 짊어진 아이를 낳는 것은 부모의 죄가 될 것이다. 우리는 우리 아이들의 질을 고려해야만 하는 세계에 진입하고 있다"고 선언하기도 했다.[65] 루이즈 브라운

---

63 시험관에서 체외 수정된 배아의 유전적 결함 여부를 사전에 진단한 다음 건강한 배아만을 골라 자궁에 착상하는 기술을 말한다. 1990년대에 상용화된 PGD의 경우 성별과 더불어 약 200종류의 유전적 이상을 검사할 수 있었으나, 2000년대 중반에 이보다 한 단계 업그레이드된 PGH(pre-implantation genetic haplotyping) 기술이 개발되었다. PGH는 6,000종류의 유전적 이상을 사전에 확인할 수 있으며, 이 기술을 이용한 첫 번째 시험관 아기가 2006년 11월 14일 영국에서 처음 탄생했다.

64 주로 희귀 혈액질환이나 암 등을 앓고 있는 자녀를 치료하는 데 이용할 줄기세포 등을 얻기 위해, 체외 수정 기술을 통해 질환을 지닌 자녀의 세포 조직과 완전히 일치하는 특정 배아를 가려낸 후, 착상 전 유전자 진단을 통해 유전적 이상이 없는 배아를 착상해 탄생시킨 아기를 말한다. 2000년 8월 29일 미국에서 처음으로 이러한 맞춤 아기 애덤 내시가 탄생하였으며, 호주 빅토리아주 보건 당국은 2002년 4월 3쌍의 부부에 대해 자녀의 질병 치료를 목적으로 한 맞춤 아기 출산을 허용했다. 영국에서도 유전성 희귀 빈혈을 앓고 있는 4살 난 아들을 치료하기 위해 맞춤 아기 출산을 희망해온 한 부부가 소송을 제기했고, 2003년 4월 영국 고등법원에서 '아이의 생명을 구할 수 있다면 맞춤 아기 출산은 새로운 기술의 합법적 사용'이라는 판결을 받은 바 있다.

65 Lois Rogers, "Having Disabled Babies Will Be 'Sin', Says Scientist", *The Sunday Times*, 4 July, 1999.

의 출생을 성공시킨 연구팀의 일원이었던 미국의 인공수정 전문의 제프리 스타인버그 박사는 2008년 12월 자신이 운영하는 임산연구소The Fertility Institutes의 홈페이지에 '눈 색깔, 머리 색깔, 암에 걸릴 가능성을 선택할 수 있는 서비스를 제공하겠다'는 내용의 광고를 게재해 많은 이들의 주목을 받고 논란을 불러일으키기도 했다.[66] 만일 이러한 형태의 포지티브 우생학적 서비스가 시장에서 판매된다면, 그리고 현재와 같은 무한경쟁 및 배제의 질서가 유지되고 강화된다면, 어느 정도 자금력을 지닌 부모들은 자식을 위해 기꺼이 '투자'를 감행하려 할 것이다. 위르겐 하버마스가 착상 전 유전자 진단 기술의 우생학적 위험성을 강하게 지적하며 철학적 비판을 수행했던 것이[67] 결코 노철학자의 과민 반응은 아닌 것이다.

같은 맥락에서 스티븐 룩스의 다음과 같은 통찰은 현대의 유전학적 서비스를 정당화하는 소위 '자율적 선택'이라는 수사가 지닌 근본적인 난점과 허구성을 드러내며, 동시에 우생학적 시스템에서 벗어나기 위한 우리의 실천 또한 매우 근본적인 수준에서 이루어질 수밖에 없음을 성찰하도록 이끈다.

A는 B가 원치 않는 것을 하게 만듦으로써 B에 대해 권력을 행사할 수도 있지만, A는 또한 B가 원하는 것 그 자체를 형성해

66 정원식, 〈"머리카락·눈 색깔 선택만 하세요"〉, 《위클리 경향》 818호, 2009. 3. 31.
67 위르겐 하버마스, 《인간이라는 자연의 미래: 자유주의적 우생학 비판》, 장은주 옮김, 나남출판, 2003.

내고, 거기에 영향을 미치고, 그렇게 하도록 스스로 결정하게 만듦으로써 B에 대해 권력을 행사할 수도 있다. 다른 사람이나 타자들이 가져주길 원하는 바로 그 욕망을 그들이 실제로 갖도록 만드는 것, 그것이 바로 최고의 권력 행사가 아니겠는가?[68]

저항의 두 가지 차원: 주체화와 저항권

우생주의적 실천이 과거에는 국가의 강압적인 정책을 통해 이루어졌다면, 앞서 살펴보았듯 현대사회에서는 우생주의적 욕망을 내면화한 개인들의 자발적 선택이라는 형식을 통해 이루어진다. 이런 상황을 지칭하기 위해 등장한 것이 바로 '개별적 우생학individual eugenics'이나 '자발적 우생학voluntary eugenics' 같은 개념[69]이다. 미국의 흑인 사회학자 트로이 더스터가 비판적 입장을 견지하며 '뒷문으로 이루어지는 우생학back door eugenics'이라고 불렀던 것,[70] 그리고 철학자 필립 키처가 긍정적 관점에서 사용하는 '소비자 우생학consumer eugenics'이라는 용어[71] 역시 시각과 의도는 각각 다르지만 모두 유사한 맥락 내에 있다.

---

68   Steven Lukes, *Power: A radical view*, Macmillan, 1974, p.23[한국어판: 스티븐 룩스,《3차원적 권력론》, 서규환 옮김, 나남출판, 1992].

69   염운옥,《생명에도 계급이 있는가》, 12쪽.

70   Troy Duster, *Backdoor to Eugenics*, Routledge, 1990.

71   Philip Kitcher, *The Lives to Come: The genetic revolution and human possibilities*, Simon and Schuster, 1996.

우생주의적 욕망이 내면화되는 과정에는 무엇보다도 무한 경쟁의 체제에서 도태된 주체들을 '사회적 배제'의 영역으로 밀어내 "죽게 내버려"지도록 만드는 현실이 존재한다. 스페인 출신의 사회학자 마누엘 카스텔은 사회적 배제를 "특정한 개인들과 그룹들이 어떤 주어진 환경에서 제도와 가치에 의해 고안된 사회 표준 내의 자율적인 생계를 이어갈 수 있는 위치로의 접근을 제도적으로 금지당하는 과정"이라고 정의한다.[72] 장애 대중을 포함한 한국 사회의 빈곤계층에서 끊임없이 발생하는 자살—즉 죽음의 자발적 선택—을 우리가 사회적 타살이라고 부를 수 있는 것은 그것이 최소한의 인간다운 삶을 "제도적으로 금지"당한 결과이기 때문일 것이다. 그렇다면 현대사회에서 우생주의에 대한 저항은 서로 연동하는 다음의 두 가지 차원에서 모색될 수 있을 것 같다.

첫째, 주체의 측면에서는 신자유주의적 통치권력과 우생주의적 욕망에 대한 예속화assujettissement에서 벗어난 주체화subjectivation의 가능성을 발견하고 확장하려는 시도가 있을 수 있다. '예속화'가 기존 체제의 통치 원리에 따라 자기 관리를 실행하는 순응적·복종적 주체의 형성이라면, '주체화'란 그런 통치 원리에 의거하지 않는 이탈적·저항적 주체의 형성이라고 할 수 있다. 기존 체제의 질서와 이데올로기는 다양한 장치를 통해 예속된 주체를 생산해내지만, 우리가 직관적·경험적으로 확인할

---

72   마누엘 카스텔, 《밀레니엄의 종언》, 이종삼·박행웅 옮김, 한울아카데미, 2003, 97쪽.

수 있듯 그러한 과정이 '모든' 구성원을 대상으로 '완전무결'하게 이루어지는 것은 아니다. 예컨대 시설 체제는 시설의 규율과 권력에 순응하는 주체들을 생산해내며 유지되지만, 그로부터 이탈하고자 하는 탈시설의 욕망과 의지를 지닌 주체들이 생성되는 것을 완벽히 막아낼 수는 없다. 즉 예속화에는 양적·질적 측면 모두에서 언제나 일정한 공백이 존재한다.

푸코는 《성의 역사 1: 앎의 의지》에서 "권력이 있는 곳, 거기에는 저항이 있다"고, 저항은 권력관계의 "축소[배제]할 수 없는" "또 다른 항"으로서 그 권력관계 속에 기입되어 있다고 말한다.[73] 또한 발리바르는 '죽은 노동'으로서의 자본이 '산 노동'을 끊임없이 필요로 하는 것과 마찬가지로 이데올로기적 국가장치들은 "대중들의 종교적, 도덕적, 법률적 또는 예술적 상상으로부터, 인민적 의식/무의식으로부터 도출하는, 항상적으로 쇄신되는 에너지"를 끊임없이 필요로 한다고, 그렇기 때문에 "착취가 잠재적 모순을 내포하는 것과 마찬가지로 이데올로기적 지배도 잠재적 모순을 내포한다"고 이야기한다.[74] 그렇다면 순응적·복종적 주체의 형성은 단 한 번의 과정을 통해 완결되는 것이 아니라 지속적인 반복의 과정을 통해 성공을 거두는

---

73   미셸 푸코, 《성의 역사 1: 앎의 의지》, 이규현 옮김, 나남출판, 2004, 115~116쪽; 사토 요시유키, 《권력과 저항: 푸코, 들뢰즈, 데리다, 알튀세르》, 김상운 옮김, 난장, 2012, 57~58쪽.
74   에티엔 발리바르, 〈비동시대성: 정치와 이데올로기〉, 《알튀세르와 마르크스주의의 전화》, 윤소영 옮김, 도서출판 이론, 1993, 187쪽.

어떤 것이라고 할 수 있으며,[75] 이 반복적인 갱신과 재생산의 과정에서 일정한 균열이 발생할 수 있는 가능성은 상존한다.

예속화가 단 한 번의 과정을 통해 완결되지 않는다는 것은 주체화 또한 어떤 지속적인 과정으로서 존재한다는 사실에 상응한다. 그러니까 어떤 개인이 한 번 이탈적·저항적 주체가 되었다는 사실이 그가 영원히 그런 주체로 존재할 것임을 보장하지는 않는 것처럼, 역으로 어떤 개인이 한 번 순응적·복종적 주체가 되었다는 사실이 그가 영원히 그런 주체로 남을 것임을 보장하지는 않는다. 즉 예속화와 주체화는 길항의 힘을 주고받는 끊임없는 운동의 과정으로 존재한다고 할 수 있다. 물론 한쪽의 경향이 우세해질 때 그것은 양의 되먹임positive feedback을 발생시키면서 상대적인 안정화에 도달할 수 있지만, 그것이 반대편의 운동을 완전히 분쇄하고 정지시킬 수는 없다. 따라서 지금과 다른 주체로 변태할 수 있는 계기와 조건을 자기 자신의 수준에서, 자기 자신과 타자들 간의 만남의 과정에서, 그리고 사회적 제도/배치arrangement의 차원에서 형성하기 위한 실천을 끊임없이 모색하고 개발해야 한다.

둘째, 사회구조적 측면에서는 저항권의 발동을 통해 사회적 배제의 메커니즘을 약화시키고 해체하려는 시도가 있을 수 있다. 아감벤의 생명권력 이론에서 주권자란 카를 슈미트의 정

---

[75] 조금 다른 맥락이기는 하지만 루이 알튀세르의 호명 테제와 주디스 버틀러의 수행성 이론에 근거해 이러한 예속화의 반복성을 논하는 글로는 사토 요시유키, 〈복종화/주체화는 한 번뿐인가?〉, 《신자유주의와 권력》, 181~201쪽을 참조하라.

의를 따라 "예외상태에 관해 결정하는 자"로 규정되는데, 이와 같은 주권자는 법의 외부와 내부에 동시에 위치하는 역설적인 존재라고 할 수 있다. 즉 주권자는 법질서의 효력을 정지시키는 권력을 행사한다는 점에서 법의 외부에 위치하지만, 동시에 그 권력을 법을 통해 정당화하면서 법의 내부에 자리 잡게 된다. 주권자의 이런 위치는, 법에서 배제되어 있지만 바로 그 배제의 형식을 통해 법에 포획되어 있는 호모 사케르의 위치와 정확히 상응한다.

예컨대 계엄과 같은 예외상태를 선포할 수 있는 주권 권력은 헌법의 효력과 국민의 기본권을 정지시킨다는 의미에서 법의 외부에 있지만, 많은 경우 그것은 법률에 의해서만 선포될 수 있다고 규정되며 소위 '특별법'이라는 형태로 실행된다. 이에 대응하는 인민들의 저항권 역시 기존의 헌법을 취소하고 새롭게 제정할 수 있는 제헌권력으로까지 소급된다는 의미에서 헌법의 외부에 있지만, 그 저항권이 헌법 내에 규정되어 있다는 점에서는 법의 외부와 내부를 가로지른다.

이런 대칭성은 예외상태에서 벌거벗은 생명으로 격하된 (혹은 그러한 격하의 가능성에 항상적으로 노출된) 호모 사케르가 저항권을 발동시킴으로써만 정치적 생명/삶으로서의 존재론적 의미를 회복할 수 있다는 점을 시사한다. 우생주의적 욕망을 강화하는 신자유주의적 배제사회에서 우리에게 요청되는 것은 '무조건적인 삶의 권리'이다. 그것은 기본소득[76]을 통해 이루어질 수도 있고, 9장에서 자세히 살펴보게 될 공공시민노동 체제의 구축을 통해 이루어질 수도 있으며, 또 다른 방향에서 이루어질 수도 있다. 그러나 그 구체적인 방식이 무엇이든 간에, 무조건적인 삶의 권리는 인민에게 주어진 최종심급에서의 권리, 즉 저항권이 활성화될 때에만 실현될 수 있을 것이다.

76　기본소득basic income이란 재산이나 소득의 많고 적음, 노동 여부나 노동 의사와 상관없이, 미성년자를 포함한 모든 사회 구성원들에게 인간다운 삶을 영위할 수 있는 기본 생활비를 현금으로 지급하는 것을 말한다. 일례로 스위스에서는 2013년 10월에 기본소득 도입을 위한 국민발의안이 13만 명의 서명을 받아 연방의회에 제출되었고, 2016년 6월에 국민투표가 이루어졌으나 부결된 바 있다. 이 안은 정부가 모든 성인에게 월 2,500스위스프랑(약 300만 원), 아동·청소년에게는 650스위스프랑(약 78만 원)의 기본소득을 지급한다는 내용을 담고 있었다. 이뿐만 아니라 핀란드, 네덜란드, 프랑스, 영국 등에서도 기본소득 도입을 위한 검토와 실험이 진행되고 있으며, 영국의 사회혁신 싱크탱크인 네스타 Nesta는 '2016년 우리의 삶을 변화시킬 10가지 트렌드' 가운데 하나로 기본소득을 꼽기도 했다. 기본소득과 공공시민노동은 궁극적으로 같은 목표를 지향하지만 전략적 차원에서는 일정한 쟁점이 존재하는데(노동하지 않을 권리 대 보편적 노동권의 실현), 이에 대해서는 9장의 각주 1과 김도현, 《장애학 함께 읽기》, 그린비, 2009, 172~179쪽을 참조하라.

4 장

피터 싱어의 동물해방론,
해방인가 또 다른 차별인가

"만약 정상인과 지적인 결함이 있는 사람 중
한 명의 생명만을 선택해야 하는 상황에 놓여 있다면
우리는 아마도 정상인의 목숨을 구하게 될 것"이다.

— 피터 싱어

1

차별과 위계를 정당화하는
인간중심주의

호모 에렉투스와 호모 사피엔스Homo sapiens, 이 두 학명은 인간에 대한 일정한 기준, 척도, 자격을 반영하고 있다. 근대인들이 붙인 이 학명들은 어떤 측면에서 반反장애적이다. 전자가 반신체장애적이라면, 후자는 반인지장애적 혹은 반정신장애적이라고 할 수 있다. 현생 인류의 학명이 호모 사피엔스 사피엔스임을 감안하면, 인간의 자격(인격)을 논할 때 이성적 사고능력 ability to reason은 특히 더 강력하고 중심적인 위상을 차지하는 것으로 보인다. 우리는 너무나 당연하다는 듯 인간의 존엄성dignity에 대해, 그리고 인간의 권리에 대해 이야기한다. 그렇다면 왜 인간은(좀 더 정확히는 인간'만') 존엄성을 지니며, 왜 인간에게는(좀 더 정확히는 인간에게'만') 권리가 존재하는 것일까? 다른 동물과 달리 인간은 '이성'을 가지고 있기 때문이라는 것이 이 물음에 대한 전통적인 답변이다.

인간중심주의anthropocentricism는 서구 문화의 우주론cosmology 내지 세계론이 지닌 오래된 특징이라고 할 수 있다. 흔히 서구 사상과 문화는 그리스-로마 철학과 유대-그리스도교에 기반을 둔다고 이야기된다. '우주만물을 지배하는 원리'를 뜻하는 고대 그리스 철학의 핵심어인 '로고스logos'의 어원은 '말하다legein'이 며 '이성'이라는 의미를 지닌다. 즉 '로고스'는 말을 하고 이성을 지닌 존재인 신과 더불어 인간만이 이 세계의 원리를 파악하고 지배할 수 있다는 함의를 갖는다. 로마 시대의 정치가 키케로는 헤라클레이토스의 로고스론에서 영감을 받아 다음과 같은 말을 남겼는데, 그의 발언은 이러한 고전적 인간중심주의와 이성중심주의를 집약적으로 잘 드러낸다.

세계는 누구를 위해 창조되었는가? 당연히 이성을 사용하는 신과 인간이며, 그들 위에 군림하는 더 우월한 생명체는 존재하지 않고, 바로 이것이 모든 것의 근본이다. 이처럼 세계와 거기에 속한 모든 것은 신과 인간을 위해 만들어졌다. …… 그리고 세계에 존재하는 모든 것은 인간의 이익을 위해 고안하고 마련해놓은 것이다. 세계는 실제로 신과 인간이 함께 거주하는 곳이며, 이들을 위한 나라다. 오직 이성이 있는 존재만이 권리와 법을 누릴 수 있다.[1]

---

1   피터 싱어·엘리자베스 드 퐁트네·보리스 시륄닉·카린 루 마티뇽, 《동물의 권리》, 유정민 옮김, 이숲, 2014, 179쪽.

한편 성서의 창조론에 따르면, 인간은 하나님의 형상을 따라 만들어졌다. 모든 만물이 만들어지고 난 후 여섯째 날 마지막으로 인간이 만들어진 것도, 인간이 살 터전을 먼저 마련해주기 위해서였다. 하나님은 인간으로 하여금 만물을 다스리게 한다. 다만 신 중심의 중세사회에서 인간의 중심적 지위는 기본적으로 신의 뜻과 선택에 의존했다. 그러나 고대 그리스의 전통을 되살리고자 했던 르네상스 시기의 휴머니즘humanism—인본주의, 즉 근대적 인간중심주의—을 거쳐 근대 철학이 정립되면서 그 의존성은 점차 소거된다. 이 과정에서 신에게 기대지 않는 말 그대로의 '인간 중심' 사회가 구성되려면 인간의 우월한 지위를 뒷받침하는 근거가 인간 그 자체에 내재해야 했고, 이로부터 이성의 특권화를 넘어선 절대화가 이루어진다.[2] 그리고 모든 존재는 이성을 지닌 존재(인간=주체)와 이성을 지니지 않는 존재(비인간=대상)로 분할되고, 이 세계 역시 인간계(사회)와 자연계로 나뉘게 된다.

에티엔 발리바르가 언급한 것처럼,[3] 고대에 인간은 한편으로는 '신(과잉 인간)', 다른 한편으로는 '동물(과소 인간)'과의 차별

---

[2] 예컨대 이성이 없는 동물은 기계에 불과하다고 했던 데카르트의 동물-기계론은 이성의 절대화를 상징적으로 드러낸다. 데카르트는 오직 인간만이 영혼을 지니며, 고통을 느끼는 듯 보이는 동물조차도 영혼이 없는 자동기계일 뿐임을 다음과 같이 주장했다. "우리는 야수 같은 짐승들도 우리처럼 느낀다고 생각하는 데 너무나 익숙해져 있어, 이러한 견해를 쉽게 떨쳐버리지 못한다. 그러나 우리의 행동 하나하나를 완벽하게 모방하는 자동기계를 익히 보아왔고, 그것을 그저 자동기계로 받아들이는 데 익숙해져 있다면, 이성이 없는 동물은 자동기계일 뿐이라는 사실을 의심치 않고 받아들일 수 있을 것이다"(린 마굴리스·도리언 세이건,《생명이란 무엇인가?》, 황현숙 옮김, 지호, 1999, 46쪽).

을 통해 부정적인negative 방식으로 정의되었다. 즉 인간이란 신보다는 열등한 존재—전지전능하지 않고 불멸의 존재가 아니라는 점에서—이지만, 동물보다는 우월한 존재—신의 형상을 본떠 만들어졌고 이성을 지닌 존재라는 점에서—로 규정되는데, 이런 규정에 따라 인간 집단 내부에서의 차별과 위계화도 자연스럽게 확립된다. 인간 중 상대적으로 신에 가까운 인간—예컨대 헤라클레스처럼 '반인반신伴人伴神'으로 표상되는 영웅들—이 있는가 하면, 상대적으로 동물에 가까운 인간—예컨대 '노예'—도 있다는 식으로 말이다. 반면 근대에 인간은 실정적인positive 방식으로 정의되는데, 그 대표적인 정의 중 하나가 바로 '모든 인간은 이성적 존재다'이다. 이런 식의 정의로 인해 인간 내부의 위계가 원칙적으로 기각되고 모든 인간을 평등한 존재로 표상할 수 있게 되었으니, 이것이 다름 아닌 휴머니즘이라 불리는 보편주의이다.

그런데 '모든 인간은 ~다'라는 명제가 지닌 휴머니즘적 보편주의는 두 가지 방식으로 다시 차별과 위계화를 정당화한다. 첫 번째는 대우명제contraposition[4]의 작동을 통해 이루어진다. 즉 '모든 인간은 이성적 존재다'라는 명제가 참이라면 '이성적이지

---

3   이하의 논의는 장진범 님의 페이스북, 2017년 1월 8일에 게재된 〈발리바르의 '새로운 논쟁'을 읽으면서 든 단상 몇 가지〉라는 제목의 글에 전적으로 기초하고 있음을 밝힌다 (https://www.facebook.com/aporia96/posts/1408820229168789).

4   명제 'p → q'(p이면 q이다)에 대하여, 가정과 결론을 각각 부정해 역으로 바꾼 명제 '~q → ~p'를 원래 명제의 대우 혹은 대우명제라고 한다. 원래의 명제가 참이면 대우명제 역시 참이 된다.

않은 존재는 인간이 아니다'라는 명제 역시 참이 되고, 이를 통해 이성적이지 않은 인간은 인간 이하의 인간으로 격하되고 만다. 두 번째 방식은 근대적 보편주의에 본원적으로 내재해 있는 '제유提喩, synecdoche[5]로서의 보편주의'가 작동하는 것이다. 즉 인간 전체를 대표하는 것으로 제시된 특정 분파의 인간—예컨대 백인 이성애자 남성 부르주아 비장애인—이 어떤 규범성normativity 내지 정상성normality을 획득하고 되고, 이 규범성/정상성에 미달하는 다른 인간 분파를 차별하고 억압하고 배제할 수 있게 된다. 발리바르의 이런 설명과 통찰은 휴머니즘이 왜 장애 정치의 이념적 기반이 될 수 없는지, 좀 더 적극적으로 말하자면 해방적 장애 정치가 왜 인간중심주의를 넘어서야 하는지 사고할 수 있도록 돕는다.

---

5   사물의 한 부분으로 그 사물 전체를 나타내는 수사법이다. 예컨대 우리는 '밥 먹으러 가자'고 하면서 밥이 아닌 국수를 먹기도 하고 고기를 먹기도 하는데, 이는 '밥'이 '끼니로 먹는 음식' 전체를 나타내기 때문이다. '빼앗긴 들에도 봄은 오는가'라는 문장에서 국토의 일부분인 '들'이 국토 전체를 나타내는 것도 제유에 해당한다.

2

피터 싱어의 동물해방론,
여전한 위계와 서열

고통을 느끼는 모든 존재에게 평등을!

'인간중심주의의 극복'이라는 화두와 관련하여 검토해야
할 사상가 중 한 명은 1975년 출간한 《동물 해방》이라는 저서
로 세계적인 명성을 얻은 실천윤리학자이자, 실제로 '동물해방
Animal Liberation'이라는 단체를 조직해 초대 회장을 역임한 피터
싱어가 아닐까 싶다. 싱어는 현 시대의 동물권운동에 가장 큰
영향력을 끼친 인물이라 할 수 있으며 "동물권운동의 창시자"
로까지 평가받는다.[6] 그는 현재 인간이 동물들을 대상으로 저지
르는 수많은 행위들이 종차별주의speciesism에 기반을 두고 있다

---

6   캐서린 그랜트, 《동물권, 인간의 이기심은 어디까지인가?》, 황성원 옮김, 이후, 2012,
27쪽.

고 주장하면서, '권리', '평등', '해방'의 주체/대상을 인간을 넘어 동물에게로, 좀 더 정확히 말하면 인간 동물human animal을 넘어 인간 아닌 동물nonhuman animal에게로 확장시킨다.[7] 싱어에 따르면, '종차별주의'란 "자기가 소속되어 있는 종種의 이익을 옹호하면서 다른 종의 이익을 배척하는 편견 또는 왜곡된 태도"로 정의된다.[8] 여기서 종을 성sex이나 인종race으로 바꾸면 (그가 생각하는) 성차별주의나 인종차별주의의 정의가 될 것이다. 싱어는 성이나 인종과 무관하게 인간이 평등하다고 말할 때, 그러한 도덕적 요구는 인간 존재의 실질적인 평등actual equality에 기초하고 있는 것은 아님을, 즉 각 개인이 지닌 신체적·정신적 능력이

---

7   동물권 담론에서는 '인간 동물/인간 아닌 동물'이라는 용어와 함께 '인간 인격체 human person/인간 아닌 인격체nonhuman person'라는 용어가 종종 사용된다. 표면적으로는 양쪽의 용어쌍이 모두 인간과 동물의 경계를 허문다는 점에서 유사한 효과를 내는 듯하지만, 조금 더 주의 깊게 생각해보면 오히려 정반대라고 할 수 있다. 전자에는 계발적인 측면이 분명 존재하는 반면, 후자는 오히려 퇴행적인 측면이 강하다. 우선 '인간 동물/인간 아닌 동물'이라는 용어는 우리가 쉽게 망각하거나 부인하는 엄연한 사실, 즉 인간은 무수히 다양한 동물 종들 중 하나일 뿐이라는 점을 자각시키는 효과가 있다. 그리고 그런 인간이 만들어낸 '인간 대 동물(인간 동물 대 인간 아닌 동물들)'이라는 이분법이 '백인종 대 유색인종(백인종 대 백인 아닌 인종들)', '비장애인 대 장애인(정상인 대 정상 아닌 인간들)'이라는 이분법과 근본적으로 다르지 않음을 일깨워준다. 그 핵심은 물론 척도에 따른 위계와 권력관계일 것이다. 실제로 인권의 역사에서 오랜 기간 동안 인간이란 곧 백인이자 비장애인이었으며, 유색인과 장애인은 '동물화animalization'되어오지 않았던가. 반면 (뒤에서 좀 더 자세히 논하겠지만) '인간 인격체/인간 아닌 인격체'라는 용어가 퇴행적인 것은, 그것이 오히려 인간중심주의를 강화하고 인간적 가치를 바탕으로 다른 동물 종들을 포섭하기 때문이다. 영장류나 개나 돌고래를 존중하기 위해 그런 존재들에게서 어떤 인간성[인격] personhood을 보고 '인격체'라는 지위를 부여하는 것은, 생각해보면 너무나 우스운 일이다. 마치 여성을 존중하기 위해 '당신은 남성만큼이나 용감하군요'라고 말하거나, 장애인을 존중한답시고 '당신은 비장애인에게 별로 뒤지지 않아요'라고 말하는 것과 다를 바 없기 때문이다.

8   피터 싱어, 《동물 해방》, 김성한 옮김, 연암서가, 2012, 35쪽.

같기 때문에 평등한 권리가 부여되는 것은 아님을 확인한다. 요컨대 인간 평등의 원칙은 "인간이 실질적으로 평등하다는 사실에 대한 기술description이 아니"라 "우리가 인간을 어떻게 대우해야 할 것인지에 대한 규정prescription"이라는 것이다.[9]

그렇다면 평등의 원칙을 왜 인간에게만 한정해서 적용해야 할까? 싱어가 보기에 지금까지 이에 대한 만족스러운 답변은 제시되지 않았다. 흔히 우리는 인간은 '인간이라는 이유만으로' 인권이라는 천부적 권리와 존엄성을 지닌다고 이야기하는데, 그에게 이것은 종성원권species membership이라는 자의적이고 편파적인 기준을 적용하는 종차별주의에 지나지 않는다. '백인이라는(백인종에 속한다는) 이유만으로' 혹은 '남성이라는(남성에 속한다는) 이유만으로' 어떤 개인이 흑인이나 여성보다 우월한 지위를 누릴 수 있다고 생각하는 것이 바로 인종차별주의이고 성차별주의이니 말이다. 그리고 앞서 언급된 것처럼 많은 이들이 인간의 이성적 사고능력이나 인지능력을 인간의 우월한 지위에 대한 기준으로 제시해왔지만, 인간과 엇비슷하거나 유아 및 최중도의 발달장애를 지닌 인간보다 오히려 더 우월한 인지능력을 지닌 동물들—예컨대 고릴라, 침팬지, 보노보, 오랑우탄 등의 대형유인원, 개, 회색앵무african grey parrot, 돌고래, 돼지 등—이 존재하기 때문에 이 역시 합당한 근거가 될 수 없다. 여기서 싱어가 취하고 있는 후자의 논변이 바로 동물의 권익옹호 담론

---

9   피터 싱어, 《동물 해방》, 33쪽.

에 널리 퍼져 있는 '가장자리 상황[사례] 논증argument from marginal cases'이다. 즉 일종의 '인간 이하의 인간'과 '동물 이상의 동물'을 비교함으로써 인간과 동물 간의 배타적인 경계를 무너뜨리는 것이다.[10]

그렇다면 싱어에게 평등의 원칙이 적용되어야 할 대상은 무엇을 기준으로 정해져야 하는 것일까? 공리주의자인 싱어는 그러한 기준의 원천을 영국 공리주의의 창시자 제러미 벤담에게서 가져온다. 벤담은 '최대 다수의 최대 행복'이라는 그 유명한 공리주의의 원칙을 제시했던《도덕과 입법의 원칙에 대한 서론An Introduction to the Principles of Morals and Legislation》(1789)에서 다음과 같이 쓴 바 있다.

다른 동물들도 학대의 손길만 없다면 결코 유보될 수 없을 그런 권리를 획득할 수 있는 시대가 올 **수 있다**. 프랑스인은 피부의 검음이 한 인간을 아무런 보상도 없이 고문자의 변덕에 내맡겨야 할 이유가 아님을 발견했다. 언젠가는 다리의 수나 피부에 털이 많음이나 엉치뼈의 끝부분이 감수성을 가진 존재를 동일한 운명으로 내던질 이유로 충분하지 않음을 인정하

10　국내에서는 드물게 동물의 도덕적 지위와 동물권에 대한 논의를 펼치고 있는 최훈이《철학자의 식탁에서 고기가 사라진 이유》(사월의책, 2012),《동물을 위한 윤리학》(사월의책, 2015) 등의 저서와 여러 글에서 채택하는 핵심적인 논법도 바로 이 '가장자리 상황 논증'이다. 그는 유아, 식물인간, 지적장애인 등을 좀 더 직접적으로 '가장자리 인간'이라고 칭하면서 '가장자리 인간 논증'이라는 표현을 사용하기도 한다.

게 될지 모른다. 넘을 수 없는 경계선을 긋는 다른 무엇이 있는가? 그것은 이성의 능력인가, 아니면 말하는 능력인가? 그러나 다 자란 말이나 개는 하루나 일주일이나 한 달이 지난 유아보다 훨씬 더 이성적이고 말을 나눌 수 있는 동물이다. 그러나 상황이 다르다고 가정해도, 무슨 소용이 있겠는가? 문제는 그것들이 **이성적으로 사고할** 수 있는가도 아니고 그것들이 **말을 할** 수 있는가도 아니라, 그것들이 **고통을** 느낄 수 있는가이다.[11]

싱어 역시 벤담을 따라 도덕적 경계moral line의 기준을 고통을 느낄 수 있는 능력, 좀 더 정확히는 고통과 쾌락(행복)을 느낄 수 있는 능력으로 제시하며, 이러한 쾌고감수능력快苦感受能力, sentience이 어떤 존재가 그 나름의 '이익'을 지니게 되는 필요충분조건이라고 말한다. 따라서 싱어는 고통과 쾌락을 느낄 수 있는 모든 존재는 인간이든 인간 아닌 동물이든 '이익 평등 고려의 원칙principle of equal consideration of interests'에 따라 합당하고 공정한 대우를 받아야 한다고 주장한다. 반면 쾌고감수능력이 없는 하등 동물이나 식물은 자신의 이익을 지니지 않기 때문에 돌멩이 같은 무생물과 마찬가지로 도덕적 고려의 대상에서 제외된다. 이런 맥락에서 그는 인간이 동물에게 고통을 가하는 다양한 형태의 학대 행위, 특히 공장식 농장factory farm과 동물 실험에서 가

---

11 제러미 벤담, 《도덕과 입법의 원칙에 대한 서론》, 강준호 옮김, 아카넷, 2013, 557~558쪽, 강조는 저자.

축 및 다양한 실험용 동물들에게 가해지는 폭력을 종식시킬 것을 주장하며, 채식주의를 동물해방을 향한 기본적이고도 필수적인 윤리적 실천으로 강조한다.

생명의 가치에 등급이 있다?

그렇다면 싱어에게 고통을 느낄 수 있는 모든 동물의 생명은 평등한 가치를 갖는가? 또한 그 존재들은 생명을 종식시키는 살생의 문제에서도 평등하게 대해져야 하는가? 싱어는 이런 문제가 고통을 피하는 문제보다 훨씬 더 복잡하다고 이야기하지만, 일단 살생의 문제에서도 종차별주의적인 입장은 정당화될 수 없다고 이야기한다. 즉 인간 종의 사소한 이익―예컨대 고기가 있는 식사와 고기가 없는 식사 사이에 존재하는 즐거움의 차이를 즐기는 것―을 위해 다른 동물들을 거리낌 없이 죽이면서, 오직 인간의 생명만이 존엄하다고 주장하는 입장은 정당하지도 않고 실천적으로도 유지될 수 없다는 것이다. 이에 따라 싱어는 생명의 가치에 대한 종차별주의적 태도를 넘어설 수 있는 잠정적 대안으로 아래의 세 가지 입장을 제안한다.[12]

---

12   Peter Singer, "Speciesism and Moral Status", eds. Eva Feder Kittay and Licia Carlson, *Cognitive Disability and Its Challenge to Moral Philosophy*, Wiley-Blackwelll, 2010, p.338.

(1) 우리가 현재 인간에게 부여하고 있는 것과 동일한 지위를 동물들에게 부여하면서 동물들의 지위를 승격시킴으로써 평등성을 지킨다.

(2) 우리가 현재 동물들에게 부여하고 있는 지위의 수준까지 인간의 지위를 낮춤으로써 평등성을 지킨다.

(3) 모든 인간의 평등한 가치라는 관념을 버린다. 즉 그러한 관념을 도덕적 지위는 인지능력의 어떤 측면들에 의존한다는 좀 더 등급화된 견해로 대체하고, 이런 등급화된 견해를 인간과 동물들 양자에 적용한다.

이런 제안을 재검토하면서 싱어는 우선 (2)번의 대안은 자신을 포함한 대부분의 사람들이 동의하지 않을 것이라며 가장 먼저 폐기한다. 그리고 (1)번의 대안에 대해서는 상당 부분 동조하지만 모든 점에서 그렇지는 않다고 이야기하면서, 그레이 바너와 로저 스쿠르턴의 입장을 언급한다. 바너에 따르면, '인격체'란 전기적 자아감biographical sense of self, 즉 자신이 어디서 왔고, 지금 어디에 있으며, 미래에 무엇을 희망하는지에 대한 인식을 지닌 존재로, 이런 전기적 자아감은 고도의 언어능력을 전제한다. 따라서 인간 아닌 동물이 설령 어떤 종류의 자기인식self-awareness을 지닌다 하더라도 전기적 자아감을 갖고 있지 못하다는 의미에서 '유사인격체near-person'에 머무를 수밖에 없다.[13]

---

13   피터 싱어, 《실천윤리학》, 황경식·김성동 옮김, 연암서가, 2013, 191쪽.

또한 스쿠르턴은 "인간에게는 때가 되어 죽는 것과 요절 사이에 실질적인 차이가 존재한다. 때가 오기 전에 '갑자기 죽는 것'은 시간이 허무하게 버려지는 것이며, 비극이기까지 하다. ……이런 사고가 가축에게는 적용되지 않는다. 30개월에 죽임을 당하는 것이 40개월, 50개월, 60개월에 죽임을 당하는 것보다 본질적으로 더 비극적인 것은 아니다"라고 이야기한다.[14] 그 이유는, 어떤 인간이 때가 오기 전에 죽임을 당할 경우 그러한 개인이 이루지 못하게 될 성취가 존재할 가능성이 높은 반면, 가축에게는 그런 가능성이 전혀 존재하지 않기 때문이다.

싱어는 이런 철학자들의 입장을 긍정하고 받아들인다. 그리하여 미래에 대해 전혀 생각하지 못한 채 순간순간을 살아가거나 매우 짧은 시간적 지평time horizon에서 살아가는 존재를 죽이는 것보다 미래에 대한 계획을 지니고 있는 존재를 죽이는 것이 더욱 중대하다는 규범적 견해를 취한다.[15] 예컨대 가까운 장래에 먹을 것만을 생각하며 살아가는 존재보다 어떤 것을 이루고자 소망하는 존재의 생명이 더 가치 있다는 것이다. 결론적으로 그는 "자의식self-consciousness, 미래를 내다볼 수 있는 능력, 미래에 대한 희망과 포부를 가질 수 있는 능력, 타인과 의미 있는 관계를 맺을 수 있는 능력"에 따라,[16] 또는 "그 존재가 시간

---

14   Roger Scruton, "The Conscientious Carnivore", ed. Steve Sapntzis, *Food for Thought*, Prometheus, 2004, p.88.

15   Peter Singer, "Speciesism and Moral Status", p.339.

16   피터 싱어, 《동물 해방》, 57쪽.

의 경과에 따른 자신의 실존을 인식하는 정도, 그리고 그 존재가 계속해서 살 경우 누릴 가능성이 높은 **삶의 질**quality of life"에 따라[17] 생명의 가치가 등급화될 수 있다는 (3)번의 입장을 최종적으로 지지한다.

싱어의 이런 입장은 그 자신이 주장하듯 종차별주의를 넘어선 것처럼 보인다. 그가 설정한 기준은 확실히 특정 종에게 배타적으로 적용되지 않기 때문이다. 예컨대 싱어는 "만약 정상인과 지적인 결함이 있는 사람 중 한 명의 생명만을 선택해야 하는 상황에 놓여 있다면 우리는 아마도 정상인의 목숨을 구하게 될 것"이라고, 또한 "인간과 다른 동물의 목숨 중에 하나를 선택해야 할 경우 일반적으로 인간의 목숨을 구해야" 하지만 "어떤 인간이 정상적인 사람들이 갖추고 있는 능력을 가지고 있지 않을" 경우 "우리가 반대의 선택을 해야 할 수도" 있다고 이야기한다.[18] 이런 맥락에서 싱어는 '삶의 질'이 낮은 중증장애 유아나 불치병 환자의 안락사를 명시적으로 지지했고 그 때문에 논란의 중심에 서기도 했지만,[19] 동물해방론자인 그가 "동물이 사람보다 나은 대우를 받는 매우 드문 경우 중 하나는 생의

---

17   Peter Singer, "Speciesism and Moral Status", p.340, 강조는 인용자.
18   피터 싱어, 《동물 해방》, 58~59쪽.
19   이와 관련된 싱어의 좀 더 자세한 입장에 대해서는 《실천윤리학》 7장을 참조하라. 미국의 장애인 활동가들은 싱어의 입장과 논변을 강하게 비판해왔다. 그리고 그가 1999년 프리스턴대학교 생명윤리학과장으로 취임한 후 첫 강의가 있던 날, '우리는 아직 죽지 않았다Not Dead Yet'는 구호를 외치며 휠체어를 버리고 대학 본관 돌계단을 기어오르는 항의 시위를 벌이기도 했다.

말기, 늙고 병든 시기에 사람이 동물을 수의사에게 데려가서 자비로운 죽음을 맞게 하면서 그 고통을 마감하는 순간"[20]이라고 생각하고 있음을 감안한다면 일관성을 견지한다고 볼 수도 있을 것이다.

인격체중심주의로 끝나고 만 싱어의 도전

앞서 살펴보았듯 싱어는 인간과 인간 아닌 동물에 대해 어떤 종류의 평등을 주장한다는 점에서 분명 인간중심주의를 넘어선다. 그는 모든 동물이 고통과 쾌락 앞에서, 그리고 그와 연동하는 이익 앞에서 평등하다고 여긴다. 그러나 생명의 가치는 평등하지 않으며, 여기에는 어떤 척도와 기준이 존재한다. 그 척도는 다름 아닌 '정상적인' 인지능력과 언어능력을 지닌 인간, 인간의 자격을 지닌 인간, 즉 인격체다. 여기서 멀어질수록 어떤 존재가 지닌 생명의 가치는 낮아진다. 요컨대 일종의 인격체중심주의personism라 할 수 있다. 싱어 등을 비롯한 동물권animal rights 이론가들이 만들어낸 '인간 아닌 인격체nonhuman person'[21]라는 신조어를 분해한 후 재조합해서 표현해보면, ① 인간 인격체human person ② 인간 아닌 인격체(인격체와 유사한 인지능력 및 언어능력을 지닌 동물들, 즉 유사인격체) ③ 인간 비인격체human non-person(태아

---

20   피터 싱어 외, 《동물의 권리》, 31쪽.

및 유아, 심각한 발달장애를 지닌 인간)와 인간 아닌 비인격체nonhuman non-person ④ 쾌고감수능력이 없는 하등 동물과 식물의 순서로 생명의 가치에 대한 위계와 서열이 존재한다.

그렇다면 싱어의 입장은 전통적인 인간중심주의는 아니지만 생명의 가치에 관한 한 여전히 인간중심주의의 자장 안에 있다고 해야 할 것이다. 그는 인간이라는 종 내부의 성원 중 어떤 구성원들이 지닌 생명의 가치가 오히려 동물보다 낮거나 동물과 같을 수도 있다고 제시했기 때문에 자신의 입장이 인간중심주의가 아니라고 여기는 듯하다. 그러나 이런 사고법은 지나치게 단순하고 나이브하다. 싱어가 종차별주의라는 용어를 만들어내면서 그 참조점으로 삼은 인종차별주의나 성차별주의의 현실을 살펴보자. 인종(차별)주의와 민족(차별)주의는 타인종과 타민족을 배척하는 데 그치지 않고, 자기 인종 및 민족 내에서 순수한 좋은 혈통과 오염된 나쁜 혈통을 구분하고 위계화한다. 이것이 유대인뿐 아니라 장애를 지닌 독일인도 나치즘하에서

21　이 용어는 이미 학계 이외의 영역에서도 종종 사용되고 있다. 예컨대 2013년 5월 인도의 환경산림부는 돌고래 수족관 설치를 금지했는데, 당시 중앙동물원 관리국이 작성한 공문에서는 "돌고래는 '인간 아닌 인격체'로 보아야 하며 이에 따른 고유한 권리를 지닌다. 돌고래를 공연 목적으로 가두는 행위는 도덕적으로 받아들일 수 없다"고 적시했다. 또한 2014년 12월에도 비슷한 소식이 주요 외신들을 통해 전해졌는데, 아르헨티나 법원이 20년 동안 부에노스아이레스 동물원에 갇혀 살던 오랑우탄 샌드라에게 "불법적으로 구금되지 않을 '법적 권리'가 있다"는 판결을 내렸으며, "생물학적으로는 아니더라도 철학적 의미에서 하나의 인격체"라는 변호인 측의 주장을 받아들여 오랑우탄을 '인간 아닌 인격체'로 규정했다. 공상과학 영화로 눈을 돌려보면, 〈바이센테니얼 맨Bicentennial Man〉(1999)의 주인공 앤드류나 〈엑스 마키나Ex Machina〉(2005)의 주인공 에이바 같은 인공지능 로봇 역시 하나의 인간 아닌 인격체로 간주할 수 있을 것이다.

가스실로 보내졌던 이유이다. 반면 자민족은 아니지만 자민족에 동화된 일부 타민족의 성원들을 높이 평가하는 경우도 있다. 그래서 일제 식민지 시절 일부 한국인(일본인 같이 처신하는 한국인)이 권력의 중심부에 왜곡된 형태로나마 편입될 수 있었던 것이다. 성차별주의(남성중심주의) 역시 생물학적으로 남성인 모든 존재를 결코 평등하게 취급하지 않는다. 흔히 '계집애 같다'고 이야기되는 남성, 남자답지 못한 남성들을 남자의 자격이 없다고 비하하고 배척한다. 반면 '계집애 같지 않은' 여성, 즉 유사남성(명예남성)을 오히려 더 높이 평가하기도 한다. 이것이 또한 성차별주의 사회에서 일부 여성이 남성화된 여성으로서 남성적 지위와 권력에 편입될 수 있는 한 가지 이유이다.

요컨대 성차별주의의 본질은 사람들이 흔히 (그리고 싱어가) 생각하듯 단순히 남성/여성이라는 이분법적 구별을 만들어내는 데 있지 않다. 그 본질은 '남자의 자격을 지닌 남성-유사남성-비남성(남자의 자격이 없는 남성 및 여성)'이라는 위계를 만들어내는 데 있다. 즉 성차별주의적인 사회에서도 남성적 가치와 특징을 기준으로 어떤 여성은 남성의 세계로 편입되며 어떤 남성은 남성 공동체 외부로 추방된다. 이성과 언어능력이라는 인간적 가치와 특징을 기준으로 일부 동물을 인격체의 세계로 편입시키고 일부 인간을 비인격체의 세계로 추방하면서 '인간 인격체-유사인격체-비인격체(인간 비인격체와 인간 아닌 비인격체)'라는 위계를 만들어낸 싱어의 입장 역시 별반 다르지 않다. 오히려 인간중심주의의 본질을 좀 더 정확히 풀어낸 것에 지나지 않는다고 할 수 있을 것이다.

수용소, 쓸모/유용성, 안락사

평창 동계올림픽을 앞둔 지난 2017년, 해외의 유명 인사들과 외신들이 한국의 보신탕 문화를 비판하면서 개식용 문제가 다시 한 번 뜨거운 사회적 이슈로 떠올랐던 바 있다. 이를 두고 개식용 금지를 주장하는 동물보호단체들과 합법화를 주장하는 식용견 농장주들의 모임인 대한육견협회의 대립이 격화되었다. 이후 2018년에 동물보호단체들의 요구를 상당 부분 반영한 〈동물보호법〉, 〈축산법〉, 〈폐기물관리법〉 일부 개정안이 발의되자 대한육견협회는 생존권 보장을 요구하며 국회 앞에 농성장을 차렸다. 그리고 다음과 같은 문구를 적은 플래카드를 내걸었다. "학살자 히틀러 후예들 동물보호단체 박살내자!" 다소 어이없고 황당무계하지만, 이 문구는 나름의 배경을 지니고 있다. 현대적인 동물보호법을 전 세계에서 가장 먼저 제정한 나라가 나치 독일이었다는 역사적 사실을 아전식수 격으로 참조했던 것이다. 수백만 명의 장애인, 집시, 동성애자, 유대인을 안락사시키고 집단 학살한 나치 정권이었지만, 그들은 1933년에 〈나치 동물보호법Tierschutz im Nationalsozialismus〉을 제정해 동물 학대 및 괴롭힘, 유기, 모피를 목적으로 한 도살 등을 금지하고, 살아 있는 동물의 실험에 대한 엄격한 규정을 마련한 바 있다. 그리고 이후에도 상업적인 동물 사냥을 금지하고 죽은 동물에 대한 장제葬制를 의무화하는 등 동물보호에 앞장섰다.

그런데 쉬이 납득하기 어려운 이 의외의 역사적 사실은 '수용소', '쓸모/유용성', '안락사'라는 세 가지 키워드를 매개로 다시 동물해방론의 한 축을 이루는 공리주의와 연결된다. 아우슈비츠를 비롯한 나치의 강제수용소야 두말할 것도 없지만, "동물들도 …… 권리를 획득할 수 있는 시대"를 예견하고 희망했던 벤담은 주지하다시피 근대적 수용소의 한 원형인 파놉티콘panopticon의 설계자이다.[22] 실제로 그는 "가시적인 생계 수단이 없는 어른들과 아이들, 거지, 미혼모, 다루기 힘든 견습생들 같은 '인류의 쓰레기이자 찌꺼기'는 계획에 따라 민간이 소유하고 운영하는 강제노동수용소에 수용되어야 한다"고 주장했다.[23] '쓸모없는useless 인간'이 나치 우생학의 가장 중요한 선전 문구였다면, 공리주의 또한 유용성utility을 기준으로 행복과 삶의 질을 계산하는 이념이다. 이런 관점에서는 쓸모없고 유용하지 않은 인간들은 안락사되는 것이 소위 '최선의 이익best interests'이 될 수 있다. 전체 인구뿐만 아니라 삶이 질이 너무 낮은 그들 자신에게도 말이다.

---

22 참고로 언급하면, 일망감시체계에 대한 담론을 확산시킨 미셸 푸코가 생각했던 파놉티콘의 건축적 기원은 다름 아닌 동물원, 즉 동물 수용소였다. 푸코는 벤담이 직접 말하지 않았을 뿐, 프랑스 건축가 루이 르 보가 베르사유에 건설한 왕립 동물원에서 파놉티콘에 대한 착상을 얻게 되었을 것이라고 본다(미셸 푸코, 《감시와 처벌》, 오생근 옮김, 나남, 2003, 314~315쪽).
23 지그문트 바우만, 《새로운 빈곤》, 이수영 옮김, 천지인, 2010, 200쪽.

싱어의 이론적 토대의 한 축이 공리주의라면, 다른 한 축은 다윈주의다. 그는 스스로를 '다윈주의 좌파'라고 칭한다.[24] 프리드리히 니체는 《선악의 저편》 228절과 253절에서 벤담, (공리주의의 또 다른 대표자인) 존 슈트어트 밀, 찰스 다윈, (사회적 다윈주의의 대표자인) 허버트 스펜서를 거론하며 영국인들의 '평범성' 내지 '깊은 평균성'을 이야기한다. 그러면서 앙시앙 레짐을 타파한 프랑스가 아니라 영국이 '현대적(근대적) 이념'의 기원이라고 지적한 바 있다.[25] '최대 다수의 최대 행복'이라는 영국 공리주의의 원리에는 근대의 통계학적 평범성/평균성/정상성normality이 녹아들어 있으며, 바로 이 토양 위에서 근대 생명권력의 이데올로기 중 하나인 사회적 다윈주의와 과학적 테크놀로지인 우생학이 발원했다. 그리고 그것은 미국을 거쳐 독일에서 가장 적극적으로 작동했다.

요컨대 동물해방이라는 탈근대적 가치를 지향하는 듯 보이는 싱어의 윤리학은 너무나 근대적인 토대를 지니고 있으며, 인간중심주의를 넘어선 세계의 재구성에 함께해야 할 장애권운동과 동물해방운동의 연대 가능성을 잠식한다는 점에서 문제적이고 또 해악적이기까지 하다. 그렇다면 우리는 어떤 대안

24 　여기서 '좌파'라는 단어는 통상적인 용법과는 다소 거리가 있다. 그는 인간 역시 진화해온 동물이기에 육체와 DNA뿐만 아니라 사회적 행동 역시 아주 오랫동안 축적된 유전적 기초를 가지고 있으며, 한 세기도 못 가 몰락한 사회주의의 역사가 이를 확인시켜준다고 말하기 때문이다. 이러한 그의 정치적 입장과 견해에 대해서는 피터 싱어, 《다윈주의 좌파》, 최정규 옮김, 이음, 2011을 참조할 수 있다.
25 　프리드리히 니체, 《선악의 저편》, 박찬국 옮김, 아카넷, 2018, 287~291, 342~343쪽.

적 방향을 설정할 수 있을까? 이 질문에 온전히 답하는 일은 이 글의 목적과 필자의 역량을 넘어서지만, 싱어의 사상과 논의를 관통하고 있는 '척도'에 따른 비교와 '위계화'에서 가장 멀리 떨어져 있는 사상가인 스피노자와 마굴리스를 소환하여 일정한 준거점을 마련해보고자 한다. 윤성복은 동물에 대한 담론을 크게 '인간중심주의적 시각', '생태중심주의적 시각', '동물-인간 관계론적 시각'으로 구분하며 동물권에 대한 전망을 논한 바 있다.[26] 그에 따르면, 싱어의 공리주의적 동물해방론과 톰 리건의 도덕적 의무론으로 대표되는 '자유주의'가 인간중심주의적 시각을 반영한다면, 노르웨이의 철학자 아르네 네스로 대표되는 '심층생태주의deep ecology'는 생태중심주의적 시각을 견지하며, 테드 벤턴과 피터 디킨스 등으로 대표되는 '생태마르크스주의(생태사회주의)'는 동물-인간 관계론적 시각을 보여준다. 이어서 논의할 스피노자와 마굴리스의 '관개체적 존재론'은 동물-인간 관계론적 시각과 가장 친화적이지만, 생태중심주의적 시각과도 연결될 수 있을 것이다.

---

26 윤성복, 〈동물 그리고 경합하는 동물 담론들〉, 《문화과학》 76호, 문화과학사, 2013년 겨울, 52~94쪽.

3

우리 모두는 연결되어 있다

두 별종 사상가, 스피노자와 마굴리스

바뤼흐 드 스피노자는 서구 근대철학에서 '별종'에 해당하는 인물이라고 할 수 있는데, 특히 우리가 비판적으로 대결하고자 하는 인간중심주의라는 문제와 관련해서 그러하다. 스피노자는 우선 신에 대한 입장에서부터 기존의 인간 중심적인 관점에서 완전히 벗어나 있다. 그의 입장에 따르면, 유대-그리스도교나 이슬람교 같은 전통적 종교들이 신을 마치 인간과 유사한 인격성을 지닌 존재로 생각하는 것, 이의 전도된 발현으로서 인간이 신의 형상에 따라 만들어졌다고 생각하는 것은 인간이 자신의 특성을 기준으로 신을 멋대로 상상하는 방식일 뿐이다. 스피노자에게 신은 모든 구체적 존재자들을 산출해내는 자연을 지칭하며(신즉자연神卽自然, Deus sive Natura), 이 산출적 힘을 가진 자연을 그는 '실체'라고 부른다. 다시 말해 신=자연=실체이다. 그리고 생명체이건 비생명체이건, 물질적인 것이건 비물질적인 것이건 간에 자연이 산출해낸 각각의 존재자들을 '양태mode'로 개념화한다. "실존하는 모든 것은 신의 본성 또는 본질을 일정하고 한정된 방식으로 표현"[27]하며, 마찬가지로 "인간은 신의 본성을 일정하고 한정된 방식으로 표현하는 변용affection 또는 양태"일 뿐이라는 것이다.[28] 따라서 자연(신)의 관점에서 인간이라는 양태는 자연이 산출한 다른 어떤 양태들보다 더 우월한 지위를 갖지 않는다.

우리에게는 조금 낯선 이름일 수 있는 린 마굴리스는 2011년에 타계한 미국의 진화생물학자로, 다윈주의적 적자생존이 아닌 공생발생symbiogenesis을 통한 진화, 즉 공생진화론의 주창자이다.[29] 그녀는 (모든 동식물에 존재하는) 미토콘드리아나 (모든 식물에 존재하는) 엽록체 같은 세포 소기관들이 원래는 독립된 세균bacteria 생명체였다가 융합의 과정을 거쳐 세포의 한 성분이 되었다는 '연속 세포 내 공생 이론serial endosymbiosis theory, SET'을 확립했다. 사실 그녀의 이론은 발표 초기 학계에서 완전히 무시당했

27　B. 스피노자, 《에티카》, 황태연 옮김, 비홍출판사, 2014, 92쪽(1부 정리 36의 증명). 단, 스피노자에 대한 이하의 모든 인용에서는 영어판(Benedict de Spinoza, *Ethics*, Penguin Books, 1996)을 참조해 일부 수정한 대목이 있다.

28　B. 스피노자, 《에티카》, 110쪽(2부 정리 10, 계[따름정리]의 증명).

29　마굴리스의 생애와 사상 전반을 살펴보려면, 그녀와 많은 저술 작업을 공동으로 진행했던 큰 아들 도리언 세이건이 엮은 《린 마굴리스》(이한음 옮김, 책읽는수요일, 2015)를 참조할 수 있다.

다. 그러나 세포 소기관들의 DNA가 세포핵에 있는 DNA와 다르며 세균의 DNA와 더 가깝다는 것이 드러나는 등 그녀의 이론을 뒷받침하는 연구 결과들이 속속 발표되면서 하나의 정설이 되었고, 비록 부분적이기는 하지만 생물학 교과서에도 실리게 되었다. 마굴리스는 "우리가 무엇을 보고 무엇을 아는가는 우리가 어떤 관점을 취하느냐에 따라 달라진다"는 점을 환기하면서, '거대한 존재의 사슬'이라는 진화의 관점, 그리고 그 사슬의 끝과 세계의 중심에 인간이라는 존엄한 존재가 있다는 관점이 우리로 하여금 다양한 생명체들 간의 공생을 볼 수 없게 만든다고 이야기한다.[30] 예컨대 인간의 경우만 하더라도, 수분을 제외한 몸무게의 10퍼센트 이상은 살아 있는 세균이 차지하고 있으며, 세균과의 공생 관계 없이 인간은 존재할 수 없다.[31]

이 두 별종 사상가 스피노자와 마굴리스 사이에는 철학과 생물학이라는 연구 분야의 이질성 외에도 3세기 이상의 시대적 격차가 존재한다. 그럼에도 이 세계의 존재자들을 바라보는 둘의 관점은 매우 친화적이고 동질적이기까지 하다. 스피노자주의의 용어로 말하자면, '개체화', '관개체성', '개체들의 비위계성'이라는 측면에서 그러하다.

30   린 마굴리스, 《공생자 행성》, 이한음 옮김, 사이언스북스, 2007, 13~14쪽.
31   린 마굴리스·도리언 세이건, 《마이크로코스모스》, 홍욱희 옮김, 김영사, 2011, 39쪽.

개체화와 관개체성: '남' 없이 살아갈 수 없는 우리

스피노자는 양태를 다른 맥락에서 개체individual(=개별자 particular thing/단일한 것singular thing)라고 부르기도 하는데, 개체란 말 그대로 더 이상 나눌 수 없는in-dividual 것이라고 생각하는 우리의 통념과 달리 분할 가능한 것이며 더 작은 개체들의 특정한 관계에 의해 조성되는 것이라고 말한다. 즉 "개체란 유한하고 한정된 실존을 갖는 것이라고 나는 이해한다. 그리고 만일 다수의 개체가 모두 동시에 하나의 결과의 원인이 되게끔 하나의 활동으로 협동한다면, 나는 그러한 한에서 그 모두를 하나의 개체로 여긴다."[32] 스피노자에게 모든 개체들은 항상-이미 집합체(공동체)이며, 집합체란 복수의 개체들이 공동의 원인이 되어 구성한 또 다른 개체다. 다시 말해서 개체란 주어진 것이라기보다 구성되는 것이며, 언제나 개체화individuation의 결과라고 할 수 있다. 마굴리스 또한 "우리 눈에 보일 만큼 큰 생물들은 모두 한때 독립생활을 했던 미생물들이 모여 더 큰 전체를 이룬 것"[33]이라고 말하는데, 이 진술은 스피노자의 '개체화'라는 개념을 정확히 표현하고 있다. 예컨대 원생생물인 믹소트리카 파라독사Mixotricha paradoxa는 적어도 다섯 종류의 생물(개체)이 공생의 과정(개체화)을 거쳐 만들어진 새로운 개체이다.

---

32 B. 스피노자, 《에티카》, 102쪽(2부 정의7).
33 린 마굴리스, 《공생자 행성》, 78쪽.

실제로 19세기에 탄생한 생물학에서 생명의 기본 단위 내지 최소 단위로 간주되었던 '개체'란 정확하게 유기체였지만, 19세기 중반 세포가 발견되면서 이러한 세포가 분할 불가능한 생명체의 기본 단위로 간주되었다. 하지만 세포 또한 핵과 리보솜, 미토콘드리아 등의 집합체이고, 핵은 다시 2n개의 염색체들로 나누어지며, 현대 생물학은 다시 생명의 최소 단위가 염색체 내에 존재하는 유전자임을 밝혀냈다. 그러나 유전자 또한 무수히 많은 뉴클레오티드nucleotide들로 분할된다.[34] 결국 모든 생명체는 사실상 수없이 많은 하위 개체sub-dividual들이 개체화된 결과인 것이다.

그런데 스피노자는 인간을 포함한 모든 개체가 개체화를 통해 구성된 집합체일 뿐만 아니라, 그 실존을 지속하기 위해서는 다음의 인용문에서 기술되고 있는 것처럼 항상 자기 외부의 개체들에 의존해야 한다고 본다.

모든 개체, 즉 유한하고 한정된 실존을 갖는 모든 것은 마찬가지로 유한하고 한정된 실존을 갖는 다른 원인에 의해 실존하고 작용하도록 결정되지 않는 한 실존할 수도 없고 작용하도록 결정될 수도 없다. 그리고 다시, 이 원인도 마찬가지로 유한하고 한정된 실존을 갖는 다른 원인에 의해 실존하고 작용하도록 결정되지 않는 한 실존할 수도 없고 작용하도록 결정될 수도 없

---

34   이진경, 《코뮤주의: 공동성과 평등성의 존재론》, 그린비, 2010, 26~28쪽.

다. 이처럼 무한하게 나아간다.[35]

발리바르는 이렇게 모든 개체들을 가로지르는 무한한 연관 관계가 각 개체의 실존 및 활동의 조건이 된다는 것을 '관개체성貫個體性, transindividuality'이라는 용어로 개념화한다.[36] 자연 안의 모든 개체들은 자립적이고 자기 완결적인 존재가 아니라 관개체적인 존재이며, 이는 인간의 경우에도 마찬가지다. 이진경 또한 스피노자의 철학적 관점에 입각해 "모든 개체는 그 자체로 무리지어-사는[衆-生] 집합체란 의미에서 '중-생'"이며, 존재하는 모든 것은 항상-이미 하나의 공동체commune라고 이야기한다.[37] 그는 이것을 '코뮨주의적 존재론'이라고 명명한다. 코뮨주의적 존재론은 "개체와 개체 간의 경쟁과 투쟁을 통해 변화와 발전(진화!)을 설명하는 오래된 서구적 전통과 근본을 달리하는 사고"이며, 오히려 "각각의 개체를 상이한 개체들의 상호의존 속에서, 그 거대한 상호의존의 그물망을 통해서 이해하는 사유"라고 할 수 있다.[38] 그리고 이와 같은 관개체성 내지 코뮨주의적 존재론은 마굴리스의 진술을 통해 다시 한 번 정확하게 표현된다. 그녀가 볼 때 진화의 과정을 거쳐 현재 지구상에 존재

35　B. 스피노자, 《에티카》, 83쪽(1부 정리28).

36　에티엔 발리바르, 〈스피노자에서 개체성과 관개체성〉, 《스피노자와 정치》, 진태원 옮김, 그린비, 2014, 214~217쪽. 또한 같은 책 287~290쪽의 용어해설을 참조하라.

37　이진경, 《코뮨주의》, 29~31쪽.

38　이진경, 《미-래의 맑스주의》, 그린비, 2006, 308쪽.

하고 있는 모든 생물은 "자기 완결적이고 자율적인 개체라기보다는 오히려 다른 생물과 물질과 에너지, 그리고 정보를 교환하는 공동체"이며,[39] 결국 "우리가 아무리 자기중심적으로 생각해도, 생명은 훨씬 더 폭넓은 계를 이룬다. 우리 피부 바깥(그리고 안쪽)에 있는 수백만 종들은 물질과 에너지 측면에서 믿을 수 없을 만큼 복잡하게 서로 의존하고 있다. …… '남'이 없다면, 우리는 살아갈 수 없다".[40]

'위계'가 아닌 '차이'를 말하다

마굴리스에 따르면, 기나긴 진화의 시간대에서 볼 때 원핵생물—공생발생을 통해 진화하지 않은 '원핵' 세포로 된 모든 세균—을 제외한 모든 진핵생물, 즉 원생생물, 균류(곰팡이), 식물, 동물은 모두 공생발생을 통해 진화한 것이다. 따라서 그녀가 보기에 오늘날 지구상에서 살고 있는 생명체들은 모두 30억 년이 넘는 세월에 걸쳐 세균 조상으로부터 진화해 '그들 나름의 방식으로' 살아남은 존재들이며, 따라서 특별히 '고등한' 존재도 또 '하등한' 존재도 없다. 존재자들 간의 이런 비위계성은 스피노자가 각 개체들의 역량과 권리를 바라보는 관점에서 다시

---

39 린 마굴리스·도리언 세이건, 《생명이란 무엇인가?》, 46쪽.
40 린 마굴리스, 《공생자 행성》, 197쪽.

명확히 드러난다.

스피노자는 "각각의 사물은 할 수 있는 한 자신의 존재 안에 존속하고자 노력"하며 "각각의 사물이 자신의 존재 안에 존속하려는 노력은 그 사물의 현행적 본질"이라고 이야기하는데,[41] 이처럼 각 개체가 자신의 존재와 활동을 이어가려는 근본적인 노력, 경향, 충동이 바로 코나투스conatus다. 또한 그는 "모든 자연물은 선천적으로 그것이 실존하고 활동하도록 하는 힘을 가지고 있는 것만큼, 권리를 가지고 있다고 말할 수 있다"고 언급하면서[42] 권리(자연권)를 근본적으로 코나투스의 문제와 결부된 것으로 본다. 즉 코나투스를 지닌 모든 존재는 그에 따른 권리 또한 지니고 있으며, 이러한 권리는 자신의 실존과 활동을 지속할 수 있는 역량[힘]potentia과 다르지 않다. 그런데 역량은 불변의 어떤 것이 아니며, 개체들 간의 만남이 생성해내는 정서affect에 따라 변하게 된다. 스피노자는 그 다양한 정서를 기쁨과 슬픔 두 가지로 대별하면서, 한 개체가 기쁨의 정서를 느낄 때 그 개체의 역량이 증대되고, 반대로 슬픔의 정서를 느낄 때 역량이 감소된다고 말한다.

질 들뢰즈에 따르면, 하나의 개체는 다른 개체와 합치되는 관계를 조성할 때 기쁨의 정서를 느끼게 되는데, 이 '합치되는 관계의 조성'이 곧 개체화라고 할 수 있다.[43] 다시 말해서 개체

---

41 B. 스피노자, 《에티카》, 168쪽(3부 정리 6과 7).
42 베네딕트 데 스피노자, 《정치론》, 김호경 옮김, 갈무리, 2008, 34쪽.
43 정정훈, 《인권과 인권들》, 그린비, 2014, 230쪽.

가 기쁨의 정서를 느끼고 역량을 증대시키는 것은 일시적으로든 지속적으로든 외부의 다른 개체와 모종의 활동을 통해 코뮌적·연립적 관계를 형성하는 때이다. 장애인과 활동보조인(활보)의 관계에 대한 한 학인學人의 다음과 같은 진술은 스피노자적 의미의 새로운 개체화, 그리고 이에 따른 역량의 증대를 정확히 보여준다.

> 활보 일은 비장애인이 장애인이 못하는 일을 대신 해주는 게 아니라 **두 개의 다른 신체가 한 몸이 되어** 만들어내는 새로운 활동이다. 이전에 나는 누군가와 이렇게 한 몸이 되어 어떤 활동을 해본 적이 없는 것 같다. J, S, H, 이 친구들을 만나면서 나는 새로운 몸을 얻었다. 부모님께 받은 몸이 아니라 **새로운 활동으로 만들어진 몸**. 집을 나오고도 여전히 가족들의 울타리에서 벗어나지 못했던 나. 학교를 졸업하고도 여전히 스펙 쌓는 공부에 지쳐가고 있던 나에게 새로운 신체와의 만남은 새로운 세상을 열어주었다.[44]

이러한 개체화는 생명체와 생명체 사이에서뿐만 아니라 생명체와 비생명체 사이에서도 물론 일어날 수 있다. 예를 들어 집회 현장에서 중증장애인들이 강제 연행을 당하며 전동휠체어를 빼앗길 때, 그들은 경찰을 향해 "이 자식들아, 그건 내 몸

---

44   정경미, 《활보 활보》, 북드라망, 2013, 18쪽, 강조는 인용자.

의 일부야!"라고 외친다. 그들과 전동휠체어가 이미 또 다른 하나의 개체로서 개체화되어 있음이 드러나는 대목이다. 여기서 중증장애인과 전동휠체어의 만남이 역량의 증대를 가져오는 반면, 양자의 분리는 역량의 감소를 가져온다는 것을 어렵지 않게 이해할 수 있을 것이다.

한편 각각의 개체(양태)는 신의 역량을 표현하는 정도와 방식의 차이에 따라 서로 다른 역량의 한계치를 지닌다. 그러니까 역량에는 '차이'가 있다. 하지만 "실존하는 모든 것은 만물의 원인인 신의 역량을 **일정하고** 한정된 **방식으로** 표현"하기에,[45] 각각의 개체가 지닌 상이한 역량은 하나의 척도에 의해 계측되고 위계화될 수 있는 동질적 역량의 양적 차이가 아니다. 그것은 각 양태에 특유한 질적 차원의 것이다.[46] 다시 말해 각 개체들은 서로 비교될 수 없는 고유의 역량을 지닌다. (비록 스피노자를 염두에 두고 한 이야기는 아니지만) 고병권의 말을 빌리면, "세상의 존재들은 서로 비교를 불허하는 독특함을 가졌고, 다른 것으로 대체할 수 없는 고유의 덕을 지녔다. 우리가 어떤 존재를 안다는 것은 바로 그 힘을 아는 것이다. 그리고 고유한 '힘'을 이해하고 나서야 우리는 그 자체에서 수반될 수 있는 '약점'이나 '곤경'을 아무런 '악의' 없이 그대로 볼 수 있게 된다"고 할 수 있다.[47] 인간중심주의를 비판하는 듯하지만 실제로는 어떤 인간적 특성

---

45   B. 스피노자, 《에티카》, 92쪽(1부 정리 36의 증명), 강조는 인용자.

46   정정훈, 《인권과 인권들》, 244쪽.

47   고병권, 〈힘을 보라〉, 《철학자와 하녀》, 메디치, 2014, 45쪽.

과 능력—쾌고감수능력,[48] 인지능력 및 언어능력[49]—을 척도로 각각의 존재들을 끊임없이 비교하는 싱어의 입장을 넘어서려고 할 때, 스피노자와 마굴리스의 이런 탈위계적 관점은 하나의 출발점이 될 수 있을 것이다.

---

48 싱어가 강조하듯 인간도 동물이라는 점에서 동물적 쾌고감수능력 역시 인간중심주의적 자장을 벗어나 있지 않다. 그리고 이러한 척도에 따라 신경계가 미발달되어 있는 하등 동물과 식물, 그 밖의 비생명체들은 어떠한 도덕적·정치적 고려의 대상도 되지 않는다.

49 게리 스타이너는 이성을 기반으로 해서 언어적으로 매개되는 인간의 복합적 능력을 '언어적 행위주체성linguistic agency'이라는 용어로 개념화한 바 있다(Gary Steiner, *Animals and the Limits of Postmodernism*, Columbia University Press, 2013, p.196). 이러한 언어적 행위주체성이라는 준거점을 비판하고 넘어서면서 인지장애인, 아동, 가축의 시민권이라는 도전 과제에 대해 논하는 글로는 Sue Donaldson and Will Kymlicka, "Rethinking Membership and Participation in an Inclusive Democracy: Cognitive Disability, Children, Animals", eds. Barbara Arneil and Nancy J. Hirshmann, *Disability and Political Theory*, Cambridge University Press, 2016을 보라.

4

에필로그:
철학(자)의 악몽

2004년 작고한 자크 데리다가 프랑스 고등사회과학
원École des Hautes Études en Sciences Sociales, EHESS에 재직하며 진행
한 세미나의 마지막 주제는 다름 아닌 '짐승과 주권La bête et le
souverain'(2001~2002, 2002~2003)이었다. 이 세미나 원고는 데리다
가 그의 동료 장-뤽 낭시, 필립 라쿠-라바르트, 사라 코프만 등
과 함께 '효과 속의 철학la philosophie en effet'총서를 발간했던 갈
릴레 출판사에서 2008년과 2010년에 유고집의 형태로 Ⅰ권과
Ⅱ권이 각각 출간되었다. 영어판 또한 2011년 시카고대학교출
판부에서 Ⅰ권과 Ⅱ권이 함께 출간되었다.

　로고스중심주의logocentrism의 해체를 자신의 철학적 과업 중
하나로 삼았던 자크 데리다가 동물의 문제에 천착하게 된 것
은 어쩌면 필연이라고도 할 수 있을 것이다. 그는 1997년 '자전
적 동물L'animal autobiographique'이라는 주제로 조직된 스리지-라-

살 학술대회Colloque De Cerisy-La-Salle를 위해 상당히 긴 분량의 원고 집필에 착수하는데, 그 서론 격으로 작성한 〈그러므로 나인 동물 (계속)L'animal que donc je suis (à suivre)〉이라는 글에서 다음과 같이 말한다.[50] "아주 오랫동안, 사실 내가 글을 쓰기 시작한 이래로, 생명체와 살아 있는 동물의 문제"는 "언제나 내게 중요한, 가장 결정적인 문제"였으나, "어떤 위대한 철학자에게서도, 플라톤부터 하이데거까지 그 누구의 편에서도, 이른바 동물의 문제, 그리고 동물과 인간 사이의 경계 문제가 철학적으로, 그 자체로 제기되지 않았다"고.[51] 여기서 '그 자체로'라는 문구는 결정적으로 중요한데, 한국어판에는 누락되었지만 프랑스어판과 영어판에는 '철학적으로'라는 문구와 함께 이탤릭체로 강조되어 있다.

우리는 데리다와 유사하지만 조금은 다른 맥락에서 이렇게 말할 수 있을 것이다. (데리다 자신을 포함한) '어떤 위대한 철학자에게서도 이른바 장애인의 문제, 장애인과 비장애인 사이의 경계 문제가 철학적으로, 그 자체로 제기되지 않았다'고. 여기서도 '그 자체로'라는 문구는 결정적으로 중요하며, 특히 계몽주의 및 사회계약론과 관련해 그러하다. 장애인이라는 범주는

---

50 학술대회에서는 이 글만이 강연 원고로 발표되었으며, 이후 이 원고는 후속 원고들과 함께 그의 동료 마리-루즈 마레의 편집으로 1999년 《자전적 동물》에, 2006년 《그러므로 나인 동물》에 다시 한 번 포함되어 출간되었다.

51 자크 데리다, 〈동물, 그러니까 나인 동물(계속)〉, 최성희·문성원 옮김, 《문화과학》 76호, 문화과학사, 2013년 겨울, 352~353, 362쪽[Jacques Derrida, "L'animal que donc je suis (à suivre)", ed. Marie-Louise Mallet, *L'animal que donc je suis*, Galilée, 2006, p.57, 64(영어판: trans. David Wills, *The Animal That Therefore I Am*, Fordham University Press, 2008, p.34, 40)].

근대가 태동하기 시작한 이후 '발명'되었으며, 따라서 장애란 무엇이며 누가 장애인인가, 장애인이라는 범주는 어떻게 정의될 수 있는가—정의한다define는 것은 끝finis, 즉 경계를 그리는 일이다—라는 질문은 통치의 목적에서든 비판적 동기에서든 지속적으로 제기되어왔다. 그러나 근대 철학에서 장애인(특히 인지장애인)은 인간이라는 철학적 주체와 인간 사회를 성립시키기 위한 '타자'이면서 동시에 '도구-경계'로서만 등장한다.

다시 말하면 근대 이후의 철학에서 장애인이라는 존재는 구성적 외부constitutive outside—내부를 구성하기 위해 배제된 외부, 혹은 외부로서만 포섭된 내부—로서만 다루어질 뿐 '그 자체로' 다루어지지 않는 것은 물론이거니와, 장애인과 비장애인을 가르는 경계 문제는 이미 자명한 것으로서 혹은 수단으로서만 다루어질 뿐 '그 자체로' 다루어지지 않는다. 오히려 장애인이라는 존재가 '그 자체로' 인격체와 비인격체를 가르는 일종의 경계가 된다. 즉 장애인은 (도덕적으로) 인간의 편에서 멀어지고 (생물학적으로) 동물의 편에 속하지도 않으면서 하나의 선으로 압축되고 사실상 비가시화된다. 동성애자나 트랜스젠더 등의 성소수자들도 장애인과 유사한 위상을 지닌다고 말할 수 있는데, 그들 역시 인간(=이성애자)의 구성적 외부인 동시에 남성도 여성도 아닌 하나의 선으로 압축되면서 비가시화되기 때문이다. 바로 이런 맥락에서 장애인과 성소수자는 정확히 이중적 의미로서의 비체abject—타자의 세계로 추방된 비천한 존재[卑體]인 동시에 세계성 자체가 소실된 존재[非體]—가 된다.

프로비던스칼리지Providence College의 철학과 교수인 리시아 칼슨은 자신의 저서 《지적장애의 얼굴들The Faces of Intellectual Disability》의 서문에 '철학자의 악몽'이라는 의미심장한 제목을 붙였다. 그리고 지적장애는 "철학자에게 최악의 악몽philosopher's worst nightmare"이라고 썼다.[52] 왜일까? 외부도 내부도 아닌 '구성적 외부'가 진정한 내부가 되는 순간, 혹은 일차원적인 선으로 존재하던 '경계'가 확장되어 넓이(자신의 영토)와 공간(주체적 세계성)을 획득하는 순간, 기존 철학 담론의 토대는 해체[탈구축] déconstruction되고 말 것이며 그것이 떠받치고 있던 인간계의 질서까지 흔들리게 될 것이므로. 따라서 데리다가 "경계를 지우는 것이 아니라, 경계의 형상을 증식"시키는 것, "말하자면 선을 증가시키고 증식시킴으로써 그 선을 복잡하게 하고 두껍게 하고 비선형화"하는 것이 관건이자 자신의 주제라고 말했을 때,[53] 의도하지는 않았겠지만 그가 취한 입장은 장애인(이나 성소수자)의 문제와 긴밀히 연관된다고 할 수 있다. 그리고 이러한 작업이 성공한다면, 칼슨이 말했던 악몽이란 지배적 질서의 수호자들과 담지자들이 꾸게 될 기나긴 혁명 '전야'의 악몽이 될 수도 있을 것이다. 그 밤이 언제 끝날지 지금으로서는 누구도 알 수 없으며, 끝나기는 할 것인지조차 장담할 수 없겠지만 말이다.

---

[52] Licia Carlson, *The Faces of Intellectual Disability*, Indiana University Press, 2010, p.4.
[53] 자크 데리다, 〈동물, 그러니까 나인 동물(계속)〉, 345쪽[Derrida, "L'animal que donc je suis (à suivre)", p.51(영어판 p.29)].

5 장

장애인에게 정의란 무엇인가

장애 정치의 시선으로 프레이저의 정의론 읽기

"우리는 질문을 바꿔야 한다.
'인간은 왜 존엄한 존재인가?'가 아니라,
'어떤 사회적 관계와 조건 속에서
인간은 존엄해질 수 있는가?'라고."

지난 2010년 마이클 샌델의《정의란 무엇인가Justice: What's The Right Thing To Do?》(2009)라는 책이 번역 출판되면서 한국 사회에 한동안 정의 열풍이 불었다. 잘 알려져 있다시피 샌델은 자유주의 정치철학의 대가인 존 롤스의《정의론A Theory of Justice》(1971)을 비판한《자유주의와 정의의 한계Liberalism and the Limits of Justice》(1982)를 통해 학자로서의 명성을 얻었고, 자신이 재직하는 하버드대학교에서 오랫동안 진행해온 '정의' 강의로 대중적인 인기 또한 얻었다.《정의란 무엇인가》는 바로 그 강의 내용에 바탕을 둔 책으로, 인문서로는 드물게 베스트셀러 1위 자리를 오랫동안 지키며 밀리언셀러의 반열에 올랐다. 그의 정의론을 반박하거나 비판적으로 성찰하는 책들이 잇달아 출간되기도 했으며, 출간된 지 꽤 오랜 시간이 지난 지금까지도 주요 인터넷서점 인문·사회과학 분야의 베스트셀러 목록에 이름을 올리고 있다. 샌델의 논변에 대한 동의 여부를 떠나 그의 책이 많은 관심을 받은 것은 대중들이 이 사회가 정의롭지 못하다고 느꼈기 때문이었을 것이다. 1,000명의 시민들을 대상으로 실시된 한 여론조사에서 "대한민국이 정의로운 국가라고 생각하십니까?"라는 질문에 '그렇다'고 응답한 비율이 단 5퍼센트에 그쳤으니 말이다. 과반수가 넘는 59퍼센트는 '그렇지 않다'고 응답했다.[1]

그러나 똑같이 2010년에 번역 출간되었고, 샌델과 마찬가지로 정의 문제를 다루었음에도 대중적으로 주목받지 못한 책이 있다. 바로 낸시 프레이저의 《지구화 시대의 정의Scales of Justice: Reimagining Political Space in a Globalizing World》(2008)[2]다. 미국 진보 담론의 산실이라 할 수 있는 뉴욕 뉴스쿨New School for Social Research 교수인 프레이저는 페미니스트 정치철학자이자 비판이론가이다. '비판이론critical theory'이라는 고유한 흐름을 형성한 독일 프랑크푸르트학파의 3세대를 대표하는 악셀 호네트와 2003년 공동 출간한 《분배냐, 인정이냐?: 정치철학적 논쟁Redistribution or Recognition?: A Political-philosophical Exchange》[3]은 정의론에 대한 현대의 기념비적인 논쟁으로 평가받고 있기도 하다.

이 장에서는 프레이저의 주요 저서 및 논문을 바탕으로 그

1   성해윤, 〈우리가 유독 '정의란 무엇인가'에 열광한 이유〉, 2013. 1. 2. Ahnlab 보안세상 웹사이트(http://blogsabo.ahnlab.com)
2   낸시 프레이저, 《지구화 시대의 정의》, 김원식 옮김, 그린비, 2010. 이 책의 원서 제목에서 'Scale'은 '균형'과 '범위'라는 이중적 의미를 담고 있다.
3   낸시 프레이저·악셀 호네트, 《분배냐, 인정이냐?: 정치철학적 논쟁》, 김원식·문성훈 옮김, 사월의책, 2014.

녀의 정의론을 살펴보고자 한다. 좀 더 구체적으로는 프레이저의 정의론이 장애학 내에서 이어져온 사회적 생성주의 모델과 사회적 구성주의 모델의 대립, 정체성 정치identity politics가 갖는 한계, 장애의 정의定義에서 '참여'가 갖는 구체적 내용과 의미, '을 이하의 인간'으로서의 인지장애인people with cognitive disabilities이 겪는 정치적 부정의의 문제를 논하는 데 어떤 통찰을 제공하는지 이야기해볼 것이다.

1

우리에게는 '분배'와 '인정'
양자가 필요하다

사회적 생성주의 모델 vs 사회적 구성주의 모델

1980년대에 장애학은 일정한 고유성을 지닌 학제적 학문으로 발전한다. 바로 그 장애학의 개척자들은 자신들의 입장을 '사회적 장애 모델'로 명명하고, 기존의 장애 담론들을 '개별적 장애 모델'로 규정했다. 거칠게 말하면, 장애를 개인의 손상이나 비극의 문제로 다루어온 주류 사회의 논의를 비판하면서, 장애란 사회적 환경과 구조의 문제이기 때문에 사회적 억압이라는 차원에서 다루어야 한다고 주장한 것이다. 개별적 장애 모델 대對 사회적 장애 모델이라는 구분법이 여전히 장애이론 내에서 가장 일반적이지만, 장애학이 점차 발전하면서 좀 더 복잡한 이론적 지형이 형성되었다. 빅터 핀켈스타인, 마이클 올리버, 콜린 반스, 렌 바턴 등 사회적 장애 모델의 성립과 발전을 주도한 장애학자들은 대체적으로 자본주의적 생산양식과 경제적 구조에 강조점을 두고 장애 문제를 분석했다. 호주의 지리학자인 브렌던 글리슨 또한 자본주의 체제의 경제적 구조와 장애 사이의 밀접한 연관성에 초점을 맞췄다.[4] 그러나 다른 한편에서는 사회적 장애 모델이 경제적인 문제에만 집중한 나머지 장애 및 장애차별주의가 형성되는 데 문화가 지닌 중요성은 경시했다는 비판이 제기되었다.

톰 셰익스피어와 메어리언 코커는 이런 비판의 선두에 섰던 대표적인 장애학자이다. 셰익스피어는 경제결정론적 관점을 지닌 사회적 장애 모델이 문화와 의미meaning의 영역에 어떤 해석의 여지나 자율성을 거의 부여하지 않는다고 말한다.[5] 코커는 사회적 장애 모델이 견지하는 유물론에서는 인간의 행위주체성agency이 들어설 자리가 없으며 담론은 사회구조의 부수적 효과로 간주되기 때문에, 개별 인간의 행위 및 담론 양자가 사회의 변화를 위한 초점에서 배제되어 있다고 비판한다.[6] 이러한 이론적 지형을 분석하기 위해 개별적 장애 모델 대 사회적 장애 모델이라는 이분법적 구분을 4중의 유형학으로 재분류한 마

---

4   Brendan Gleeson, "Disability Studies: A Historical Materialist View", *Disability and Society* 12(2), 1997, pp.179-202; Brendan Gleeson, Geographies of disability, Routledge, 1999.

5   Tom Shakespeare, "Cultural Representation of Disabled People: Dustbins of Disavowal?", eds. Len Barton and Michael Oliver, *Disability Studies: Past, Present and Future*, Disability Press, 1997, p.224.

6   Mairian Corker, *Deaf and Disabled, or Deafness Disabled?*, Open University Press, 1998, p.39.

	유물론적(materialist)	관념론적(idealist)
개별적 (Individual)	**입장 1. 개별적 유물론 모델** (Individual materialist model) • 장애는 물질적 개인(=몸)의 기능에 작용하는 생물학적 조건에 의한 신체적 산물. • 분석 단위: 손상된 육체.	**입장 2. 개별적 관념론 모델** (Individual idealist model) • 장애는 정체성의 형성과 사회적 역할의 협상에 참여하는 임의적 개인(장애인과 비장애인)의 산물. • 분석 단위: 신념과 정체성.
사회적 (Social)	**입장 3. 사회적 생성주의 모델** (Social creationist model) • 장애는 특정한 역사적 맥락 내에서 발전하는 사회경제적 관계에 의한 물질적 산물. • 분석 단위: 장애를 만드는 사회적 장벽과 물질적 권력관계.	**입장 4. 사회적 구성주의 모델** (Social constructionist model) • 장애는 특정한 문화적 맥락 내에서 사회의 발전에 의한 관념적 산물. • 분석 단위: 문화적 가치와 표상.

크 프리스틀리는 전통적인 사회적 모델을 사회적 생성주의 모델로, 그리고 문화를 강조하는 입장의 사회적 모델을 사회적 구성주의 모델로 지칭한다.

　사회적 구성주의 모델론자인 셰익스피어와 코커는 장애이론에 탈근대주의 담론을 적극적으로 도입하고자 하며,[8] 장애의 근원이 자본주의의 생산관계들 내에 있다고 보는 역사유물론자들의 관점을 잘못된 근대주의적 사고라며 비판한다. 또한 근

7　Mark Priestley, "Construction and Creation: Idealism, Materialism and Disability", *Disability and Society* 13(1), 1998, p.78.
8　Mairian Corker and Tom Shakespeare, "Mapping in the Terrain", eds. Mairian Corker and Tom Shakespeare, *Disability/Postmodernity: Embodying Disability Theory*, Continuum, 2002, pp.1-17.

대주의의 특질인 이원론적 사고에서는 육체와 정신이 분리되는 것과 마찬가지로 경제적인 것과 문화적인 것이 분리되는데, 이러한 이분법적 분리를 넘어서야만 한다고 주장한다. 그들은 다른 모든 사회현상과 마찬가지로 손상과 장애 역시 문화적 개념 및 관습을 매개로 구성된다고 파악한다. 자신과 관련된 개념 및 의미로부터 독립적인 '실재'란 존재하지 않는다는 것이다. 반대로 사회적 생성주의 모델론자들은 장애차별주의가 형성되는 데 문화적이고 이데올로기적인 힘들이 작용한다는 것을 인정하지만, 여기에 최우선의 결정적인 중요성을 부여하는 것은 본말이 전도된 것이라고 여긴다. 특히 반스는 사회적 구성주의 모델론자들이 장애 같은 차이의 문제를 "사고의 과정들thought processes의 수준으로 환원해버림으로써 …… 경제적·사회적 고려들에서 다른 곳으로 주의를 돌리게 만든다"고 비판한다.[9]

　장애라는 현상과 경제 및 문화의 관련성은 언뜻 그렇게까지 격렬히 대립할 쟁점은 아닌 듯 보이기도 한다. 상식적인 수준에서 생각하면, 양자 모두 관련이 있고 영향을 미치기 때문이다. 그러나 사회적 생성주의 모델론자들과 사회적 구성주의 모델론자들의 논쟁은 둘 중 무엇이 더 강조되어야 하는지를 넘어, 문제의 '소재지'가 어디인지를 묻는다. 즉 이는 장애와 장애차별주의가 형성되는 데 경제와 문화가 몇 대 몇의 비율로 영

9　Colin Barnes, "Theories of Disability and the Origins of the Oppression of Disabled People in Western Society", ed. Len Barton, *Disability and Society: Emerging Issues and Insights*, Longman, 1996, p.49.

향을 미치는지를 따지는 차원의 문제가 아니다. 문화의 영향력이 인정되더라도 그것이 정치경제학적 근원을 갖는다면, 경제적 영역에 선차성이 주어지거나 문화적 실천 역시 경제적 영역과 연동해 이루어질 수밖에 없다. 반면 문화적 실천을 통해 사람들의 사고방식과 관점이 바뀌고 이를 통해 경제적 행동 패턴도 변할 수 있다면, 실천의 역량 역시 문화적 영역에 집중되어야 한다. 사회적 생성주의 모델론자들과 사회적 구성주의 모델론자들 모두가 환원주의를 기각하면서 상대방에게 환원주의의 혐의를 제기하는 이유를 이런 맥락에서 이해해볼 수 있을 것이다.[10]

경제적·문화적 환원주의를 넘어

프레이저의 정의론이 장애학에 통찰을 제공하는 첫 번째 지점은 바로 여기, 즉 포괄적인 의미에서의 사회적 모델 내에서 이어져온 경제중심주의(사회적 생성주의 모델)와 문화중심주의(사회적 구성주의 모델) 간의 대립이라는 문제이다. 왜냐하면 프레이저가 2005년 이전에 제시한 정의론의 핵심이 경제적 '분배 redistribution'[11]와 문화적 '인정recognition' 양자를 '서로 밀접하게 연관되어 있지만 동시에 어느 한쪽으로 환원될 수 없는' 독자적인

---

10   김도현,《장애학 함께 읽기》, 그린비, 2009, 121~123쪽.

영역으로 보는 분배-인정 이원론dualism의 관점이기 때문이다. 그녀는 이러한 이차원적 정의론을 1996년 스탠퍼드대학교에서 행한 태너 강연Tanner Lectures 원고 〈정체성 정치 시대의 사회정의: 분배, 인정, 참여〉에서 집약적으로 설명한 바 있다.[12]

프레이저는 정체성 정치가 부상하면서 기존의 사회정의 담론이 한편으로는 분배에 대한 요구들로, 다른 한편으로는 인정에 대한 요구들로 갈라지고 있다고 분석한다. 또한 케인스주의적 복지국가의 해체, 현실 사회주의 체제의 종언, 신자유주의 이데올로기의 확산, 인문사회과학 영역에서 탈근대주의 담론의 부상 및 소위 '문화적 전환cultural turn'과 더불어, 인정에 대한 요구가 분배에 대한 요구를 '대체displacement'하면서 점차 지배적인 지위를 차지하는 경향이 있다고 지적한다. 국내적으로는 물론 전 지구적으로 물질적 불평등이 증대하고 있는 신자유주의 시대에 이러한 문화주의적 대체가 발생하는 것은 그녀가 보기에 하나의 역설이다. 그리고 부정의의 원인으로서 경제적 구조가

11　영어 'redistribution'[독일어 'Umverteilung']의 사전적 의미는 '재분배'이다. 재분배라는 표현은 시장에서 '자유로운' 분배가 이루어진다는 것을 전제하며, 이 일차적 분배를 국가가 '강제로' 개입해 이차적으로 분배한다는 함의를 갖는다. 하지만 프레이저와 호네트 모두 이런 이분법적 구별을 받아들이지 않으며 양자를 아우르는 개념으로 'redistribution[Umverteilung]'을 사용하기 때문에, 일차적 분배와 이차적 분배를 포괄한다는 측면에서 '분배'라고 옮기는 것이 적절하다고 할 수 있다. 이에 대한 좀 더 자세한 설명은 낸시 프레이저·악셀 호네트, 《분배냐, 인정이냐?》, 15쪽, 옮긴이 주를 참조하라.

12　이 원고는 1998년에 다음의 문헌으로 공식 출간되었다. Nancy Fraser, "Social Justice in the Age of Identity Politics: Redistribution, Recognition and Participation", ed. Grethe B. Peterson, *The Tanner Lectures on Human Values* vol. 19, Utah University Press, 1998, pp.1-67. 이후 이 글은 다시 《분배냐, 인정이냐?》에 수정·확장된 형태로 재수록되었다.

갖는 중요성이 이처럼 경시되는 것은 매우 문제적인데, 왜냐하면 그것이 "경제적 불평등을 실제로 촉진할 수도 있기" 때문이다.[13] 여기서 우리는 사회적 구성주의 모델론자들에 대한 반스의 비판—경제적·사회적 고려들에서 다른 곳으로 주의를 돌리게 만든다—과 정확히 동일한 문제의식을 발견하게 된다. 그러나 그녀는 경제적 분배 문제를 강조하는 것에 그치지 않고, 분배와 인정 양자를 아우르는 매우 정교한 분석적 도식을 발전시킨다.[14]

프레이저에 따르면, 계급 차별, 동성애 차별, 젠더 차별 등 상이한 유형의 사회적 차별들을 일종의 '이념형ideal type'적인 개념적 스펙트럼상에 놓을 때, 노동자계급(착취당하는 계급)에 대한 차별의 근원은 '경제적 구조' 내에 존재하는 것으로, 동성애(경멸받는 섹슈얼리티)에 대한 차별의 근원은 '문화적 인정질서' 내에 존재하는 것으로 간주될 수 있다. 따라서 착취당하는 계급이라는 이념형에 근접한 사회집단들을 다루는 경우 우리는 분배와 관련된 부정의에 직면하게 되며, 여기서 필요한 것은 물질적 자원의 평등한 분배를 가능하게 하는 분배 정치이다. 반면 경멸받는 섹슈얼리타라는 이념형에 근접한 사회집단들을 다루는 경우 우리는 무시無視와 관련된 부정의에 직면하게 되며, 여기서

---

13 Nancy Fraser, "Rethinking Recognition: Overcoming Displacement and Reification in Cultural Politics", *New Left Review* 3, 2000, p.108.

14 낸시 프레이저, 〈정체성 정치 시대의 사회정의: 분배, 인정, 참여〉, 낸시 프레이저·악셀 호네트, 《분배냐, 인정이냐?》, 38~54쪽.

필요한 것은 문화적 인정을 가능하게 하는 인정 정치가 된다.

그러나 이 개념적 스펙트럼의 양 극에서 중간 지점으로 이동하면, 우리는 착취당하는 계급의 특징들과 경멸받는 섹슈얼리티의 특징들이 결합된 어떤 혼성적 차별의 형태와 마주하게 된다. 프레이저는 이런 차별들을 '이가적bivalent' 혹은 '이차원적two-dimensional'이라고 부른다. 이차원적으로 종속된 집단들은 불평등한 분배와 무시 모두로 인해 고통받는다. 그녀는 "여기서는 이러한 부정의들 중 그 어느 것도 다른 부정의의 간접적 결과가 아니며, 오히려 두 부정의들 모두가 근본적으로 동등한 독자성을 가지고 있는 것들"이라고 말한다.[15] 프레이저가 이차원적인 사회적 차별의 대표적인 예로 논하고 있는 것은 (인종과) 젠더다. 임금을 받는 생산 노동과 무임금의 출산 및 가사 노동 사이의 기본적 구별 구조, 생산 노동 내에도 존재하는 고임금의 안정적인 중심부 노동과 저임금의 불안정한 주변부 노동 사이의 구별 구조를 젠더가 결정할 뿐만 아니라(경제적 분배의 차원), 남성성과 연결된 특징들에 특권을 부여하는 반면 여성적인 것으로 코드화되는 모든 것들을 평가절하하는 '남성중심주의'적인 문화적 인정질서가 광범위한 사회적 상호작용의 틀을 결정하기(문화적 인정의 차원) 때문이다.

여기서 우리는 장애 역시 젠더와 유사한 위상을 갖는 이차

15　낸시 프레이저, 〈정체성 정치 시대의 사회정의〉, 43쪽. 단 '불의injustice'는 '부정의'로 바꾸어 옮겼으며, 이후 모든 인용문에서도 동일하다.

원적인 차별임을 논할 수 있다. 자본주의 체제의 성립과 동시에 '일할 수 있는 몸the able-bodied'과 '일할 수 없는 몸the disable-bodied'을 구별하고 후자를 노동력 시장에서 배제하는 과정에서 '장애인'이라는 범주가 발생했을 뿐만 아니라(경제적 분배의 차원),[16] 정상성normality과 연결된 특징들에 특권을 부여하는 반면 비정상적인 것으로 코드화된 모든 것들을 평가절하하는 '비장애중심주의ableism'적인 문화적 인정질서가 광범위한 사회적 상호작용의 틀을 결정하기(문화적 인정의 차원) 때문이다.

그렇다면 노동자계급이나 동성애자 같이 일차원적 차별로 인해 억압받는 집단과 여성, 유색인종, 장애인 같이 이차원적 차별에 의해 억압받는 집단을 구별하고 그에 맞는 정치를 각각 전개하면 되는 것일까? 프레이저는 여기서 즉각적으로 일종의 재정정을 시도한다. 자신이 "방법론적 목적으로 도입했던 경제주의적 이념형은 현실 세계가 가지고 있는 모종의 중요한 복합성을 은폐하고" 있으며, "계급과 관련된 부정의를 유발하는 궁극적 원인이 자본주의 사회의 경제구조에 있다는 것은 분명"하지만, "결과적으로 나타나는 피해들은 불평등한 분배뿐 아니라 무시도 포함"한다는 것이다. 또한 경제구조의 부산물로 발생하는 문화적 불인정에 의한 피해들은 "독자적인 경로를 따라 전개"되면서 "독자적인 대책들을 요구할 정도로 충분히 자율성을 가지고 기능"하게 된다고 말한다.[17] 이러한 설명은 방법론적

---

16   이에 대해서는 7장에서 좀 더 자세히 다룬다.

목적에서 도입한 문화주의적 이념형에 해당하는 차별, 즉 동성애에 대한 차별에도 똑같이 적용된다. '이념ideal'형은 말 그대로 일정 정도의 '관념'적인 성격을 내포할 수밖에 없으며, 현실은 그렇게 굴러가지 않는다는 것이다. 그녀는 다음과 같이 결론 내린다.

> 결국 실천적인 목적을 고려할 때 종속subordination과 관련된 거의 모든 현실적 축들은 이차원적인 것으로 간주될 수 있다. 거의 모든 종속들은 불평등 분배와 무시 모두를 포함하고 있으며, 여기서 각각의 부정의들은 그 궁극적 원인이 무엇이든지 간에 각각 어느 정도 독립적인 중요성을 가지고 있다. 물론 모든 종속의 축들이 동일한 방식으로 이차원적인 것은 아니며 또한 같은 정도로 이차원적인 것도 아니다. 계급과 같은 몇몇 종속들은 스펙트럼상에서 분배 쪽으로 보다 기울어 있다. 또한 젠더나 '인종'과 같은 또 다른 사례들은 중앙 부근에 밀집해 있다. 경제적 불이익과 신분적 종속의 정확한 비율은 모든 경우 경험적으로 결정될 수밖에 없다.[18]

위의 인용문에서 '신분[지위]status'이란 베버주의적 기원을 갖는 것으로 '사회문화적 상호작용에서 어떤 개인이 갖는 위

---

17   낸시 프레이저, 〈정체성 정치 시대의 사회정의〉, 49~50쪽.
18   낸시 프레이저, 〈정체성 정치 시대의 사회정의〉, 53쪽.

치'로 이해될 수 있으며,[19] '경험적'이라는 말에는 '상황적' 내지 '정세적'이라는 의미를 덧붙여도 좋을 것이다. 그리고 사회적 차별과 부정의에 대한 이차원적 접근의 필요성은 "우리가 종속의 축들을 단일한 것으로 사유하기를 멈추고 그 축들을 종합적으로 고려하기 시작하자마자" 더욱 증대된다.[20] 즉 계급, 성적 지향, 젠더, 인종, 장애라는 차별과 분할의 축들은 '이념형적으로는' 분리되어 분석될 수 있지만 '현실적으로는' 서로 영향을 미치는 방식으로 교차하고 있을 뿐만 아니라, 그 어떤 개인도 이런 집단들 중 오직 하나에만 속하는 경우는 있을 수 없다.[21] 예컨대 레즈비언 노동자인 어떤 개인은 이념형적인 차원에서만 보더라도 분배와 인정 모두를 필요로 하며, 종속의 축들에 대한 종합적인 고려 속에서는 현실의 모든 개인들이 분배와 인정의 요구들이 통합된 이차원적 접근을 필요로 한다. 조금 다른 맥락에서이긴 하지만, 인류학자 김현경 역시 '경제적' 구조와 '문화적' 상호작용 질서가 현실에서는 일종의 씨줄과 날줄로서 결합되어 나타난다는 점을 강조한다.

신자유주의의 모순은 상호작용 질서의 차원에서 (즉 상징적으로)

19　막스 베버는 사회적 불평등이 경제적 요인뿐 아니라 다른 요인들에 의해서도 생겨날 수 있다고 보았다. 이에 따라 다원론적 입장에서 불평등을 크게 세 가지 차원, 즉 경제적, 사회문화적, 정치적 차원에서 파악했으며, 경제적 차원은 '계급class'으로, 사회문화적 차원은 '지위집단status group'으로, 정치적 차원은 '파당party'의 개념으로 파악해 설명한다.

20　낸시 프레이저, 〈정체성 정치 시대의 사회정의〉, 54쪽.

모든 인간의 존엄성을 주장하면서, 구조의 차원에서 사람들에게서 자신의 존엄을 지킬 수단을 빼앗는다는 것이다. …… 굴욕에 대한 고찰은 그러므로 구조와 상호작용 질서의 관계에 대한 질문을 제기한다. …… 구조와 상호작용 질서는 개념적으로 구별될 뿐, 현실에서는 결합되어 나타난다.[22]

결국 장애는 이념형적인 수준에서 보더라도 혼성적 성격을 지닌 이차원적 차별일 뿐만 아니라, 장애라는 단 하나의 요소 내지 정체성으로 환원되는 개인은 현실에 존재할 수 없다. 장애인은 장애인이면서 동시에 노동자계급이기도 하고, 여성이기도 하고, 동성애자이기도 하며, 인종적 소수자이기도 하기 때문이다. 따라서 장애 정치에 요구되는 정의론 역시 당연히 사회적 생성주의 모델이 집중하는 경제적 분배와 사회적 구성주의 모델이 집중하는 문화적 인정 양자를 비환원론적인 방식으로

21　이러한 분석은 프레이저가 교차성 이론theory of intersectionality 내지 교차성 페미니즘intersectional feminism의 관점을 받아들이고 있음을 보여준다. 교차성 이론은 미국의 흑인 페미니스트이자 비판법학자인 킴벌리 크렌쇼가 1989년 발표한 논문에서 처음 체계화되었다. '여성'은 공통적인 억압을 경험하는 단일하고 통합된 집단이라고 볼 수 없으며, 젠더, 인종, 계급, 성적 지향, 장애 등의 영역에 존재하는 여러 억압 메커니즘은 단독으로 작동하지 않고 서로 교차하면서 함께 작동한다는 것이 핵심이다. 좀 더 자세한 내용은 Kimberle Crenshaw, "Demarginalizing the Intersection of Race and Sex: A Black Feminist Critique of Antidiscrimination Doctrine, Feminist Theory and Antiracist Politics", *University of Chicago Legal Forum*, 1989; Kimberle Crenshaw, "Mapping the Margins: Intersectionality, Identity Politics and Violence against Women of Color", *Stanford Law Review* 43(6), 1991; 패트리샤 힐 콜린스, 《흑인 페미니즘 사상》, 박미선·주해연 옮김, 여성문화이론연구소, 2009를 보라.

22　김현경, 《사람, 장소, 환대》, 문학과지성사, 2015, 161~165쪽.

결합한 것이어야 한다.[23]

23 장애라는 현상을 바라보는 데 있어 프레이저의 이론틀 및 비판적 실재론에 근거해 비환원론 관점의 타당성을 주장하고 있는 글로는 Berth Danermark and Lotta Coniavitis Gellerstedt, "Social Justice: Redistribution and Recognition—A Non Reductionist Perspective on Disability", *Disability and Society* 19(4), 2004, pp.339–353을 보라.

2

정체성 모델을 어떻게 넘어설 것인가

지위 모델의 기본적 내용

정의 담론 내에서 분배 정치는 보통 계급 정치와 동일시되고, 인정 정치는 정체성 정치와 동일시된다. 정체성 정치는 다시 성적 지향, 젠더, 인종, 장애를 둘러싼 투쟁들과 동일시된다. 그러나 프레이저의 분배-인정 이원론의 관점에서 보면, 이러한 동일시는 하나의 왜곡이다. 왜냐하면 계급운동 내에도 문화적 인정 투쟁이 존재하며, 동성애자운동, 여성운동, 인종차별철폐운동, 장애인운동 내에도 분배적 정의를 위한 투쟁이 존재하기 때문이다. 특히 인정 정치를 정체성 정치와 동일시하는 것은 실제적으로는 상이하고 다양한 인정 요구들을 단 한 가지 형태의 인정 요구로, 즉 집단의 특수성에 대한 인정 요구로 축소한다는 점에서 문제가 있다.[24] 따라서 프레이저는 인정 정치의 '정체성 모델identity model'을 넘어서고자 하며, 대안적으로 '지위 모델status model'을 제출한다. '지위'란 앞서 언급했듯 베버주의적 기원을 갖는 것으로, 경제적 지위나 정치적 지위와는 구분되는 사회문화적 지위라는 점을 기억해둘 필요가 있다. 이 지위 모델에 대해 좀 더 살펴보자.

프레이저에게 무시의 대상이 된다는 것은 단지 타인에 의해 평가절하됨으로써 정체성의 손상이 발생하고 그로 인해 고통받게 된다는 사실을 의미하지 않는다. 오히려 그것은 '문화적 가치의 제도화된 패턴들institutionalized patterns of cultural values'[25]로 인해 누군가가 사회적 상호작용(사회생활)에 '동등한 존재peer'로서 참여할 수 없게 되는 것을 의미한다. 문화적 가치의 제도화된 패턴들이 행위자들을 다른 사람들과 동등한 존재로서 사회적 상호작용에 참여할 수 있게 만들 때 그들은 '상호인정'을 경험하며 '지위 평등'의 상태에 놓이게 된다. 반면 그런 패턴들이 어떤 행위자들을 열등하고 이질적이며 비가시적인 존재로 만든다면, 그래서 그들이 사회적 상호작용에 완전하게 참여할 수 없게 된다면, 그들은 '무시'를 경험하며 '지위 종속'의 상태에 놓인다.

결국 그녀에게 "인정을 필요로 하는 것은 집단 특정적인 group-specific 정체성이 아니라 사회적 상호작용의 완전한 참여자

---

24   낸시 프레이저, 〈정체성 정치 시대의 사회정의〉, 30~31쪽.
25   《지구화 시대의 정의》를 옮기고 《분배냐, 인정이냐?: 정치철학적 논쟁》를 함께 옮긴 김원식은 이 문구를 '제도화된 문화적 가치 유형들'로 옮겼다.

로서 개별적인 집단 성원들이 갖는 지위"다.[26] 그리고 인정 정치는 '참여 동등parity of participation'을 저해하는 문화적 가치의 제도화된 패턴들을 해체하고, 이를 동등한 존재로서 참여를 가능하게 하는 패턴들로 대체하는 것을 목표로 한다. 프레이저는 이를 인정의 지위 모델이라고 부른다. 그녀가 정체성 모델을 피하면서 이러한 지위 모델을 제안하는 이유는 무엇일까?

정체성 모델의 네 가지 한계

첫째, 정체성 모델은 가치다원주의라는 현대적 상황에서 인정 요구들을 보편적인 도덕적 구속력을 갖는 것으로 제시하기 어렵다. 호네트 같은 인정 이론가에게 정체성이란 '좋은 삶' 내지 '자아실현'을 가능하게 하는 긍정적 자기관계positive relation-to-self이다. 그런데 다원주의적 가치가 지배하는 상황에서는 좋은 삶이나 자아실현과 관련해 보편적으로 공유되는 단일한 이해 내지 공인된 이해방식이 존재할 수 없다. 즉 좋은 삶이 무엇인지를 정의하는 자유와 책임이 각각의 개인이나 집단들에게 존재하며, 여기서 어떤 보편적인 도덕적 규범을 확립하는 것은 불가능하다. 정의란 '옳음the right'의 문제이고 정확히 '도덕morality'의 영역에 속하지만, 자아실현은 '좋음the good'에 관한 문

---

26   Nancy Fraser, "Rethinking Recognition", p.113.

제이며 이는 도덕과는 구별되는 '윤리ethics'의 영역에 속하기 때문이다. 그러나 지위 모델은 좋음에 대한 이해에 호소하지 않으며, 오히려 좋음에 대한 상이한 생각들을 가지고 있는 사람들이 수용할 수 있고 또 수용해야만 하는 정의의 기준을 제시할 수 있다. 그것이 바로 참여 동등이라는 규범이다. 즉 지위 모델에서는 일정한 인정 요구가 집단들 사이에서나 집단 내부에서 어떤 개인의 참여 동등을 위해 필요한 것으로 입증되면, 모두가 수용해야 하는 요구로서 정당화될 수 있다.

둘째, 첫 번째 이유와 연결된 것으로서, 정체성 모델은 '잘못[문제]the wrong'을 일종의 심리학적 차원으로 만드는 경향을 지닌다. 즉 정체성 모델은 무시를 억압받는 사람들의 자의식 구조 내부에서 발생하는 '심리적 왜곡'이나, 억압하는 사람들의 마음속에 존재하는 '편견'으로 간주하는 경향을 나타낸다. 전자의 경우 문제의 해결책은 억압받는 사람들의 심리적 왜곡을 교정하는 것이 되는데, 이는 손쉽게 '희생자 비난하기blaming the victim'로 흐를 수 있다. 후자의 경우 해결책은 편견을 지닌 사람들의 신념을 단속하는 것이 되며, 이는 비자유주의적이고 권위적인 계몽적 접근을 함축하게 된다. 그러나 지위 모델은 그 '잘못'을 개인의 심리가 아니라 제도화된 사회적 관계들 내에 위치시킨다. 바로 이 점이 중요하다. 개입이 필요한 지점은 억압받는 자의 자의식이나 억압자의 편견이 아니라, "외부적으로 분명히 드러나고 공개적으로 입증할 수 있는, 어떤 사람의 완전한 사회 구성원으로서의 지위에 대한 방해물"인 것이다.[27] 따라서 지위 모델은 제도화된 사회적 관계들 내에서 개입의 초점을 찾고 해결책을 모색하게 된다. 그리고 그 해결책이란 앞서 언급했듯 참여 동등을 저해하는 문화적 가치의 제도화된 패턴들을 해체하고, 이를 동등한 존재로서 참여를 가능하게 하는 패턴들로 재구성하는 것이다.

셋째, 정체성 모델은 정체성의 '물화物化, reification'를 조장하는 경향을 피하기 어렵다. 무시를 정체성에 대한 평가절하로 해석하는 정체성 모델은 당연히 주어진 집단 정체성을 긍정하고 평가절상하는 것을 목표로 하는데, 이는 자칫 집단 정체성을 과도하게 본질화하면서 절대적이고 객관적인 무엇으로 상정하는 물화를 야기할 수 있다. 정체성의 이런 물화는 집단 내부의 차이와 지배를 은폐하면서 권위적·가부장적 공동체주의를 촉진하는 부작용을 초래할 수 있고, 분리주의와 집단의 고립화를 조장하기도 한다. 결정적으로는 부정의를 해결하기 위한 다양한 전략을 사고하지 못하게 함으로써 정치적 상상력과 실천을 폭을 제약한다. 프레이저는 부정의를 해결하기 위한 전략 일반을 '긍정affirmation' 전략과 '변혁transformation' 전략으로 구분한다. 긍정 전략이 부정의를 산출하는 사회의 근본 구조나 틀을 일단 수용한 상태에서 그 틀이 만들어내는 표층적 결과들을 교정하는 것을 목표로 한다면, 변혁 전략은 부정의를 산출하는 틀 자

---

27   Nancy Fraser, "Recognition without Ethics?", Theory, *Culture and Society* 18(2-3), 2001, p.27.

체를 재구조화함으로써 부당한 결과들을 바꾸는 것을 지향한다. 분배 정치의 관점에서 긍정 전략의 대표적 사례는 소득 이전을 통해 불평등한 분배를 치유하려고 하는 자유주의적 복지국가에서 발견되며, 변혁 전략의 고전적 사례로는 사회주의를 들 수 있다. 분배의 관점에서 이와 같은 긍정과 변혁의 구분은 매우 익숙한 것이다.

　그런데 프레이저는 무시에 대한 치유책을 성찰하는 데에도 이런 구분법을 적용한다. 인정의 관점에서 긍정 전략은 부당하게 평가절하된 집단 정체성들을 새롭게 평가함으로써 경멸을 제거하고자 하지만, 정체성의 내용들이나 그 내용들의 기초가 되는 집단의 구별 자체를 문제 삼지는 않는다. 여기서 집단의 차이는 제거의 대상이 아닌 축복할 만한 것으로 간주된다. 반면 변혁 전략에서 집단의 차이란 위계적인 가치평가 방식보다 앞서 존재하지 않으며, 그런 평가 방식과 동시에 형성된다. 다시 말해서 차이가 차별을 낳는 것이 아니라, 권력이 차이를 만들어낸다. 이런 맥락에서 보면, '장애인이기 때문에 차별받는 것이 아니라, 차별받기 때문에 장애인이 된다'는 명제에서 '장애인'이라는 기표記標가 지닌 기의記意도 근본적으로 달라진다. 즉 2장의 논의에서는 전자의 장애인이 'people with impairment'를 의미하고 후자의 장애인이 'disabled people[people with disability]'을 의미한다면, 여기서는 전자와 후자 모두 일차적으로 'people with impairment'를 의미하게 되고, 동시에 'impairment=disability'의 등식이 성립한다.[28] 즉

몸의 어떠한 차이가 손상으로 규정되는지의 문제 자체가 사회
문화적 담론 및 권력의 작용과 무관하지 않은 것이다.[29]

따라서 집단의 차이를 축복하는 것은 효과적이지 않으며,
오히려 현재의 차이들을 만들어내는 경계들을 해체해야 한다.
예컨대 동성애자운동에서 게이와 레즈비언의 섹슈얼리티를 새
롭게 평가하고자 하는 정체성 인정 전략이 긍정 전략에 해당
한다면, 이성애주의와 동성애주의 간의 이항 대립을 해체하고
자 하는 퀴어queer 정치 전략은 변혁 전략에 속한다. 장애 정치
의 경우 장애 자부심disability pride 운동[30] 전략이 긍정 전략이라
면, 비장애(인)/장애(인)라는 이항 대립적 범주를 해체하려는 전
략은 변혁 전략이라고 할 수 있다. 자립/의존의 이분법을 해체

---

28 주디스 버틀러는 자신의 주저 《젠더 트러블》에서 "언제나 이미 문화적 의미로 해석
되지 않은 몸에 기댈 수 있는 것은 아무것도 없다. 따라서 섹스는 담론 이전의 해부학적 사
실성[실재]으로 볼 수 없다. 사실 섹스는, 그 정의상, 지금까지 줄곧 젠더였다는 것이 밝혀
질 것이다"라고 말한다(주디스 버틀러, 《젠더 트러블》, 조현준 옮김, 문학동네, 2008, 99
쪽).

29 장애의 경우 이런 측면은 다양한 문화인류학적 연구들을 통해 확인된다. 예컨대 우
리 사회에서 발가락이 두 개뿐인 인간은 어떤 손상을 지녔다고 여겨지지만, 아프리카의 한
부족에서는 발가락이 두 개인 것과 발가락이 다섯 개인 것 사이에 특별한 차이가 있다고
인식하지 않는다. 마치 우리가 손가락이 좀 더 길고 짧은 것, 눈이 크고 작은 것을 특별한
차이로 인식하지 않는 것처럼 말이다. 또한 북미 나바호족Navajo 사회에서 현지 조사를 수
행한 데이비드 라빈에 따르면, 그곳에서는 선천성 골반 질환으로 인해 다리를 저는 사람이
많았지만 이런 신체적 상태에 대한 사회적 낙인이나 불이익이 존재하지 않았다. 따라서 그
들은 서구 현대의학이 제공하는 치료를 거부했다. 이와 같은 사례들은 도대체 무엇이 비정
상인지, 또는 무엇을 공인된 손상accredited impairments으로 볼 것인지 그 기준 자체가 고
정되어 있지 않다는 것을 드러낸다. 그러나 섹스와 젠더, 손상과 장애 양자 모두가 사회문
화적으로 구성된 것임을 인정한다 할지라도, '섹스=젠더', '손상=장애'의 등식이 성립할 수
있는지는 각 이론이 장착하고 있는 인식론과 연동하기에 지속적인 논쟁 대상이 되고 있다.

30 이에 대해서는 전지혜, 〈장애 정체감·자부심, 그리고 장애 문화의 가능성의 탐색〉,
조한진 편저, 《한국에서 장애학 하기》, 학지사, 2013을 참조하라.

하고자 하는 이 책 7장의 논의 역시 이러한 변혁 전략을 간접적이고 우회적인 방식으로 응용한 것이다.[31]

물론 프레이저가 긍정 전략과 변혁 전략 중 어느 한쪽만을 고집하는 것은 결코 아니다. 그녀가 여러 이유로 변혁 전략을 우위에 두고 있음은 분명하지만, 양자 모두 일정한 장단점을 지닌 것으로 평가하며, 긍정과 변혁의 구별도 절대적인 것이 아니라 맥락에 따라 달라질 수 있다고 본다. 또한 기존 구조와 틀 내에서 해석된 사람들의 욕구들 중 일부를 충족시켜주지만, 시간이 지나면서 훨씬 더 급진적인 개혁들이 실행될 수 있는 변화의 과정을 촉발하는 '비개혁주의적 개혁nonreformist reform'이라는 노선이 하나의 대안 전략이 될 수 있다고 본다.[32] 그러나 정체성 모델은 그 관점상 인정의 긍정 전략에 국한될 수밖에 없으며, 긍정, 변혁, 비개혁주의적 개혁이라는 다양한 전략들을 정세와 맥락에 따라 (민주적 토론을 통해) 선택하고 결정하기 어렵게 만든다.

---

31 프레이저의 이론틀과 비평 작업에 근거해 문화적 인정의 변혁 전략으로서 자립[자족/자활]의 해체와 상호의존의 가치화를 직접적으로 주장하는 글로는 Teodor Mladenov, "Disability and social justice", *Disability and Society* 31(9), 2016, pp.1226-1241을 보라.
32 '비개혁주의적 개혁' 노선은 《프롤레타리아여 안녕》(이현웅 옮김, 생각의나무, 2011)이라는 저서로 잘 알려진 앙드레 고르에게서 연유한다. 고르는 비개혁주의적 개혁을 구조 개혁이라고도 부르는데, 그에 따르면 이러한 개혁은 "현존 권력관계에 아무런 영향도 끼치지 않은 채 현 체제를 합리화해줄 뿐인 그런 개혁을 말하지 않는다. …… 구조 개혁이란 개혁을 요구하는 주체들 자신이 직접 수행하고 통제하는 개혁을 뜻한다. …… 구조 개혁은 **항상** 새로운 민주적 권력의 중심들을 만들어내야만 한다"(André Gorz, *Strategy for Labour: A Radical Proposal*, trans. Martin A. Nicolaus and Victoria Ortiz, Beacon Press, 1967, p.8, 강조는 저자). 프레이저가 분배 정치에서 비개혁주의적 개혁 전략의 한 예로 들고 있는 것이 바로 기본소득인데, 이 책 9장에서 논의하는 '공공시민노동' 역시 비개혁주의적 개혁의 성격을 띤다.

넷째, 프레이저는 정의를 실현하는 '방법'에서 성찰성에 기초한 '대화적 접근'을 추구하지만, 정체성 모델은 어떤 형태의 '독백적 접근'에 빠질 가능성이 높다. 대화적 접근은 다음과 같은 두 가지 형태의 관점을 거부한다. 하나는 인간의 번영을 위해 필요한 것이 무엇인지 결정할 수 있고 결정해야만 하는 주체는 전문가(전문적인 철학자)라는 권위주의적 관점이고, 다른 하나는 몇몇 정체성 정치의 옹호자들이 주장하는 일종의 대중추수주의적 관점이다. 정체성 정치를 옹호하는 이들은 인정받지 못한 주체들만이 인정받아야 하는 내용은 무엇인지, 그리고 그들이 적합하게 인정받는 방법은 무엇인지 결정할 수 있다고 주장하곤 한다. 한국 장애 정치의 강력한 흐름 중 하나인 '장애인 당사자주의'도 이런 경향을 띤다. 그러나 프레이저는 이 두 가지 관점이 정의의 요건들을 해석할 권위를 지닌 단일한 주체를 상정한다는 점에서 모두 독백적이라고 비판한다. 그리고 정의를 실현하는 방법에 대해서도 참여 동등이라는 원칙에 근거한 민주적 토의가 이루어져야 한다고 결론 내린다.[33] 그녀가 옹호하는 대화적 접근법은 니라 유발-데이비스가 제시한 '횡단의 정치'에서도 강조되는데, 횡단의 정치라는 관점에서 정체성 정치와 장애인 당사자주의가 어떤 한계를 갖는지는 6장에서 좀 더 자세히 다룰 것이다.

---

33   낸시 프레이저, 〈정체성 정치 시대의 사회정의〉, 82~84쪽.

3

장애인, 참여에서 배제당하는 자

장애의 정의에서 '참여'의 의미는 무엇인가

장애의 정의定義, definition는 장애학에서 가장 근본적이고도 지속적인 논쟁을 불러일으키는 주제 중 하나다. 장애를 어떤 관점에서 정의하느냐에 따라 장애 문제를 해결하기 위한 기본적인 대응 방식이 달라지기 때문이다. 그런 점에서 장애의 정의는 장애와 관련한 정의正義, justice에 밀접하게 연결된다. 현재 우리가 참조할 수 있는 장애의 정의에는 크게 두 가지가 있다. 하나는 '사회적 장애 모델'의 관점을 충실하게 반영하는, 분리에 저항하는 신체장애인 연합UPIAS이라는 영국 단체가 1976년에 《장애의 기본 원리들Fundamental Principles of Disability》에서 제시한 정의이다.

장애는 손상을 지닌 사람들에 대해 거의 또는 아무런 고려도

하지 않음으로써, 그들을 주류 사회활동의 참여에서 배제하는 당대의 사회조직에 의해 야기된 불이익이나 활동의 제한이다.[34]

또 다른 장애의 정의로는 세계보건기구WHO가 2001년에 최종적으로 공식화한 국제 기능·장애·건강 분류International Classification of Functioning, Disability and Health, ICF가 있다. WHO는 '의료적 장애 모델'의 관점을 충실히 반영한 1980년의 국제 손상·장애·핸디캡 분류ICIDH가 많은 비판에 직면하자 개정 작업을 시작해 1997년 새로운 정의를 담은 시험 1안Beta-1 Draft을 발표했다. ICIDH-2가 바로 그것이다. 이후 1999년의 시험 2안Beta-2 Draft을 거쳐 2001년 최종 버전을 발표했으며, WHO의 최고 의사결정 기구라고 할 수 있는 세계보건기구총회World Health Assembly는 이 정의가 국제적으로 통용될 수 있도록 공식 승인했다. 이것이 현재의 ICF로, 〈그림 1〉에서 그 내용을 간략히 파악할 수 있다.

기존의 ICIDH는 '손상 → 장애 → 핸디캡'이라는 3단계 인과 도식에 따라 손상이라는 생물학적 요인에 결정력을 부여했다. 그러나 ICF는 건강 이상이 신체 기능과 구조, 활동, 참여에 각각 영향을 끼치고, 이것이 상황적 요인(환경적 요인 및 개인적 요인)에 따라 변화할 뿐만 아니라 각 요소들이 일정하게 영향을

---

34 UPIAS, *Fundamental Principles of Disability*, Union of the Physically Impaired Against Segregation, 1976, p.14.

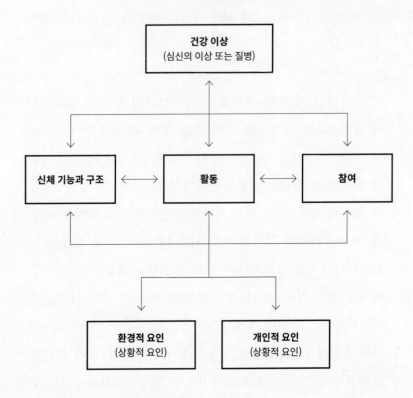

주고받는다고 설명한다. 즉 ICF에서는 장애화disablement—어떤 신체적·정신적 손상을 지닌 사람이 무언가를 할 수 없게 되는 것—가 개인의 건강 이상과 그 개인을 둘러싼 사회적·물리적 환경 사이의 상호작용으로 개념화된다. ICF가 '생물심리사회적

35   WHO, *ICF: International Classification of Functioning, Disability and Health*, World Health Organization, 2001, p.18.

biopsychosocial 장애 모델'이라고도 불리는 이유다.[36] 물론 ICF에 대한 평가는 논자에 따라 극명하게 갈리며 치열한 논쟁을 동반한다. 그러나 여기서 주목하고자 하는 것은 이러한 논쟁 자체라기보다는 사회적 장애 모델과 생물심리사회적 장애 모델 양자의 장애 정의에서 공히 등장하는 '참여'라는 단어 내지는 요소이다. 참여란 실질적으로 무엇을 말하는 것인가? 우리는 그것을 어떻게 이해해왔으며, 앞으로 어떻게 이해할 것인가? 프레이저의 정의론은 바로 이 지점에서, 즉 참여의 실체적 조건 및 내용과 관련해 장애 정치에 다시 한 번 유의미한 통찰을 제공한다.

참여의 실체적 조건과 내용

앞서 설명했듯 프레이저는 기본적으로 분배와 인정을 서로 밀접하게 연관되면서도 어느 한쪽으로 환원할 수 없는 것으로 바라보는 이차원적 정의관을 제시한다. 하지만 그녀에게는 이 두 가지 차원의 문제를 단일한 틀에서 통합적으로 다룰 수 있도록 해주는 규범적 원칙이 존재하는데, 그것이 바로 지위 모델에 대한 설명에서 여러 차례 언급된 '참여 동등'이다. 즉 그녀

---

36 Jerome E. Bickenbach, Somnath Chatterji, E. M. Badley and T. B. Üstün, "Models of Disablement, Universalism, and the International of Impairments, Disabilities and Handicaps", *Social Science and Medicine* 48, 1999, p.1183.

에게 정의란 모든 사회 구성원들이 다른 사람들과 동등한 존재로서 상호작용할 수 있는 사회적 상태를 요구하며, 이는 적어도 두 가지 전제 조건을 필요로 한다. 첫 번째로, 물질적 자원의 평등한 분배를 통해 모든 참여자의 자립independence과 발언권voice을 보장해야 하는데, 프레이저는 이를 참여 동등을 위한 '객관적 전제 조건objective precondition'이라고 부른다. 두 번째로 그녀는 문화적 가치의 제도화된 패턴이 모든 참여자가 평등하게 존중받을 수 있도록, 그리고 사회적 가치부여[사회적 존경]social esteem를 성취하기 위한 평등한 기회를 누릴 수 있도록 보장하는 것이 필요하다고 본다.[37] 이것이 참여 동등을 위한 '상호주관적 전제 조건intersubjective precondition'이다.[38] 그런데 프레이저는 이런 이차원적 정의관을 종합적인 형태로 제시하고 있는 〈정체성 정치 시대의 사회정의: 분배, 인정, 참여〉에서도 '경제적인 것(분배)'과 '문화적인 것(인정)'으로 환원되지 않는, 참여 동등을 가능하게 하기 위한 또 하나의 추가적인 전제 조건이 있을 수 있다고 여러 차례 언급한다. 그것이 바로 '정치적인 것'의 영역이다. 그리고 《뉴 레프트 리뷰New left Review》 36호(2005년 11·12월)에 최종본이 게재된 논문 〈지구화하는 세계에서 정의에 대한 새로운 틀의 설정Reframing Justice in a Globalizing World〉[39]에서 정치적인 것으로서

---

37 '존중'은 인간임[인격]personhood에 기초해 보편적으로 부과되는 것이기 때문에 그 자체로 평등하게 보장되어야 하지만, '가치부여[존경]'는 개개인의 업적과 기여에 기초를 두고 있기 때문에 평등한 '기회'의 차원에서 보장된다고 할 수 있다.

38 낸시 프레이저, 〈정체성 정치 시대의 사회정의〉, 71~72쪽.

의 '대표[대의/표현]representation'[40]라는 요소를 포함한 삼차원적 정의론(분배-인정-대표 삼원론)을 정식화했다.[41]

다시 정리해보면, 프레이저에게 정의란 그 자체로 곧 참여 동등이다. 즉 정의의 실현은 참여 동등의 실현과 다르지 않다. 참여 동등을 실현하기 위해서는 기본적으로 세 가지 조건을 충족시켜야 한다. 우선 경제적 영역에서 모든 사회 구성원들이 평등하게 물질적 자원을 '분배'받을 수 있어야 하고, 문화적 영역에서 모든 참여자들이 동등하게 사회적으로 상호작용할 수 있

---

39 이 논문은 그녀의 정의론에서 하나의 전환점을 형성하는 글이기에 《뉴 레프트 리뷰》 한국어판(길, 2009년 2월) 외에도 《지구화 시대의 정의》, 《불평등과 모욕을 넘어》(케빈 올슨 엮음, 낸시 프레이저 외, 이현재 외 옮김, 그린비, 2016), 《전진하는 페미니즘》(낸시 프레이저, 임옥희 옮김, 돌베개, 2017) 세 저서 모두에 실려 있다. 한 외국인 저자의 논문이 발간된 지 10년이 조금 넘는 기간에 총 4종의 번역본으로 국내에 소개된 셈인데, 이는 출판계에서도 매우 드문 사례에 해당한다.

40 이후의 내용에서도 드러나겠지만, 프레이저의 'representation' 개념은 대의제적 의미의 대표만을 의미하지 않으며, 직접적인 정치적 의사의 표현까지 포괄한다. 이런 이유로 옮긴이에 따라서는 'representation'을 '대의/표현'으로, 'misrepresentation'은 '대의부재/표현차단'으로 옮기기도 한다. 번역어 사용에 대한 좀 더 자세한 설명은 낸시 프레이저, 〈세계화되는 현실에서의 정의, 새로운 틀 구성〉, 이행남 옮김, 《뉴 레프트 리뷰》, 길, 2009, 442쪽, 옮긴이 주를 참조하라.

41 프레이저의 대표(정치적 영역), 분배(경제적 영역), 인정(문화적 영역)이라는 삼차원적 정의론은 발리바르가 제시한 정치의 세 개념인 해방(정치의 자율성의 영역), 변혁(정치의 조건인 경제 혹은 생산양식의 영역), 시민공존[시빌리테](정치의 조건의 조건인 이데올로기 혹은 주체화양식의 영역)과 견주어볼 만하다(정치의 세 개념에 대한 좀 더 자세한 내용은 에티엔 발리바르, 《대중들의 공포》, 최원·서관모 옮김, 도서출판b, 2007, 1부를 참조하라). 첫째, 두 이론가는 사회 변화라는 문제와 관련해 서로 환원될 수 없는 다차원적 영역을 상정한다는 점에서, 즉 강력한 반환원주의자라는 점에서 친화적이다. 둘째, 프레이저의 '인정'이라는 문제틀과 발리바르의 '시민공존'이라는 문제틀 모두 인종적·민족적·종교적 동일성[정체성]에 기초한 폭력의 문제를 주요한 의제로 제시하며, 이를 제어하기 위한 규범의 도입을 적극적으로 사고한다. 셋째, 정치적 실천에서 '대표'의 문제를 생략하거나 우회할 수 없다고 본다는 점, 즉 대표라는 개념을 대의민주주의뿐 아니라 민주주의 일반의 기본 요소 내지 상수로 설정한다는 측면에서도 양자의 입장은 상통한다.

는 지위를 '인정'받을 수 있어야 하며, 정치적 영역에서 모든 당사자들이 합당하게 '대표'될 수 있어야 한다. 이 조건들이 충족되지 못할 때 경제적 영역에서는 불평등한 분배maldistribution라는 부정의가, 문화적 영역에서는 무시misrecognition라는 부정의가, 정치적 영역에서는 대표불능[대의부재/표현차단]misrepresentation이라는 부정의가 각각 발생한다. 참여 동등이라는 규범적 원칙은 다시 세 가지 차원의 부정의들을 분리시키지 않고 공통의 척도를 통해 평가할 수 있도록 통약 가능성commensurability을 부여한다. 세 가지 부정의는 모두 참여 동등이라는 하나의 원칙을 파괴하기 때문이다.[42]

이처럼 참여 동등이라는 원칙은 한편으로 어떤 사회가 정의로운 상태에 있는지 평가할 수 있도록 한다는 점에서 결과와 관련된 개념outcome notion이다. 사회적 상태는 모든 사회적 행위자가 동등한 자격으로 사회생활에 참여하도록 허용하는 경우에만 비로소 정당하고 정의롭다. 다른 한편 참여 동등은 '대화적 접근법'에서 언급했듯, 정의의 내용과 방법을 토론하고 결정할 때 정당한 절차적 기준을 밝혀준다는 점에서 과정과 관련된 개념process notion이기도 하다. 정의의 내용과 방법은 관련 당사자들이 동등한 자격을 갖고 참여한 민주적 토론을 거치는 경우에만 정당하다.[43] 프레이저의 정의론이 근거하고 있는 이러한 참

42　넨시 프레이저,《지구화 시대의 정의》, 105~109쪽.

43　넨시 프레이저,《지구화 시대의 정의》, 57~58쪽.

여 동등이라는 규범적 원칙을 적극적으로 전유한다면, 우리는 장애의 정의에 포함된 '참여'라는 단어를 좀 더 입체적으로 재구성해 현실의 운동에 실질적으로 적용할 수 있을 것이다.

4

인권의 정치, 정의의 경계를 다시 묻다

인지장애인, 갑-을 관계의 장에서조차 배제되는 인간

한국 사회에서 '을乙'은 언제부턴가 힘없고, 돈 없고, 빽 없어서 서러움을 겪는 사람들, 자크 랑시에르의 표현을 빌리면 '몫 없는 이들'을 가리키는 일반명사이자 시사용어가 되었다. 을은 기본적으로 관계적인 용어다. 즉 을이라는 정치적 주체는 언제나 '갑甲'이라는 또 다른 정치적 주체와의 관계 속에서 성립된다. 그리고 이런 갑-을 관계는 단연 비대칭적이다. 을은 소수자, 못 가진 자, 약자, 횡포를 당하는 자로 '과소 인간'의 위상을 갖는다면, 갑은 다수자, 가진 자, 강자, 횡포를 가하는 자로 '과잉 인간'의 위상을 갖는다. 한편 우리가 일상생활에서 '갑과 을'이라는 용어를 가장 흔히 접하는 것은 계약서를 작성할 때이다. 다시 말해 갑-을 관계는 시장 체제인 자본주의 사회에서 무엇보다 계약 관계로서, 그리고 불평등한 권력관계가 투영된 부정의한 계약 관계로서 발현된다.

그런데 우리는 이와 같은 계약 관계 자체에서조차 배제되는 '을 이하의 인간'을 발견하게 된다. 예컨대 노동자들이 노동시장에서의 을이라면, 불법체류자 신분인 이주노동자들은 엄밀히 말해 을에도 미치지 못하는 존재라고 할 수 있다. 그렇다고 해서 그들이 재하청 관계에서 흔히 표현되는 '병丙'이나 '정丁'인 것도 아니다. 그들은 근로계약서 자체가 작성되지 않는, 그래서 갑-을 관계라는 장場 내에 일종의 유령처럼 존재하는 을 이하의 인간이다. 과도한 임대료 인상이나 일방적인 계약 해지 등 건물주의 횡포로 고통받는 임차상인들이 을이라면, 구청 단속반이나 용역들의 폭력에 속수무책으로 당하며 쫓겨 다니는 생계형 노점상들은 을에도 미달한다. 집주인의 눈치를 보며 살아야 하는 세입자들이 을이라면, 청원경찰의 욕설과 발길질에 몸을 일으켜 자리를 떠야 하는 거리의 홈리스들 역시 을로 설명되기 어렵다. 이들은 일정한 맥락 내에서 그 '존재 자체'가 언제든 불법화될 수 있기에, 어떤 법적 계약의 장 내에 자신의 안정적인 자리를 형성할 수 없다.

그러나 이런 을 이하의 인간이라는 형상은 무엇보다 법적 의사능력意思能力과 행위능력行爲能力을 부정당하는 인간들, 그리하여 도덕적·정치적·법률적으로 인격성을 부정당하는 인간들에게서 발견된다. 즉 발달장애인(지적장애인과 자폐성장애인)이나 후기 치매환자 등과 같이 이성적 사고능력이 '정상적인' 인간에 미치지 못한다고 간주되는 인지장애인들에게서 말이다. 앞서 살펴본 을 이하의 존재들이 일정한 맥락에서 혹은 한시적으로 계약의 주체가 될 수 없다면, 인지장애인들은 성년후견인의 피후견인이 되는 순간 거의 모든 맥락에서 영속적으로 계약의 주체가 될 수 없다.

베스트팔렌적 틀의 설정과 메타-정치적 대표불능

이제 인지장애인들이 경험하는 정치적 부정의를 프레이저의 '메타-정치적 대표불능'이라는 문제설정을 경유해 사유해보려고 한다. 비록 그녀의 문제설정이 인지장애인을 염두에 둔 것은 아니지만, 어떤 면에서 매우 중요한 우회로가 되어줄 수 있기 때문이다. 앞서 언급했듯 프레이저는 정치적인 것의 중요성을 점차 강조하면서 이차원적 정의론에서 삼차원적 정의론으로 이행하는데, 이는 지구화라는 조건과 긴밀한 연관성을 지닌다. 그녀는 포스트포드주의(케인스주의적 복지국가의 해체), 포스트공산주의(현실 사회주의 체제의 종언), 신자유주의적 지구화의 조건에서 나타나는 세 가지 경향들을 정치철학적 사유가 개입해야 할 문제의 지점으로 포착한다.

첫째는 인정 정치에 의한 분배 정치의 '대체'라는 문제이고, 둘째는 집단 정체성의 '물화'라는 문제로, 우리는 이 두 가지를 앞서 논의했다. 세 번째 문제는 '잘못된 틀의 설정

misframing'인데, 이것이 그녀로 하여금 정치적인 것의 중요성을 강조하도록 만들었다고 할 수 있다. 또한 잘못된 틀의 설정은 진태원이 '을의 민주주의'라는 화두를 제시하게 된 배경 중 하나로 지적하는 '인터레그넘interregnum'―하나의 통치, 하나의 삶의 질서에서 다른 통치, 다른 삶의 질서로 나아가는 이행기 내지 공백기―의 문제, 지그문트 바우만의 설명에 따르면 "실행할 수 있는 능력"으로서의 '권력'과 "어떤 것을 실행해야 하는지 결정하는 능력"으로서의 '정치'의 결별이라는 문제와도 긴밀히 연관된다.[44] 즉 지구화 시대에 권력(특히 세계시장 및 자본의 권력)은 국민국가라는 틀에서 '이미' 벗어난 반면, 정치는 '여전히' 그 틀 내에서만 유효하게 작동하고 있는 것이다.[45]

프레이저가 말하는 잘못된 틀의 설정이란 정의의 규범이 적용될 수 있는 정치적 공간을 일정한 정치공동체들로 분할·제한하는 것, 그럼으로써 특정한 사람들을 어떤 문제의 관련 '당사자'에서 배제하는 동시에 대화와 논쟁에 참여할 기회 자체를 박탈하는 것이다. 좀 더 구체적으로는 그런 정치적 공간을 근대적 영토국가―프레이저의 용어에 따르면 베스트팔렌적 틀 Westphalian frame[46]―로 설정함으로써, 실질적으로는 초국적인 부

---

44 Zygmunt Bauman, "Living in Times of Interregnum", Transcript of the Lecture delivered at the University of Trento, Italy, on October 25, 2013, p.4.
45 '인터레그넘'의 개념과 그것이 지시하고 있는 문제에 대한 좀 더 자세한 설명은 진태원, 〈을의 민주주의〉, 웹진 민연 49, 고려대학교 민족문화연구원, 2015년 5월을 참조하라.

정의의 문제를 부당하게 국가적 차원의 문제로 만드는 것을 말한다. 그중 가장 대표적인 것이 바로 지구적 차원의 빈곤 문제다. 예컨대 현대사회의 정의론에 지배적 영향력을 발휘하는 존 롤스는 국내 영역과 국제 영역 사이의 엄격한 분리라는 베스트팔렌적 틀 내에 자신의 분배적 정의론을 위치시킨다. 그는《만민법The Law of Peoples》(1999)에서 분배적 정의가 지구적·국제적 수준에서는 적용될 수 없다는 입장을 취하면서, 국민국가를 분배적 정의의 규범이 적용될 수 있는 배타적인 영역으로 설정한다.[47] 이로 인해 개인인 동시에 집합적 정치공동체인 빈곤층은 지구적 차원에서 발생하는 경제적 부정의의 문제에 대해 정치적 발언권을 인정받지 못하게 된다.[48]

이런 내용을 염두에 두고 정의의 세 번째 차원인 정치적인 것으로서의 대표 문제를 좀 더 살펴보자. 프레이저는 정치적 부정의인 대표불능을 크게 두 가지 수준으로 나누어 설명한다. 하나는 '일상-정치적ordinary-political 대표불능'이다. 이는 정치공동체 내부의 왜곡된 의사결정 규칙들이 이미 구성원으로 간주되

---

46 유럽의 종교 분쟁과 정치적 혼란으로 발발한 30년 전쟁의 종결과 함께 1648년 체결된 베스트팔렌조약은 각 국가의 주권 인정과 내정 불간섭을 기본 내용으로 하며, 국가 간 관계에서 국가의 권리와 의무를 규정하는 국제법의 핵심 규칙들을 완성시킨 것으로 평가받는다. 이를 통해 근대적 영토국가가 국제 사회의 기본 단위로 인정되었고, 이를 바탕으로 한 국제 질서가 확립되었다.
47 존 롤스,《만민법》, 장동진·김기호·김만권 옮김, 아카넷, 2009, 185~194쪽(§16 만민 간 분배 정의).
48 롤스의 분배적 정의가 지닌 베스트팔렌적 틀의 설정에 대한 좀 더 자세한 비평은 낸시 프레이저,《지구화 시대의 정의》, 42쪽, 각주 11을 참조하라.

는 특정 사람들로 하여금 동등한 발언권을 가지고 사회적 상호 작용에 참여할 수 없도록 만들 때 발생한다. 다른 하나는 앞서 설명한 잘못된 틀의 설정으로 인해 발생하는데, 그녀는 이것을 '메타-정치적meta-political 대표불능'이라고 부른다. 메타-정치적 대표불능을 초래하는 잘못된 틀의 설정은 한나 아렌트가 '권리들을 가질 권리right to have rights'[49]—즉 일종의 메타-권리—라고 부른 것을 상실한 경우와 유사하게 어떤 형태의 '정치적 죽음' 을 발생시킨다. 이런 상황에서 고통받는 사람은 자선이나 박애, '보호'의 대상이 될 수는 있지만 어떤 요구 자체를 제기할 가능 성과 권리를 박탈당하기 때문에, 그들은 정의의 측면에서 볼 때 더 이상 '인격체'가 아니다.[50] 요컨대 일상-정치적 대표불능이 정치적 발언권은 '인정'받지만 그것을 제대로 '실현'할 수 없는 형태의 부정의라면, 메타-정치적 대표불능은 정치적 발언권 자 체를 '부정'당하게 되는 형태의 부정의인 것이다.

이성주의적 틀의 설정과 정의의 경계

이러한 두 수준의 대표불능에 대한 분석은 장애인의 경우

49　아렌트가 말하는 '권리들을 가질 권리'는 정치공동체에 속할 권리를 지칭한다고 할 수 있다. 이에 대한 구체적인 내용은 한나 아렌트, 《전체주의의 기원 1》, 이진우·박미애 옮 김, 한길사, 2006, 제9장 2절(인권의 난제들)을 참조하라.
50　낸시 프레이저, 《지구화 시대의 정의》, 42쪽.

를 숙고해보는 데에도 도움을 준다. 우선 장애인들이 일상-정치적 대표불능이라는 부정의를 심각하게 경험한다는 사실은 다양한 사례를 통해 쉽게 입증된다. 제도권 정치에 장애인이 참여할 수 있는 기회가 극히 제한되어 있는 것, 투표소와 각종 정보에 대한 접근성이 보장되지 않아 투표권을 행사할 때 여전히 심각한 제약을 받는 것, (1장에서 언급했듯) TV 토론 프로그램 같은 주요 공론장에서 장애 이슈가 전적으로 배제되는 것, 장애인들이 주요 관련 당사자인 생명윤리bioethics 문제를 심의하는 국가기구(국가생명윤리심의위원회)에 장애인의 참여가 배제될 뿐 아니라, 산전 검사 및 선별적 낙태에 대한 유전상담 과정에 장애인이나 장애인 부모들의 목소리와 경험을 반영하는 절차가 부재한 것,[51] 다수 장애인의 요구를 대변하기 위한 집회와 시위가 각종 악법에 의해 억압되는 것, 미디어 정치 시대에 인터넷 등 각종 온라인 매체에 대한 시청각 장애인의 접근권이 제대로 보장되지 않는 것 등이 모두 일상-정치적 대표불능의 사례다.

그렇다면 메타-정치적 대표불능의 경우는 어떨까? 장애인도 지구화 시대를 살아가는 동시대의 사회 구성원인 한, 다른

---

51 국제장애인연맹이 2000년 발간한《새로운 유전학에 대한 장애인들의 목소리》에서는 생명윤리와 인권에 대한 장애인들의 기본적인 입장과 요구를 열 가지로 정리한다. 그중 두 번째가 "유전상담은 비지시적이고, 권리에 기반을 두며, 보편적으로 자유롭게 이용할 수 있어야 하고, 장애의 실제 경험을 반영해야 한다"는 것이고, 여섯 번째가 "인류유전학을 다루는 모든 자문 기구 및 규제 기구에 장애인 단체를 대표하는 사람이 참석해야만 한다"는 것이다(DPI, *Disabled People Speak on the New Genetics: DPI Europe Position Statement on Bioethics and Human Rights*, Disabled Peoples' International, 2000, p.7).

이들과 마찬가지로 다양한 측면에서 '베스트팔렌적 틀'로 인한 메타-정치적 대표불능을 경험한다. 그러나 우리는 좀 더 나아가 현대사회의 정의론이 기반을 둔 '이성주의적 틀rationalist frame'의 설정에 의해 야기되는, 특정 유형의 장애인들이 고유하게 직면한 또 다른 형태의 메타-정치적 대표불능에 대해 이야기해볼 수 있다.

다시 한 번 현대사회의 가장 유력한 정의론인 롤스의 이론을 참조해보자. 그는 특정 형이상학에 의존하지 않으면서도 다원주의 사회에서 설득력을 지닌 정의론을 제시하기 위해 존 로크와 장 자크 루소, 그리고 특히 임마누엘 칸트가 제시한 사회계약의 이론적 전통을 좀 더 일반적이면서도 추상화된 방식으로 활용한다.[52] 존 로크는 그 유명한 《통치론Two Treatises on Government》에서 "만일 자연의 정상적인 경로에서 벗어나 발생한 결함을 지니게 되면, 어느 누구도 그처럼 성숙한 정도의 이성에는 도달할 수 없으며, 그러한 이유로 그는 아마도 법을 알 수 없을 것이다. …… 그는 **결코 자유인**Free Man**일 수 없으며**, 결코 자신의 의지대로 처신하도록 허용될 수 없다. …… 그리고 그와 같은 정신이상자와 백치는 결코 부모의 통치로부터 자유로워질 수 없다"고 이야기한다.[53] 또한 "동물들은 자의식이 존재하지 않으며, 단지 목적에 대한 수단으로서 존재한다. 그 목적은 인

52 존 롤스, 《정의론》, 황경식 옮김, 이학사, 2003, 16, 26~27쪽; 목광수, 〈장애(인)와 정의의 철학적 기초〉, 《사회와 철학》 23, 2012, 152쪽.

간이다"[54]라고 하면서 인간을 수단이 아닌 '목적 그 자체'로 대하라고 했던 칸트에게 인간이란 무엇보다도 '자율적 존재'이며, 자율적 존재란 곧 이성적 사고능력을 지닌 존재를 의미했다. 그리하여 칸트는 〈정신의 질병에 대한 시론Versuch über die Krankheiten des Kopfes〉에서 "백치dummkopf"를 "오성悟性이 결여된" 존재로,[55] 더 나아가 《실용적 관점에서의 인간학Anthropologie in Pragmatischer Hinsicht》에서는 "영혼의 부재" 상태에 있는 존재로 규정하면서[56] 중증의 선천적 인지장애인을 인간 종 자체에서 배제한다. 요컨대 "칸트에게 정의란 도덕성이 없고 영혼도 없는 백치라는 존재가 사라지는 지점에서 시작"된다.[57]

이런 이론적 유산을 상속한 롤스는 1985년 발표한 논문 〈공정으로서의 정의: 형이상학적이지 않고 정치적인 정의관 Justice as Fairness: Political not Metaphysical〉에서 장애인에 대한 자신의 견

53　　John Locke, *Two Treatises of Government*, ed. Peter Laslett, Cambridge University Press, 1988[1689], pp.307~308[BookⅡ: 60][한국어판: 존 로크, 《통치론》, 강정인·문지영 옮김, 까치글방, 1996, 61쪽], 강조는 저자.

54　　Immanuel Kant, *Lectures on Ethics*, trans. Louis Infield, Harper Torchbooks, 1963, p.239(Eva Feder Kittay and Licia Carlson eds., *Cognitive Disability and Its Challenge to Moral Philosophy*, p.337에서 재인용).

55　　Immanuel Kant, "Essay on the Maladies of the Head(1764)", eds. Gunter Zoller and Robert B. Louden, *Anthropology, History, and Education*, Cambridge University Press, 2007, p.66.

56　　Immanuel Kant, "Anthropology from a Pragmatic Point of View(1798)", eds. Zoller and Louden, *Anthropology, History, and Education*, p.317[한국어판: 임마누엘 칸트, 《실용적 관점에서의 인간학》, 백종현 옮김, 아카넷, 2014, 205~251쪽].

57　　Lucas G. Pinheiro, "The Ableist Contract: Intellectual Disability and the Limits of Justice in Kant's Political Thought", eds. Arneil and Hirshmann, *Disability and Political Theory*, p.74.

해를 다음과 같이 명시적으로 제시한 바 있다.

우리는 공정한 협력 체계로서의 사회라는 개념에서 시작하기를 원하기 때문에, 시민으로서의 인격체들은 정상적이고 충분히 협력적인 사회 구성원이 될 수 있는 모든 능력을 지닌다고 상정한다. 이 말은 여기서의 시민이 누구도 질환이나 사고를 겪지 않는다는 의미가 아니다. 그와 같은 불운은 일반적인 인생의 과정에서 충분히 예견될 수 있고, 이러한 만일의 사태에 대해서는 대비가 이루어져야만 한다. 그러나 우리의 목적을 위해 여기서 나는, 통상적인 의미에서 볼 때 정상적이고 충분히 협력적인 사회 구성원이 될 수 없을 정도로 심각한, 영구적인 신체적 장애와 정신적 장애를 지닌 이들은 제쳐둔다.[58]

롤스에게 계약의 참여자인 자유롭고 평등한 시민 내지 인격체는 "정상적이고 충분히 협력적인 사회 구성원이 될 수 있는 모든 능력을 지닌" 이들로 제한된다.[59] 그런데 여기서 말하는 '능력'이란 정의감의 능력capacity for a sense of justice과 가치관의 능력capacity for a conception of the good이라는 두 가지 도덕적 능력, 그

---

58   John Rawls, "Justice as Fairness: Political not Metaphysical", *Philosophy and Public Affairs* 14(3), 1985, p.234. 이 논문은 John Rawls, *Collected Papers*, ed. Samuel Freeman, Harvard University Press, 1999에 재수록되었으며, 국내에는 존 롤스, 《공정으로서의 정의》, 황경식 외 옮김, 서광사, 1988에 〈공정으로서의 정의: 형이상학적 입장이냐 정치적 입장이냐〉라는 제목으로 옮겨져 수록되어 있다.

리고 이를 뒷받침하는 이성, 사고, 판단의 능력을 말한다.[60] 따라서 그의 정의론에 의거할 경우 도덕적·이성적 능력이 부재해 정상적으로 협력할 수 없는 이들, 즉 심각한 (신체적 장애와) 정신적 장애를 지닌 이들은 원초 상태original position[61]와 사회계약의 과정에서 배제된다. 선의를 가지고 적극적으로 해석하더라도 중증장애인들, 특히 과학기술과 보조공학의 발달로도 그 기능적 제약을 보완할 수 없는 인지장애인들은, 계약 이후의 사후적 배려와 시혜를 통해 포용될 때만 "공정한 협력 체계로서의 사회"에서 도덕적 일원으로 존재할 수 있다.

　　이러한 인지장애인의 배제는 계약론적 전통에 있는 다른

59　데이비드 흄은 《도덕 원리에 관한 탐구》에서 장애인에 관해 "인간과 뒤섞여 있는 생물 종이 존재하는데, 그들도 이성적이긴 하지만 신체와 정신 양쪽 모두에서 너무나 열등한 능력을 지니고 있어서, …… 우리가 …… 그들과 관련해서는 정의의 원칙에 의해 그 어떤 제한도 받아서는 안 되며, 그들 또한 이 같이 마음대로 행동하는 주인의 존재를 배제하고는 그 어떤 권리나 재산도 소유할 수 없다"고 진술한 바 있다(David Hume, *An Enquiry Concerning the Principles of Morals*, ed. J. B. Schneewind, Hackett Publishing Company, 1983[1751], p.25). 바버라 아네일은 자유주의 정치이론의 전통 속에서 롤스가 자신의 '자유롭고 평등한' 시민 개념 내에 로크의 자유이론과 흄의 평등이론을 융합한 것으로 평가한다(Barbara Arneil, "Disability in Political Theory versus International Practice", eds. Arneil and Hirshmann, *Disability and Political Theory*, p.22). 여기서 중요한 것은 로크와 흄과 롤스가 그들 정치이론의 핵심 개념인 자유, 평등, 공정한 협력 체계로서의 사회를 '정의하기/경계를 정하기defining' 위해 장애인이라는 존재를 내재적 도구로 활용했다는 것, 따라서 자유와 평등과 사회의 경계 안에 장애인이 결코 포함될 수 없다는 점이다. 요컨대 장애인은 경계의 외부에 존재한다기보다는 오히려 '경계 그 자체'다.

60　Rawls, "Justice as Fairness", p.233.

61　롤스가 정의의 원칙을 정립하기 위해 발전시킨 가설적 상황으로, 고전적 계약론자들이 설정한 자연 상태state of nature를 대체하는 것이라 할 수 있다. 이 원초 상태에서 합의 당사자들은 자신의 지위와 계층, 장점과 능력, 지능과 체력, 심리적 성향뿐 아니라 해당 사회의 경제적·정치적·문화적 조건을 알지 못하기에 어떤 대안이 자신에게 유리하고 불리한지 파악할 수 없는 무지의 베일veil of ignorance에 싸여 있다고 가정된다.

학자들에게서 좀 더 뚜렷하게 나타난다. 예컨대 신홉스주의적 사회계약론에 입각한 도덕론으로 잘 알려진 철학자 데이비드 고티에는 자신의 주저 《합의도덕론Morals by Agreement》에서, 특별한 필요나 손상을 지녀 한 사회 내 복지의 평균 수준을 하락시키는 사람들은 "계약론에 근거한 도덕적 관계의 당사자가 아니다"라고 이야기한다.[62] 또한 제프 맥머핸은 《살생의 윤리The Ethics of Killing》(2002) 등의 저서에서 비인간 동물들과 심각하게 손상된 인지를 지닌 이들의 도덕적 지위는 한 곳으로 수렴되어야 하며, 인지적 손상을 지닌 사람들은 정상적 인지능력을 지닌 이들보다 더 낮은 지위를 부여받아야 한다고 주장한다. 즉 '근본적인 인지적 제약radical cognitive limitation'을 지닌 이들은 정당한 정의의 주체가 아니며, 그들은 인격체들보다 더 낮은 수준의 불가침성을 지닌다는 것이다.[63]

성년후견제 자체를 정치적 의제로

정의의 주체 혹은 당사자가 이성주의적 틀에 의해 제한받는 상황은 성년후견제도—이전의 금치산禁治産·한정치산限定治産 제도를 계승한—에서 가장 구체적으로 드러난다. 이 제도를 통

---

62   David Gautier, *Morals by Agreement*, Oxford University Press, 1986, p.18.

63   Eva Feder Kittay and Licia Carlson eds., *Cognitive Disability and Its Challenge to Moral Philosophy*, p.18.

해 발달장애인을 포함한 인지장애인들은 자기결정권을 합법적으로 제한·부정당하고 이를 타인에게 위임하게 된다. 그들은 추상화된 이론의 차원에서 사회계약의 주체로 간주되지 못할 뿐만 아니라, 실제로 민법상의 계약 주체 또한 되지 못한다. 그들은 프레이저가 이야기한 것처럼 법적·정치적 측면에서 더 이상 '인격체'가 아닌 존재로 간주된다는 점에서, 그리하여 '보호'의 대상으로 전락하고 '정치적 죽음'의 상태에 놓이게 된다는 점에서 정확히 메타-정치적 대표불능이라는 부정의를 경험한다. 따라서 우리는 성년후견제도가 장애인을 더 잘 보호하기 위해 어떻게 개선되어야 하는가를 고민하기보다, 성년후견제도의 존재 자체를 정의와 관련된 하나의 정치적 의제로 만들어나가야 한다.

우리나라에서 성년후견제도가 시행되기 이미 10년 전인 2003년 제출된 제58회 UN 총회의 사무총장 보고서는 "성년후견제가 때때로 부적절하게 활용되어, 아무런 절차적 보호도 없이 발달장애 혹은 정신장애가 있는 사람에게서 법적 능력을 박탈하고 있다"고 지적한 바 있다.[64] 또한 UN 장애인권리위원회Committee on the Rights of Persons with Disabilities는 〈장애인권리협약 Convention on the Rights of Persons with Disabilities〉의 이행 상황에 대한 한국의 1차 국가보고서를 심의한 후 2014년 10월 제시한 최종 견해

---

64 조한진, 〈성년후견제, 발달장애인의 권리를 보장할 수 있는가〉, 《함께 웃는 날》 13호, 전국장애인부모연대, 2011/2012 겨울, 97쪽.

에서[65] "2013년 7월에 시행된 새로운 성년후견제가 '질병, 장애 또는 고령에 의한 정신적 제한으로 인해 일을 처리하는데 영구적으로 무능한 상태라고 간주된 사람'의 재산과 개인적 사안에 관계된 결정을 후견인이 내릴 수 있도록 허락하고 있는 것을 우려한다"면서 "'의사결정 대리substituted decision-making'에서 당사자의 자율성과 의지, 그리고 선호를 존중하는 '의사결정 조력supported decision-making'으로 전환할 것을 권고한다"고 밝혔다.[66] 물론 우리 사회에서 이런 전환 작업이 이루어지기란 결코 쉽지 않겠지만, 그것은 "민주주의 자체에 대하여, 민주주의의 주체에 대하여, 정치공동체에 대하여 새로운 질문을" 던지는 일인 동시에 "평등과 자유에 기반을 둔 새로운 연대의 구성에 대해 실험"[67]하는 일이 될 것이다. 또한 그것은 '지적 차이'라는 인간학적 차이에 의한 분할의 경계를 횡단하며 '인권의 정치'를 새롭게 실천하는 일이기도 하다.[68]

　　이런 문제의식을 바탕으로 8장에서는 발달장애인의 자기결정권과 성년후견제도에 대해 좀 더 자세히 논할 것이다. 여기

65　국제 인권법에 따른 21세기 최초의 인권조약인 〈장애인권리협약〉은 2006년 12월 13일 제61차 UN 총회에서 채택되었으며, 2008년 5월 3일 발효되었다. 한국은 2009년 1월 10일 국회에서 이를 비준했으나, 개인진정제도를 규정한 선택의정서Optional Protocol 가입은 유보했다. 협약을 비준한 각 당사국은 협약에 따른 의무의 이행을 위해 취한 조치 및 진전 사항에 대해 UN 장애인권리위원회에 당사국 보고서를 제출해야 하며, 장애인권리위원회는 당사국의 보고서를 심의하는 회의를 매년 두 차례 개최하고 회의마다 3개국의 보고서를 심의해 권고 사항을 포함한 최종 견해를 제시하게 된다.

66　하금철, 〈[전문] 한국의 장애인권리협약 이행 상황에 대한 유엔의 최종 견해〉, 비마이너, 2014. 10. 8.

67　진태원, 〈을의 민주주의〉.

서는 우선 인권의 정치가 인간의 존엄성과 권리에 대해 견지하는 기본적인 관점만을 제시하려 한다. 인간은 왜 존엄한 존재인가? 인간 존엄성과 인권의 근거/기반은 무엇인가? 많은 철학자들이 이야기하듯 인간의 이성과 자율성인가? 어쨌든 우리는 그것을 인간의 본질에서 찾을 수 있는가? 만일 그렇게 하고자 한다면, 적어도 우리는 인간의 본질은 "사회적 관계들의 앙상블ensemble"이라고 했던 마르크스의 언명을,[69] 발리바르의 용어를 따르면 인간은 본질적으로 '관개체적' 존재임을 잊지 말아야 할 것이다.[70] 인간 존엄성의 기반은 개별 인간 내부에 존재하지 않으며, 개체[개인]들을 가로지르고 초과하는 사회적 관계 안에 존재한다. 쉽게 말해 인간 존엄성은 그것을 존중하고 보장하는 사회적 관계들 속에서만 존재한다. 내가 이미 존엄한 존재이기 때문에 나의 존엄성이 사회적으로 보장되어야 한다기보다, 나의 존엄성이 보장되는 사회적 관계들 (그리고 그런 관계들 내에 있는 주

---

68 지적 차이를 보편적인 인간학적 차이의 하나로 언급하는 이는 주지하다시피 에티엔 발리바르(〈'인권'과 '시민권': 평등과 자유의 현대적 변증법〉, 《인권의 정치와 성적 차이》, 윤소영 옮김, 공감, 2003)이다. 그러나 발리바르조차 지적 차이를 이야기할 때 지적장애인을 비롯한 인지장애인은 고려하지 않았으며, 모든 인간의 지적 평등을 하나의 전제이자 출발점으로 삼는 자크 랑시에르(《무지한 스승》, 양창렬 옮김, 궁리, 2008) 또한 마찬가지다. 즉 지적 '차이'와 '평등' 모두 암묵적으로 인지장애인은 배제한 채 비인지장애인의 세계 내에서 사고되었던 것이다.

69 칼 맑스, 〈포이에르바하에 관한 테제들〉, 《칼 맑스 프리드리히 엥겔스 저작 선집 1》, 186쪽.

70 이에 대한 좀 더 상세한 논의는 에티엔 발리바르, 〈철학적 인간학인가 관계의 존재론인가. '포이어바흐에 관한 여섯 번째 테제'로 우리는 무엇을 할 것인가?〉, 《마르크스의 철학》, 배세진 옮김, 오월의봄, 2018, 277~342쪽을 참조하라.

체들의 상호작용과 인정) 속에서 나는 비로소 존엄한 존재가 된다.[71] 이 사회가, 그리고 다른 사회 구성원들이 나를 존엄하게 대하지 않는다면 나는 존엄한 존재일 수 없다.[72] 그러므로 우리는 질문을 바꿔야 한다. '인간은 왜 존엄한 존재인가?'가 아니라, '어떤 사회적 관계와 조건 속에서 인간은 존엄해질 수 있는가?'라고 말이다. 인지장애인의 인간 존엄성을 끊임없이 회의하고 부정하는 이들 앞에, 인권의 정치가 제시할 수 있는 기본적인 답변은 바로 이것이다.

---

71 발리바르는 아렌트가 《전체주의의 기원》에서 제기한 '인권의 역설'—즉 인권이 시민의 권리에 논리적으로 선행하고 그것을 근거짓는 것이 아니라, 오히려 시민의 권리에 인권이 의존하고 있다는 역설—을 "시민의 권리가 제거되거나 역사적으로 파괴되면 인권 역시 파괴된다"는 '아렌트의 정리Arendt' theorem'로 정식화한다. 이런 정리가 지닌 보편적 함의는 인권에 함축된 권리라는 것이 "개인 주체가 본성적으로 지니고 있는 고유한 성질, 말 그대로 양도/소외 불가능한 자연적 성질이 아니라, 공동의 세계를 구성하는 개인들이 서로에게 부여해주고 또한 서로에 대해 보증해주는 자격이라는 점"이다(진태원, 《을의 민주주의》, 그린비, 2017, 189~190쪽). 발리바르는 아렌트의 정리를 긍정하고 급진적으로 해석할 뿐 아니라, 아렌트가 말한 '권리들을 가질 권리'를 '정치에 대한 보편적 권리'라는 개념으로 재전유하면서 독자적인 인권의 정치론을 전개한다.

72 김원영은 다소 다른 차원에서, 즉 "존엄에 대한 수행적performative 효과를 강조"하는 차원에서이기는 하지만, "우리가 본래 존엄한 존재이기 때문에 그렇게 서로를 대우한다기보다는 그렇게 서로를 대우할 때 비로소 존엄이 '구성된다'"고 말한다(김원영, 《실격당한 자들을 위한 변론》, 사계절, 2018, 71쪽).

3 부

전환

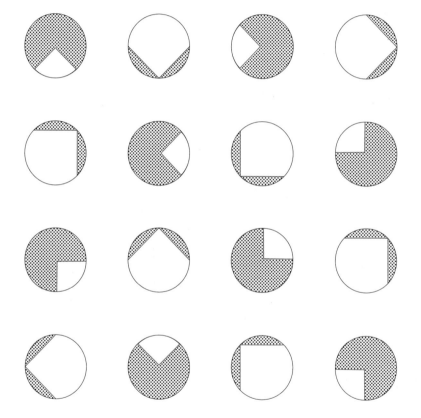

6 장

당사자주의의 환상을 넘어 횡단의 정치로

장애인 당사자주의 비판적으로 이해하기

―――――――――

"만약 당신이 나를 도우러 여기에 오셨다면,
당신은 시간을 낭비하고 있는 겁니다. 그러나 만약 당신이
여기에 온 이유가 당신의 해방이 나의 해방과
긴밀하게 결합되어 있기 때문이라면, 그렇다면 함께 일해봅시다."

― 멕시코 치아파스의 어느 원주민 여성

한국 장애인운동에서 당사자주의는 언제나 뜨거운 감자였고 지속적인 논쟁의 대상이 되어왔다. 독일어로는 'Parteienprinzip', 영어권에서는 'adversary system'이라고 표기되는 문자 그대로의 당사자주의當事者主義는 원래 법률 용어다. 소송의 주도권을 법원이 갖는 직권주의職權主義와 달리, 그 주도권을 당사자가 갖고 원고와 피고가 대립해 공격과 방어를 행하는 소송의 형식을 일컫는 용어인 것이다. 따라서 정치적인 의미에서의 당사자주의란 이해관계 당사자가 전문가의 대리를 거치지 않고 자신의 의견을 직접 표명하면서 스스로의 권익을 지켜내는 것이라 할 수 있다.

　　같은 한자문화권 나라들 중 장애인운동이 일찍부터 발전한 일본에서는 당사자주의라는 용어를 사용해왔지만, 서구의 장애인운동이나 장애학에는 당사자주의에 정확히 대응하는 개념어가 존재하지 않는다. 그러나 당사자주의와 유사한 함의를 지닌 표현을 발견할 수는 있는데, 미국의 자립생활운동가인 제임스 찰턴의 저서[1] 제목이기도 한 'Nothing about Us without Us(우리를 제외하고는 우리에 관해 어떤 것도 하지 말라)'라는 슬로건이 바로 그것이다. 역시 정확히 일치하지는 않지만, 당사자주의는 자기대표권right to self-representation이나 자기결정권right to self-determination의 확장된 적용으로 여겨질 수도 있을 것이다.

이번 장에서는 한국 장애인운동에서 당사자주의 논쟁이 어떤 흐름과 구도로 진행되었는지를 개관한 후, 장애인 당사자주의를 하나의 운동 이념으로 주창하는 한국DPI가 이를 어떻게 설명하는지 살펴본다. 이어서 영국 장애학계와 일본 장애인운동에서 제기된 당사자주의 관련 논쟁 및 비판을 검토한다. 그러고 나서 니라 유발-데이비스가 제시한 '횡단의 정치transversal politics'를 소개하고, 당사자주의가 기반을 두는 '정체성의 정치politics of identity'가 지닌 한계점을 '횡단의 정치'와 대비해 고찰해보려고 한다. 그리고 마지막으로 자기대표권에 대한 다른 표현으로서의 당사자주의는 모든 대중운동의 출발점에 있는 기본 원리들 중 하나이지만 운동이 나아가고자 하는 방향을 드러내주는 이념이 될 수는 없음을, 그럼에도 그것을 하나의 운동 이념으로 전면에 내세우는 것은 특정 집단의 이익에만 근거한 운

---

1   James I. Charlton, *Nothing About Us Without Us: Disability Oppression and Empowerment*, University of California Press, 1998[한국어판: 제임스 찰턴, 《우리 없이 우리에 대한 것은 없다》, 전지혜 옮김, 울력, 2009].

동, 그리고 체제에 포섭된 운동 세력의 이념 부재를 드러낼 뿐임을 이야기할 것이다.

1

장애인 당사자주의란 무엇인가

당사자주의 논쟁의 흐름과 구도

장애인 당사자주의의 등장은 국제장애인연맹Disabled Peoples' International, DPI의 출범과 일정한 연관성을 지닌다. 1960년대 말부터 북미, 유럽, 일본 등지에서 장애인 대중운동이 활성화되기는 했지만, 1970년대까지도 국제 장애계는 의료 및 재활 전문가들이 장악하고 있었다. 국제적으로 가장 유력한 장애단체가 다름아닌 국제재활협회Rehabilitation International, RI였던 것이다. 하지만 저항적인 형태의 장애인 대중운동이 점차 성장하면서, 1980년 캐나다 위니펙에서 열린 RI세계대회에 참석한 세계 각국의 장애인 활동가들은 이사회의 과반 이상을 장애인 대표에게 할당할 것을 요구했다. RI는 당연히 이를 거부했고, 장애인단체들은 의기투합해 DPI의 창설을 발의하게 된다. 이후 DPI는 1981년 싱가포르에서 제1회 세계대회를 열고 정식으로 출범했다. 이런 맥락을 염두에 둘 때 우리는 당사자주의를 장애인의 문제는 장애인 스스로 대변해야 한다는 자기대표권의 원칙에 대한 다른 표현으로 이해할 수 있다.

2000년대 한국에서 장애인 자립생활운동이 본격화되기 이전부터 당사자주의의 기치를 내걸고 활동해온 단체 역시 한국DPI다. 한국DPI는 DPI의 한국지부 성격으로 1986년 결성됐다. 다만 DPI가 결성될 당시 참여한 조직들은 각 나라의 장애인 대중운동을 이끈 세력들이 다수였고 기본적으로 여러 장애 유형의 단체들을 포괄하는 이른바 우산 조직umbrella organization이었던 반면, 1986년 결성된 한국DPI는 그런 조직들과 성격이 달랐다. 장애인들 중 의사나 변호사 등 전문직에 종사하거나 사업가로 활동하던 소수의 명망가로 구성되어 있었고, 1년에 한 번 정도 국제회의에 참석해 보고서를 내고 친목을 도모하던 유명무실한 조직이었던 것이다. 그러다 1990년대에 한국 장애인운동의 대중투쟁을 이끌었던 전국장애인한가족협회가 사회변혁적 관점과 대중투쟁의 노선을 버리고 1998년 말 조직을 한국DPI와 통합하면서 한국DPI는 실질적인 장애인단체로서의 형태와 활동력을 갖추게 된다.

한국에서 당사자주의 논쟁은 기본적으로 제도권 내 사단법인 단체들의 연합체인 한국장애인단체총연합회(이하 '장총련')와 한국장애인단체총연맹(이하 '한국장총')을 중심으로 전개되었다. 한국DPI, 한국장애인인권포럼, 한국지체장애인협회(이하 '지장협'), 한국장애인자립생활센터총연합회(이하 '한자연') 등이 중심이 된 장총련은 한국장애인재활협회와 장애우권익문제연구소 등이 참여하는 한국장총을 장애인 '당사자' 단체organization of disabled people가 아닌 장애인을 '위한' 단체organization for disabled people라며 장애계의 대표성을 자임했고, 한국장총은 장총련이 이권 다툼을 중심으로 한 이익단체에 머물고 있다며 비판했다. 그러나 한국농아인협회(이하 '한농협')가 이미 한국장총의 회원단체로 있던 상황에서 한국시각장애인연합회(이하 '한시련')마저 2007년 7월 장총련을 탈퇴한 후 한국장총에 가입했고, 이로써 소위 지·농·맹 3개 당사자 단체 중 농과 맹을 대표하는 조직이 한국장총에 포진하게 되면서 이러한 논쟁 구도는 다소 희미해졌다.

다른 한편 당사자주의의 원조 격인 한국DPI도 2012장애인총선연대(이하 '총선연대')의 활동 과정에서 새누리당(현 자유한국당) 비례대표 추천 문제를 둘러싸고 장총련과 심각한 갈등을 빚게 된다. 갈등의 내막은 이렇다. 제19대 총선을 앞두고 장총련과 한국장총을 중심으로 한 주류 장애계는 총선연대를 구성했고, 장애계 인사들의 신청을 받은 후 내부 추천위원회의 심사 및 배심원단 투표를 거쳐 각 당에 10인 이내의 비례대표 후보를 추천하는 활동을 진행했다. 당시 한국DPI의 제3기 회장이었던 채종걸 역시 이 절차를 거쳐 새누리당 비례대표 후보로 등록하게 되고, 이를 위해 회장직에서도 사임했다. 그러나 장총련 상임대표였던 지장협 김정록 회장에게 크게 뒤통수를 맞는다. 그가 이런 과정과는 별개로 새누리당 비례대표 후보에 개인적으로 지원했으며, 총선연대의 추천 후보들을 제치고 새누리당 비례대표 2번을 배정받아 국회에 입성했던 것이다. 한국장총 상임대표인 한시련 최동익 회장 역시 총선연대의 추천 과정을 거치지 않은 채 독자적으로 민주통합당(현 더불어민주당) 비례대표 후보에 지원했고, 마찬가지로 비례대표 2번을 배정받아 무난히 금배지를 달게 된다. 이 일로 총선연대는 한바탕 내분에 휩싸이며 조직 대표에 대한 비난 성명을 발표하고 제재 조치를 강구하는 등 코미디를 연출하고 만다. 이 파동 후 한국DPI는 사무총장 선출제 등을 포함한 장총련 내부 혁신안을 마련해 대의원총회에 제출했지만 부결되었고 2012년 11월 조직을 탈퇴했다. 이로써 장총련 대 한국장총의 구도 아래 진행되던 당사자주의 논쟁은 일단락되었다.

그러나 한시련이 장총련을 탈퇴한 2007년 이후에도 당사자주의 논쟁은 사라지지 않고 지속되었다. 2001년부터 이동권 투쟁을 전개하며 성장한 현장 대중투쟁 중심의 진보적 장애인운동 세력이 2007년 9월 전국장애인차별철폐연대(이하 '전장연') 본 조직을 출범하고 집결하면서 당사자주의 논쟁의 새로운 대립 구도를 형성했기 때문이다. 당사자주의를 전면에 내세운 한국DPI와 그 세력이 주도하는 한자연은 전장연과 전장연 회원단체인 한국장애인자립생활센터협의회(이하 '한자협')가 비장애인 운동권 세력에게 휘둘리는 조직이라며 비판했다. 이에 대해 전장연과 한자협은 보수화된 장애인단체들이 장애계의 대표성을 인정받아 정책 결정 파트너가 되고 예산 지원을 선점할 때

생물학적 당사자주의를 방패막이로 삼는다며 맞섰다. 예컨대 당시 한자연의 상임대표였던 고관철은 2007년 조직의 활동 목표를 밝히며 회원 센터들에게 배포한 〈2007년 한자연의 방향과 과제〉라는 글에서 다음과 같이 주장했다.

운동에 있어 장애인이나 비장애인이나 차별해서는 안 된다는 논리로 비장애인 운동권들이 장애인들을 파고들고 있습니다. 하지만, 그간의 우리나라의 민주주의 운동에 있어서 학생운동은 학생이 주인이었으며, 노동운동은 노동자가, 농민운동은 농민이 여성운동은 여성이, 시민운동은 시민이 하였습니다. 그래서 각자가 자기 운동이 주체가 되었을 때, 이 사회에서 서로 평등해질 수 있는 것입니다. 더 이상 비장애인 운동권이나 정당의 이념에 장애인들이 제물이 되어서는 안 됩니다. 장애인 스스로 주체적 이념, 즉 당사자주의에 의한 주도적 역할을 하면서 비장애인들과 정당을 포함한 시민사회단체들이 지원자로서의 역할을 할 때, 우리의 주체적 운동에서 그들을 이용할 수 있을 때에, 비로소 진보적 장애인운동으로 올바르게 가는 것입니다. 따라서 계급운동이나 정당 주도의 정치 운동으로 오염된 장애인운동을 거부하고 우리의 자주적이고 주체적인 당사자주의에 기반한 자립생활운동을 해 나가야 할 것입니다.

진정한 당사자주의와 사이비 당사자주의?

그렇다면 한국DPI 자신은 장애인 당사자주의를 어떻게 정의하고 설명할까? 가장 흔히 인용되는 장애인 당사자주의의 정의는 한국DPI의 제2기 회장(2002~2007년)이었던 고故 이익섭 박사의 글에 등장한다. 그에 따르면, 장애인 당사자주의란 "장애인의 정치적 연대를 통해 장애인을 억압하는 사회 환경과 서비스 공급체계의 불평등한 권력관계를 비판·견제함으로써 장애인의 권한과 선택 및 평가가 중시되는 장애인복지를 추구하며 그 결과 장애인의 권리, 통합과 독립, 그리고 자조와 자기결정을 달성하려는 장애인 당사자 주도의 발전된 권리운동"이다.[2] 그리고 한국DPI의 이사와 사무총장을 거쳐 제4기 회장(2012~2017년)을 역임한 김대성은 〈장애인당사자주의 운동의 참여와 연대정신〉이라는 글에서 당사자주의가 장애인운동의 이념임을 명확히 한 뒤, "당사자와 당사자주의는 다르다. 당사자라고 해서 당사자주의를 지향한다고 볼 수는 없다. 또한 당사자 단체라 해서 당사자주의를 지향한다고 볼 수 없다"고 설명한다. 장애인 당사자 중에서 당사자란 이유만으로 정치권이나 정책결정 과정에 편입되어 당사자에 반하는 내용을 만들고 당사자 참여를 배제하는 사람도 있고, 당사자 단체임에도 장애인의 자

---

2   이익섭, 〈장애인 당사자주의와 장애인 인권운동: 그 배경과 철학〉, 《제4기 장애인청년학교 자료집》, 서울DPI, 2004, 12쪽.

기결정권과 참여를 무시하는 단체도 있다는 것이다. 더불어 다양한 형태의 유사類似 당사자주의를 비판하면서, 그런 유사 당사자주의로 "합리적 이유와 절차적 동의 없이, 혹은 상황적 맥락과 우선순위를 모두 무시하고 '장애'만을 이유로 하는 앙상한 논리를 내세우는" 장애의 무기화·상표화와 "장애인 내에서도 소외되거나 약자가 되는 장애 유형을 만들어내는" 편향된 당사자주의를 꼽는다.[3]

다른 한편 한국DPI에서 오랫동안 정책 담당자로 일한 윤삼호는 장애인운동을 '비장애인 세계와의 관계' 속에서 ① 비장애인 세계에 포섭된 장애인운동 ② 비장애인 세계와의 연대를 중시하는 장애인운동 ③ 비장애인 세계와의 긴장을 중시하는 장애인운동으로 분류한다. 그리고 '비장애인 세계에 포섭된 세력'으로 (다소간 의외일 수도 있지만) 지장협, 한시련, 한농협과 같은 유형별 장애인단체를 꼽는다. 이들 단체들이 중앙 혹은 지방 정부로부터 각종 보조금과 지원금 명목으로 재정을 지원받는 대신 정부에 온건한 태도를 취하고 장애인의 권리를 위한 투쟁에 함께하지 않는다는 것이다. 또한 장애인 당사자주의를 외치긴 하지만, '장애인=당사자'라는 지극히 단순한 사고에 매몰되어 있는, 즉 장애인은 있을지언정 당사자주의는 없는 사이비 당사자주의로 규정한다. 두 번째 '비장애인 세계와의 연대를 중시하는 세력'

3　김대성, 〈장애인당사자주의 운동의 참여와 연대정신〉, 《진보평론》 18호, 현장에서 미래를, 2003년 겨울, 181~186쪽.

으로는 장애우권익문제연구소와 더불어 전장연을 꼽으며, 전장연은 민중주의를 지나치게 강조하면서 장애인운동을 기존의 좌파 논리에 기계적으로 끼워 맞춘다고 비판한다. 마지막으로 '비장애인 세계와의 긴장을 중시하는 세력'으로는 한국DPI를 꼽으면서 진정한 당사자주의를 담지한 조직으로 평가하고 있다.[4]

이처럼 당사자주의의 주창자라 할 수 있는 한국DPI는 당사자와 당사자주의가 다르고, '장애인=당사자'라는 등식은 성립하지 않는다고 규정함으로써, 생물학적 당사자주의나 사이비 당사자주의와 선을 긋는다. 그러나 당사자주의를 내세우는 조직 중 어떤 세력이 진정한 당사자주의이고 어떤 세력이 사이비 당사자주의인가에 대한 판단 기준은 지극히 주관적일 수밖에 없다. 예를 들어 윤삼호는 2005년 글에서 지장협, 한시련, 한농협을 사이비 당사자주의로 규정하며 비판했지만, 2012년 초 발표한 글 〈한국 장애운동의 어제와 오늘: 장애-민중주의와 장애-당사자주의를 중심으로〉에서는 당사자주의를 지향하며 활동하는 단체로 한시련과 한농협은 제외하지만 지장협만은 별다른 비판 없이 포함시킨다.[5] 당시까지만 해도 한국DPI가 지장협과 함께 장총련 활동을 했다는 것 이외에는 이 설명에 대한 별다른 근거를 찾아보기 어렵다. 한국DPI가 지장협과 장총련을 신랄하게 비판하고 갈라선 지금도 그런 식으로 분류하고 평

---

4   윤삼호, 〈장애와 정치〉, 《2005년 장애아카데미 자료집》, 대구DPI, 2005, 72~76쪽.
5   윤삼호, 〈한국 장애운동의 어제와 오늘: 장애-민중주의와 장애-당사자주의를 중심으로〉, 《진보평론》 51호, 메이데이, 2012년 봄, 298쪽.

가할지는 매우 의문스럽다.

또한 한국DPI와 한자연은 자신들이 사이비 당사자주의로 비판하는 세력과 근본적으로 얼마나 다른가라는 질문도 던져볼 수 있다. 과거 한국장총의 브레인 역할을 한 장애우권익문제연구소의 설립자와 이사장이 김대중 정권 시절 각각 여당의 직능대표 국회의원과 청와대 민정수석 및 정책기획수석 등을 역임한 인연으로 인해, 한국장총은 노무현 정권 시기까지 상대적으로 장총련보다 정부와 친밀한 관계를 맺었고 재정 지원도 더 많이 받았다. 그러나 이명박 정권이 출범하자 상황은 역전된다. 그런 분위기에 편승해 장총련의 상임대표 단체로서 헤게모니를 확대하고 대대적 지원을 받으면서 정부에 온건한 태도를 취한 단체가 바로 한국DPI다. 한국DPI는 그 이후에도 줄곧 그런 태도를 유지해왔다. 2012년 총선에서 한국DPI의 회장이 새누리당의 비례대표 후보로 나섰던 것에서 간접적으로 드러나듯 말이다. 그리고 2006년 활동보조서비스 제도화 투쟁이 벌어지던 시기, 보건복지부는 서비스 제공 대상에서 발달장애인을 제외하려 했는데(2장 참조), 이때 정부의 입장에 동조하며 매우 '편향된 당사자주의'를 드러낸 단체가 다름 아닌 한국DPI와 한자연이다.[6] 당시 투쟁 주체들이 정부뿐 아니라 소위 자립생활운동

---

6   이에 대해서는 김도현, 〈자기결정권은 전제가 아니라 목표다: 활동보조인서비스(PAS)의 대상과 자립생활(운동)의 주체 논쟁에 부쳐①〉, 에이블뉴스, 2006. 7. 26. 및 〈보편적인 권리의 쟁취에 힘을 모으자: 활동보조인서비스(PAS)의 대상과 자립생활(운동)의 주체 논쟁에 부쳐②〉, 에이블뉴스, 2006. 8. 2을 참조하라.

을 한다는 조직과도 이 문제를 두고 논쟁을 벌였던 사실은 한국 자립생활운동에 하나의 '흑역사'로 남을 것이다.

2

당신의 해방과 나의 해방은
따로 떨어져 있는가

메신저보다 메시지에 주목하라

영국과 미국은 국제적으로 장애학의 발상지 혹은 양대 산맥으로 꼽히는 나라다. 양국에는 국제적인 영향력을 지닌 대표적인 장애학 저널이 하나씩 있는데, 1986년 영국에서 창간된 《장애와 사회》, 1981년 미국에서 창간된 《계간 장애학Disability Studies Quarterly》이 바로 그것이다. 특히 《장애와 사회》에서는 1997년 영국판 당사자주의 논쟁이라고 부를 수 있을 만한 지상 논쟁이 일련의 기고문을 통해 이루어진 바 있다. 이 논쟁은 비장애인인 로버트 F. 드레이크가 〈나는 여기서 무엇을 하고 있는가? '비장애'인과 장애운동〉이라는 짧은 에세이를 기고하면서 시작됐다. 그의 글은 기본적으로 장애인의 중심성을 강하게 견지하는 장애학과 장애인운동을 주장하면서, 연대자 내지 조력

자로서 비장애인은 어떤 역할을 할 수 있는가라는 고민을 담고 있다.[7]

드레이크는 사회 전반, 특히 전통적인 자선단체들이 실질적으로 장애인들을 무력화하고 그들의 목소리를 강탈한다고 분석하면서, 의료적 장애 모델이 아닌 사회적 장애 모델에 동의하는 비장애인이라면 당연히 장애인운동의 발전에 기여하기를 원할 수 있을 것이라고 이야기한다. 그러나 이때 비장애인들이 반드시 유의해야 할 것들이 있는데, ① 비장애인이 장애인을 대신해 발언하는 것은 부적절하고(예컨대 '비장애'인이 반차별 입법을 위한 로비 활동을 장애인과 함께하는 것은 받아들일 수 있지만, 그들만이 장애인을 위해 로비를 하는 것은 받아들일 수 없다) ② 비장애인은 운동 안에서 어떤 권력적 지위도 추구하지 말아야 하며 ③ 비장애인이 직접적으로 장애인을 다루는 연구를 수행하는 것 역시 적절하지 않다. 그리고 장애인운동에서 비장애인 및 비장애인 조직의 정당한 역할로는 ① 사회와 사회의 정책 및 관행들이 장애를 만들어내는disabling 양상을 연구와 조사를 통해 드러내는 활동 ② 장애인 당사자 단체들에게 자원을 제공하는 것 ③ 장애인 당사자 단체들의 특정한 요청들(정보나 다른 형태의 도움들)에 응답하는 것을 제시한다.

드레이크가 이와 같은 주장을 하는 이유는 장애인운동 역

---

7   Robert F. Drake, "What Am I Doing Here? 'Non-disabled' people and the Disability Movement", *Disability and Society* 12(4), 1997, pp.643-645.

시 하나의 사회 활동이기 때문에, 다양한 활동 영역에서 장애인이 겪는 사회적 불리함이 장애인운동 내에도 존재할 수 있고, 따라서 비장애인들이 이에 대해 고민하며 자신의 역할을 설정해야 한다고 인식하기 때문이다. 그의 이런 인식은 장애인과 비장애인의 "실제적이고 완전하며 지속 가능한 친선관계 rapprochement는 사회와 정치와 경제에서의 충분한 변화가 이루어져, 장애인들이 완전한 시민권을 누리고 그들의 문화와 정체성이 인정되고 존중받을 때에만 가능할 수 있을 것"이라는 글의 결론 부분에도 잘 드러난다.

그런데 이처럼 장애인의 당사자성 내지는 중심성을 강하게 인정하는 듯 보이는 드레이크의 글에 대해 장애인인 프랜 브랜필드는 〈당신은 여기서 무엇을 하고 있는가? '비장애'인과 장애운동: 로버트 드레이크에 대한 응답〉이라는 기고문을 통해 강한 반론과 비판을 제기한다.[8] 브랜필드는 비장애인과 장애인운동 간의 관계는 비록 불가능하지는 않지만 매우 곤란한 것이며, 따라서 비장애인은 장애인운동에서 가능한 한 배제되어야 한다고 주장한다. 그가 이렇게 주장하는 이유는 장애인과 비장애인이 근본적으로 다른 '위치position'에 있다고 생각하기 때문이다. 즉 그는 "'비장애'인이 아무리 '신실하고' '동조적이고' 그밖에 어떠한 긍정적 태도를 지닌다 할지라도 항상 '비장애인'의

---

8   Fran Branfield, "What Are You Doing Here? 'Non-disabled' people and the disability movement: a response to Robert F. Drake", *Disability and Society* 13(1), 1998, pp.143-144.

위치에서 그러한 것"이며, "'비장애'인, 그들의 가치, 그들의 문화는 장애인의 예속을 분석하기 위한 대상들이고 …… '비장애'인은 우리가 있는 곳에 있지 않으며, 결코 그렇게 될 수 없다"고 주장한다. 그리고 또한 "그들[비장애인들]의 경험, 그들의 역사, 그들의 문화는 곧 장애인 억압의 일부"라고 못박는다. 더불어 브랜필드는 비장애인은 운동 내에서 어떠한 권력적 지위를 추구하지 말아야 한다는 드레이크의 발언도 공격의 지점에 대한 스스로의 변명일 뿐이라고 일축하며, 장애인이 장애인의 해방에 대한 창도자이자 설계자가 되어야 한다고 결론짓는다.

이에 대해 다시 폴 S. 더킷은 〈당신은 여기서 무엇을 하고 있는가? '비장애'인과 장애운동: 프랜 브랜필드에 대한 응답〉이라는 글에서 브랜필드의 주장에 강한 우려를 표명한다. 더킷이 제기하는 우려와 주장은 다음과 같이 요약될 수 있다.[9]

① 브랜필드의 글은 비장애인과 장애인을 분리하는 이분법적 설정에 토대를 두고 있다.

② 비장애인을 억압자, 장애인을 피억압자라고 지칭하는 방식은 장애 문제를 생리적인 차원으로 치환해버릴 수 있다.

③ 억압을 단순하게 이분화하는 것은 불가능하며, 장애인 역시 장애인의 억압자가 될 수 있다.

④ 소수자의 해방은 사회의 전반적인 변화를 통해 가능하

---

9 Paul S. Duckett, "What Are You Doing Here? 'Non-disabled' people and the disability movement : a response to Fran Branfield", *Disability and Society* 13(4), 1998, pp.625-628.

며, 장애인과 비장애인 간의 연대와 지지를 필요로 한다.

또한 더킷은 글의 말미에 자신이 장애인인지 비장애인인지를 의도적으로 밝히지 않겠다고 하면서, 자신의 장애 여부가 기고된 글을 독해하고 그 올바름을 판단하는 데 차이를 발생시키는지 묻는다. 이에 대해 '그렇다'고 이야기할 수 없다면, 장애인만이 장애인운동과 관련된 이슈에 목소리를 내고 장애학에 능동적으로 참여해야 한다는 주장은 흔들리는 것 아니냐고 반문한다. 요컨대 생물학적으로 장애인인지 아닌지는 장애와 관련된 어떤 주장 및 실천의 정당성을 담보해주는 근거가 될 수 없다는 것이다.

당사자주의는 '제3자 개입 금지'를 비판할 수 있는가

일본의 저명한 월간지 《현대사상現代思想》은 1998년 2월호 특집으로 '신체장해자'를 다룬 바 있는데,[10] 토요타 마사히로는 이 특집에 실린 〈당사자환상론: 혹은 마이너리티 운동에 있어서 공동환상의 논리〉라는 기고문에서 당사자주의를 신랄하게 비판했다. 글의 제목에서도 직접적으로 드러나듯, 그는 '당사자주의'가 소수자운동에서 문제의 본질을 가리는 공동환상의 논리일 뿐이라고 지적한다.[11] 그가 주장하는 당사자주의의 문제점

---

10   일본에서는 장애인을 지칭하는 공식 용어로 '장해자障害者'가 사용된다.

은 크게 세 가지로, 서로 연결되어 있다.

첫째, 마사히로는 장애인, 재일한국인·조선인, 외국인, 여성, 피차별 부락 등의 문제가 본질적으로 '사회 전체'의 문제인데, 당사자주의는 이 다양한 사회 이슈들을 '그들만의' 문제로 인식하게 하는 환상을 만들어낸다고 지적한다. 이런 지적은 장애 문제는 '장애인의 문제'가 아니라 '장애인과 비장애인 간 관계의 문제'라는 2장의 관점과 상통하며, 우리가 일상생활에서 흔히 사용하는 '관련 당사자relevant parties'라는 표현을 통해 그 함의를 어렵지 않게 파악할 수 있다. 장애 문제에서 장애인만이 '당사자'라는 것은 장애 문제가 오로지 장애인과만 '관련'되며 나머지 구성원들과는 '무관'하다는 이야기가 된다. 그렇다면 장애 문제와 무관한 비장애인들은 장애 문제에 관심을 가질 이유가 없다. 앞서 살펴본 영국의 당사자주의 논쟁에서 브랜필드는 "'비장애'인이 변해야만" 한다고 합당하게 주장하지만,[12] 비장애인이 장애 문제와 무관해 관심을 가질 이유가 없다면, 변화를 도모할 여지도 없는 것이다.

시선을 좀 더 확장해보면, 과거 정부와 공권력은 정리해고 반대 투쟁이나 비정규직 문제에 연대하는 시민들을 흔히 '제3

---

11   토요타 마사히로, 〈당사자환상론: 혹은 마이너리티 운동에 있어서 공동환상의 논리〉, 《일본 장애인 운동에서 배운다: 대담과 논문으로 본 장애운동, 자립생활, 장애문화》, 한국장애인자립생활센터협의회, 2005, 58~71쪽.

12   Fran Branfield, "What Are You Doing Here? 'Non-disabled' people and the disability movement", p.143.

자 개입 금지'라는 논리로 탄압하곤 했다. 요컨대 해당 노조만
이 '당사자'이니 '관련 없는' 사람들은 빠지라는 것이다. 제주
강정의 해군 기지 문제가 불거졌을 당시에도 해군 당국은 "제
주 해군 기지는 제주도민과 해군 간에 해결해야 할 사안이며
정치적 논리에 따라 좌우돼서는 안 된다"고 강변했다.[13] 경북
성주에 사드 배치가 결정된 후 국무총리가 성주를 방문해 계란
과 물병 세례를 받았을 때도 공권력은 '외부 세력'이 개입했다
며 난리를 쳤고, 안타깝게도 지역 주민들로 구성된 성주사드배
치저지투쟁위원회 역시 이런 논리에 다소 흔들렸다. 당사자주
의 논리가 지닌 한계와 폐해가 충분히 드러나는 사례들이다.

둘째, 장애인을 동일한 정체성을 지닌 선험적 당사자 집단
으로 상정하게 되면, 이중적인 모순 내지는 딜레마에 빠질 수
있다. 어떤 문제의 당사자를 표면적으로 관계된 일부 주체들로
한정하는 논리가 일단 인정되면, 해당 논리는 더 하위의 당사자
집단을 계속해서 생산해낼 수 있다. 즉 장애인들이 겪는 구체적
경험과 위치의 공통성에 기초해 '장애인 당사자'라는 집단적 주
체를 상정하지만, 사실 장애 유형, 성별, 계급, 학력, 성적 지향,
출신 지역, 연령에 따라 장애인들이 갖는 경험과 위치는 모두
다르다. 결국 개별 사정을 훨씬 더 상세히 고려해보면 결국 당
사자란 원자화된 개인, 자기 자신뿐이다. 이런 사고는 집단적인
사회적 실천을 불가능하게 할 수도 있다. 이 모순을 막기 위해

---

13   하승우, 〈구럼비 폭파한 해군, '누구를 위한 군대'인가?〉, 프레시안, 2012. 3. 16.

당사자주의는 장애인이라는 집단의 동일성을 강조할 수밖에 없는데, 이는 결과적으로 각 개인들이 지닌 차이와 견해에 대한 무시나 배제로 이어질 수 있다.

셋째, 마사히로는 일본의 장애인운동이 1960년대 말과 1970년대에는 '장애인 해방'이라는 이념과 지향을 가진 운동이었다면, 지금은 당사자운동이라는 논리하에 배타적인 권위주의 집단으로 변질되고 있다고 비판한다. 즉 장애인 일반의 고통을 양산하는 사회구조를 변혁하려는 지향 없이 '당사자에 의한, 당사자를 위한, 당사자들의 권익옹호'를 내세운다면, 그건 결국 무이념과 무지향의 운동을 포장하기 위한 앙상한 논리일 뿐이라는 것이다.

3

횡단의 정치:
뿌리내리고 또 옮기기

당사자주의는 우리가 흔히 이야기하는 정체성의 정치에 기초한다. 요컨대 비장애인과는 다른, 장애인이라는 동일한 정체성을 지닌 이들만이 장애 문제를 가장 올바르게 이해할 수 있으며, 장애 문제의 주체라는 것이다. '정체성의 정치'는 표면적으로는 '보편성의 정치politics of universality'와 대립되며 '차이의 정치politics of difference'에 기초하는 것처럼 보일 수 있다. 노동자-민중 내지는 민족-국민이라는 보편성에 맞서 일정한 집단이 지닌 차이와 고유한 정체성을 강조하니 말이다. 그러나 본질적으로 정체성의 정치는 차이의 정치를 경유해 보편성의 정치에 재포섭된 일종의 '하위 보편주의'에 기초한다고 할 수 있는데, 하위 집단의 구성원 내에서는 다시 일정한 공통성과 보편성을 상정하기 때문이다. 위에서 마사히로가 지적한 두 번째 문제점 역시 당사자주의가 지닌 이런 하위 보편주의라는 측면에서 분석될 수 있다. 또한 다른 시각으로 보면, 코즈모폴리터니즘 cosmopolitanism을 견지하는 입장에서는 민족 역시 민족주의를 바탕으로 그들만의 고유한 차이와 정체성을 주창하는 (인류human race의) 하위 정체성 집단일 수 있으며, 인류조차도 어떤 면에서는 인간중심주의 내지 종차별주의를 바탕으로 한 하위 정체성 집단으로 이해될 수 있다. 결국 '[정체성의 정치=차이의 정치] ↔ [보편성의 정치=연대의 정치]'라는 도식은 사태를 올바로 파악하는 인식틀이 될 수 없다.

이스라엘 출신의 반체제 여성학자 니라 유발-데이비스는 《젠더와 민족Gender and Nation》(1997)이라는 저서에서 보편성의 정치와 정체성의 정치가 지닌 한계를 비판하며 '횡단의 정치'를 제안한 바 있다.[14] 횡단의 정치는 기본적으로 다양한 정체성을 가로지르며 공동의 실천을 가능하게 하는 연대 및 연합의 정치를 지향한다. 즉 (민족주의에서 전형적으로 나타나듯) 모든 개인들을 하나의 전체·정체성으로 단정하는 보편주의를 지양하면서도 특정 개인이나 집단의 이익과 주도권을 주장하는 특수주의의 입장을 고집하지 않고, 공통의 주제나 문제 앞에서 '대화적 방법'을 통해 함께 모인 주체들의 이익과 열망을 아우를 수 있는 합의점을 찾아내는 정치가 바로 횡단의 정치다.

'성찰적 보편주의'의 입장을 견지하는 발리바르는《보편적인 것들Des universels: Essais et conférences》(2016)이라는 저작에서 모든

---

14   니라 유발-데이비스,《젠더와 민족》, 박혜란 옮김, 그린비, 2011, 6장.

보편주의는 그것이 설립되고 현실의 제도로 구축될 때 특수주의라는 대립물로 전환하지 않을 수 없으며(예컨대 모든 보편적 법 규범의 확립은 예외 없이 예외를 내재한다는 점에서 어떤 형태의 특수주의가 되고 만다), 동시에 근대적 특수주의들이 스스로를 늘 보편주의의 구현으로 제시해왔다는 점에서(예컨대 인종주의적 문명화를 추구했던 세력은 이런 과정을 '모든' 인류를 위한 것으로 제시해왔다), 보편주의 대 특수주의라는 안이한 구도로는 현실을 올바로 파악하거나 표상할 수 없다고 지적한다.[15] 한편 자신들의 입장을 '정교화된 보편주의sophisticated universalism'라고 부르는 사이먼 톰슨과 폴 호깃은 "개별 사례들 간의 차이에 민감하고자 진지하게 시도하는 어떤 보편주의, 그리고 차이들의 조정자적 역할을 할 수 있는 도덕적 힘을 지닌 어떤 특수주의는, 사실상 반대편 관점에서 바라본 같은 이론들"이라고 말한다.[16] 발리바르가 비판적 분석의 차원에서 보편주의/특수주의의 이분법이 지닌 한계를 지적하며 ('민주주의의 민주화'에 비견될 만한) 일종의 '보편주의의 보편화'를 지향한다면, 톰슨과 호깃의 경우에는 현실 정치에서 채택된 보편주의적 입장과 특수주의적 입장의 절합 가능성을 사고한다고 볼 수 있다.

---

15 좀 더 자세한 내용은 장진범 님의 페이스북 2017년 1월 27일 게시물을 참조하라 (https://www.facebook.com/aporia96/posts/1427790860605059).

16 Simon Thompson and Paul Hogget, "Universalism, selectivism and particularism: towards a postmodern social policy", *Critical Social Policy* 16(1), 1996, p.35.

횡단의 정치는 이와 상통하면서도 다소 다른 측면에 강조점을 둔다. 즉 '구체적인 실천의 단위가 어떻게 형성될 수 있는가'라는 맥락에서, 모더니즘 대 포스트모더니즘 논쟁의 핵심인 보편주의/특수주의 혹은 보편주의/상대주의의 이분법에 대한 대안을 지향한다. 계급, 성별, 장애, 학력, 성적 지향, 출신 지역, 연령 등 무수히 많은 차이로 인해 사람들이 모두 다르다면, 개인들이 어떻게 그리고 누구와 함께 일해야 하는가에 대한 답을 제공하는 것이 중요한 목표다. 스튜어트 홀의 지적처럼 "모든 정체성은 차이와 교차하며 구성"되기 때문에, 횡단의 정치는 여성운동이나 장애인운동 같은 모든 소수자 대중운동 자체를 연합의 정치의 한 형태로 이해해야 한다고 본다. 그리고 우리가 '누구'인가가 아닌 우리가 성취하고자 하는 것이 '무엇'인가라는 측면에서 안팎의 정치적 단위들과 연합의 경계를 설정해야 한다고 주장한다. 요컨대 횡단의 정치에서는 연합의 경계들이 '메신저'보다는 '메시지'에 의해 결정된다. 영국 당사자주의 논쟁의 세 번째 주자였던 더킷이 자신의 장애 여부를 기고문에서 밝히지 않은 것 역시, 메신저가 누구인지가 아닌 메시지가 무엇인지를 통해 글의 타당성이 판단돼야 한다고 생각했기 때문일 것이다.

횡단의 정치에서는 위치의 고정성보다는 대화가 영향력 있는 지식의 기초가 되는데, 이는 어떤 위치에 있는 주체도 기본적으로 '부분적이고 상황적인' 경험-앎을 지닌다는 것, 그들의 경험-앎에 일정한 공백이 존재할 수밖에 없다는 점을 인정하기 때문이다. 또한 집단 형성의 경계를 결정하는 것은 본질주의적인 정체성의 차이가 아니라 구체적이고 물질적인 정치 현실이다. 여기서 '뿌리내리기rooting'와 '옮기기shifting'가 경계를 설정하는 데 핵심적인 개념 내지 방법이 된다. 대화 참여자들은 각기 자신의 멤버십 및 정체성에 '뿌리내리기'를 하지만 동시에 다른 멤버십 및 정체성을 지닌 주체들과의 교류 및 공감을 위해 '옮기기'를 시도한다. 이와 같은 형식의 대화를 추구하는 것이 바로 '횡단주의transveralism'다. 즉 횡단주의는 '동질적인 출발점'을 가정함으로써 포함이 아닌 배제로 끝나는 '보편주의', 그리고 '차별적인 출발점'으로 인해 어떤 공통된 이해나 진정한 대화도 가능하지 않다고 가정하는 '상대주의'를 극복하기 위한 방법론이자 철학이라 할 수 있다.

단, 횡단주의를 실천할 때 유의해야 할 두 가지 사항이 있다. 첫째, 옮기기의 과정이 자기중심을 부정하거나 포기하는 것이어서는 안 된다. 이는 자신의 뿌리내리기와 일련의 가치들을 잃는 것이기 때문이다. 둘째, 옮기기의 과정이 타자를 동질화하려는 것이어서는 안 된다. 횡단에서의 동행은 다른 (소수자) 집단의 구성원들과 일괄적으로 하는 것이 아니라, 뿌리를 달리 내리면서도 자신과 양립할 수 있는 가치와 목표를 공유하는 이들과 해야만 한다. 요컨대 횡단의 정치가 추구하는 정치적 조직체는 통 큰 단결을 통해 동질적인 하나가 되는 '공동체共同體'가 아니라, 서로 다르지만 함께 행동할 수 있는 '공-동체共-動體'이다.

나는 유발-데이비스의 횡단의 정치를 다음과 같은 방식

으로 이해한다. 결국 정치에서 중요한 것은 이중적인 의미에서의 '입장Position'이다. 개인들이 놓인 '사회적 위치'라는 의미에서의 입장(P1), 그리고 어떤 사안과 이슈에 대한 '정치적 태도와 견해'라는 의미에서의 입장(P2) 말이다. 예를 들면 우리가 '입장 바꿔놓고 생각해보라'라고 말할 때의 입장은 전자의 의미를 지니며, '어떤 새로운 제도에 긍정적/부정적 입장을 취한다'고 할 때나 '어떤 문제에 대해 정당이나 단체들이 입장을 발표한다'고 할 때의 입장은 후자의 의미를 지닌다. 'P2'를 자신이 놓인 'P1'에 기반을 두도록 만드는 것(예컨대 가난한 사람들이 부자를 위한 감세에 찬성하지 않도록 하는 것)이 정치의 한 과제라면, 상이한 'P1'에 있는 사람들도 같은 'P2' 속에서 공동의 행동共-動을 취할 수 있는 가능성을 사고하고 만들어내는 것(예컨대 이성애자와 동성애자가 함께 동성애 차별 철폐를 위해 행동하는 것)이 정치의 또 다른 과제가 된다. 전자가 '뿌리내리기'의 정치라면, 후자는 '옮기기'의 정치다. 횡단의 정치는 이 양자의 정치를 고정적이고 대립적인 것이 아니라 정세적이고 이중적인 것으로 사고하면서 상호 상승적인 방식으로 작동시키는 정치라고 할 수 있을 것이다.

횡단의 정치는 당사자주의를 전면적으로 부정하지는 않으면서도('뿌리내리기'라는 견지에서), 그 한계를 유효하게 비판할 수 있는('옮기기'의 부재라는 견지에서) 개념적 도구가 될 수 있다. 또한 차이의 정치에 근거하면서도 '사람은 모두 다르다'라는 입장이 개별자들로의 분해로 귀결되지 않는다는 점에서, 즉 집단적 정치 실천을 위한 단위의 횡단적 구성을 사고할 수 있게 해준다는 점에서 상당한 장점과 매력을 지닌다. 자기중심성을 유지하는 가운데, 대화와 공감에 기반을 두고, 구체적인 정세에 따라 공동의 목표를 지향하는 연합적 단위의 유연한 재구성을 지향하는 것이 횡단의 정치이며, 이는 '되기의 정치politics of becoming'와도 친연성을 갖는다.

'되기의 정치'는 잘 알려져 있다시피 질 들뢰즈와 펠릭스 가타리가 이야기하는 '소수자 되기'(동물 되기, 아이 되기, 여성 되기 등)에 기초한 개념이다. 그러나 다수자/소수자의 분할선은 다양한 방식으로 '교차'하기에 차이를 가로지르는 실천적 활동인 '되기'는 당연히 소수자 집단 내에서도, 더 나아가 소수자 개체 내에서도 이루어진다고 할 수 있다.[17] 즉 ① 다수자의 소수자 되기뿐만 아니라 ② 소수자 A의 소수자 B 되기(장애인의 이주민 되기) ③ 장애인 A의 장애인 B 되기(지체장애인의 지적장애인 되기) ④ 장애인 A의 장애인 A′ 되기(지배적 척도와 욕망에 포섭된 다수자적 장애인에서 기존 질서를 해체하고 탈주하는 소수자적 장애인 되기) 등을 모두 '되기의 정치'라는 맥락에서 이해할 수 있다.

횡단의 정치와 되기의 정치의 입장에서 보면 장애인 당사자주의가 갖는 한계는 매우 명확하다. 즉 그것은 공동의 실천을 위한 주체와 단위의 경계들을 '메시지'가 아닌 '메신저'에 의해 선험적으로 결정해버리는 우를 범한다. 또한 모든 인간은 다

17　들뢰즈와 가타리는 "여성이, 남성 또한 여성이 되고 또한 될 수 있도록 하기 위해, **여성-되기를 해야만 한다**"고 말한다(질 들뢰즈·펠릭스 가타리, 《천의 고원(제2권)》, 이진경·권혜원 외 옮김, 연구공간 '너머' 자료실, 2000, 51쪽, 강조는 저자).

중적 정체성을 지니는데도, 어떤 인간을 장애인이라는 하나의 정체성으로 환원하는 것이 바로 장애인차별주의라는 정희진의 통찰을 상기할 때,[18] 이런 환원주의가 전도된 형태로 발현된 것이 바로 장애인 당사자주의임을 이해할 수 있다.

---

[18]   정희진, 《페미니즘의 도전》, 교양인, 2005, 153쪽.

4

당사자주의는
운동의 '이념'이 아니다

　　당사자주의가 자기대표권이나 자기결정권의 확장된 적용으로 이해된다면, 이는 장애인운동만이 아니라 모든 대중운동에서 부정될 수 없는 원리들 중 하나일 것이다. 그러므로 한자연 전 상임대표 고관철이 주장하듯, 장애인운동뿐 아니라 학생운동, 노동운동, 농민운동, 여성운동, 청소년운동, 성소수자운동 등 모든 대중운동 영역에서 대중들이 자기대표권을 갖는다는 것은 당연하다. 그러나 그 어떤 대중운동도 당사자주의를 운동의 '이념'으로 내세우지는 않는다. 이유는 간단한데, 그것은 어떤 운동이 무엇을 하고자 하며 어디로 나아가고자 하는가를 드러내는, 즉 운동의 내용과 지향을 담보하는 이념적 차원의 것이 아니기 때문이다. 자기대표권으로서의 당사자주의가 대중운동 조직의 민주주의를 위한 여러 기본 '원리들 중' 하나라는 원래의 위상을 이탈해 운동의 이념으로 내세워지는 순간, 그것은

(당사자주의의 주창자들이 잘 쓰는 표현을 빌리면) 필연적으로 유사 당사자주의로 전환되고 만다.

그럼에도 다른 대중운동과 달리 장애인운동에서는 당사자주의가 특별히 운동의 이념이 될 수 있고 되어야 하는 이유를 김대성은 다음과 같이 설명한다.

> 사회적으로 소외된 많은 사람들 중에 **왜 장애인들만 당사자주의가 문제가 될까?** 다른 사회적 약자들 사이에서는 당사자주의라는 말이 필요가 없는데 왜 장애인들은 이것이 문제가 되는지? 왜 장애인들은 당사자주의를 외쳐야 하는가? …… **장애인들의 경우에는 서비스를 제공받는 사람이라는 점에서 여성과 다른 차원의 사회적 관계가 형성된다.** 가령 여성들의 경우에는 사회적 관계들이 형성되어나가면서 여성의 권익 향상이 큰 무리 없이 진전되어나가는데, 장애인의 경우는 사회복지사 등 재활 전문가나 정책 연구 등 학술가라는 서비스 공급자 중심의 사회적 관계가 형성되었기 때문이다.
>
> 90년대를 수요자 측면에서 보면 무엇이 달라졌는지 피부로 다가오는 것이 없는 이유가 바로 여기에 있다. 확실한 이념적 대응도 빈약하고 체계화시키지도 못했다고 생각하는 것이다. 그러나 공급자 측면에서 생각하면 그렇지 않을 수 있다. 프로그램이 많아지고 다양해졌으며 전문가 숫자도 많아졌다. 수요자 측면에서는 별로 성과가 없고 빈약하다는 느낌이 남는 이유는 질과 양의 두 축이 불균형한 채 한쪽만이 증가하였기 때문이

다. 여기에 문제의 핵심이 있는데, 공급자가 제공하는 바가 늘어나면서 수요자도 만족할 수 있다면 당사자주의가 필요가 없다. 뭔가를 제공하는 것에 선행하는 판단이 미리 주어지지 않으면 문제가 되지 않는다, 그러나 우리 장애계는 제공자 패러다임이 지배적이다. 그래서 속된 말로 입맛에 맞느냐, 내가 요청한 것이냐, 잘되었느냐, 다른 것은 없는가, 왜 내가 선택하지 못하는가 등등의 문제 제기가 나오게 된 것이다. 90년대는 상당히 공급자주의 관점에서 가분수 형태로 커진 10년이었기에 당사자주의가 필요한 것이다.[19]

요컨대 장애인복지 전달 체계와 공급자적 위치를 비장애인과 전문가들이 독점하고 있었고, 그로 인해 서비스 수요자인 장애인들의 복지가 실질적으로 증진되지 않았다는 비판이다. 이 지점이 (다소 뜬금없게도) 당사자주의가 필요한 핵심 이유가 되는 것은 한국DPI가 지향하는 운동의 전략과 목표가 바로 여기에서 비롯하기 때문이다. 앞서 언급된 장애인 당사자주의에 대한 정의의 "장애인의 정치적 연대를 통해 …… 서비스 공급체계의 불평등한 권력관계를 비판·견제함으로써"라는 구절에서도 드러나듯, 이들이 말하는 당사자주의의 운동 목표는 비장애인 세력에게서 복지 전달 체계와 권력을 탈환하는 것이다. 활동보조서비스가 처음 제도화되던 시기, 그 중계기관을 장애인자

---

19 김대성, 〈장애인 당사자주의 운동의 참여와 연대정신〉, 177~178쪽, 강조는 인용자.

립생활센터가 독점해야 한다고 주장했던 것도 바로 이러한 인식과 전략에 기초한 것이었다.[20] 윤삼호는 유형별 장애인단체의 형태를 띤 사이비 당사자주의가 "용감하게도 '장애인단체가 복지관을 많이 운영하는 것이 바로 당사자주의의 실천이다'는 생뚱맞은 주장을 하기도" 한다며 시니컬하게 비판했지만,[21] 한국DPI의 운동 전략과 목표 역시 본질적으로 이와 다르지 않다.

그리고 복지 전달 체계와 권력을 탈환하기 위해 이들이 추구하는 정치세력화는 자유한국당에서부터 진보정당에 이르기까지 좌우를 가리지 않는다. 이념이나 세계관과는 상관없이 전달 체계를 장악하기 위해서라면 현실의 어떤 권력과도 결합할 수 있는데, 이는 그들이 이 세계를 '비장애인 세계'와 '장애인 세계'라는 이분법적 관점에 근거해 바라보며, 장애인 당사자의 이익 앞에서 다른 모든 것은 부차적이라고 여기기 때문이다. 또한 복지 전달 체계를 탈환해 보건복지부의 사업 파트너가 되기 위해서는 정부와 적대적인 관계를 형성할 수 없기에, 이들의 대중투쟁은 하나의 요식 행위로 전락할 수밖에 없다. 과연 이런 운동 전략과 정치세력화가 진정한 장애해방이나 장애해방을 위한 운동의 지속을 담보할 수 있을까? 당사자주의의 올바른 위상을 정립하는 것과 더불어 장애인운동에 참여하는 모든 이들이 판단해야 할 지점이다. 그리고 그 판단의 차이로부터, 유

---

20   김도현, 〈전달체계 독점은 운동의 전략이 될 수 없다〉, 에이블뉴스, 2006. 8. 9.
21   윤삼호, 〈장애와 정치〉, 73쪽.

발-데이비스가 말한 '연합'의 경계와 '동행'의 대상 또한 정해
질 것이다.

보론

정체성, 해체할 것인가 횡단할 것인가

현대 정치철학에서 '정체성'을 어떻게 개념화하고 이해할 것인가는 매우 중요한 과제다. 68혁명과 더불어 활성화된 소위 신사회운동은 '정체성(의) 정치'[1]라고 불리게 된 일련의 실천과 긴밀히 연관되었고, 현실 사회주의 국가의 몰락 이후 신자유주의적 지구화의 흐름 속에서 격화된 인종·민족·종교적 갈등은 정체성을 더욱 복잡하고 문제적인 무엇으로 만들었다. 그리하여 오늘날 사회의 진보나 변혁을 진지하게 고민하는 많은 이론

---

1   '정체성 정치'라는 용어 자체는 1977년 컴바히강 집단Combahee River Collective이 발표한 〈흑인 페미니스트 선언A Black Feminist Statement〉에서 정식화되었다. 이 선언은 흑인 여성들이 자신들의 해방을 위해 주로 다른 흑인 여성에게 의존해야만 하며, 다른 어떤 집단도 흑인 여성의 자유를 위해 지속적으로 헌신하지 않을 것이라고 주장했다. 즉 누군가의 정치 활동은 '적어도 부분적으로나마' 그 개인의 사회적 정체성에 기인해야 한다는 것이다(Linda M. Alcoff, 'Identity Politics', ed. Lorraine Code, *Encyclopedia of Feminist Theories*, Routledge, 2000, pp.263-264; 이화신, 〈H. 마르쿠제의 페미니즘과 정체성의 정치〉,《중앙사론》 제17집, 2003, 190쪽 참조).

가들과 실천가들은 정체성(의 정치)을 비판적으로 다시 사유하게 된다. 낸시 프레이저 역시 그런 인물들 중 한 명이다.

5장에서 살펴보았듯, 그녀는 정체성 정치가 정체성의 '물화'—정체성을 본질화하면서 분리주의와 고립화, 권위적·가부장적 공동체주의를 촉진하는 것—를 피하기 어렵고 분배 투쟁을 '대체'하는 경향을 띤다고 분석하면서, 인정 투쟁의 정체성 모델을 강하게 비판한다.[2] 그러면서 '비-정체성 중심적 정치non-identitarian politics'와 더불어 문화적 부정의를 바꾸기 위한 변혁적 개선책으로 '정체성 해체 전략'을 제안한다. 나 역시 장애인운동에서 생물학적 당사자주의의 폐해를 경험했기에 그녀의 이론적 입장에 상당 부분 공감한다. 그러나 프레이저의 정체성 해체 전략에는 적극적으로 동의하기 어려운데, 이는 서로 연관된 아래의 몇 가지 이유들 때문이다.

첫째, 정체성은 기본적으로 '나는 누구인가?'라는 질문에 대한 스스로의 답변과 관련된다. 즉 자신의 정체를 모르는 주체란 성립할 수 없으므로, 정체성의 구성(정체화)은 주체화와 긴밀히 연결된다. 그런데 프레이저는 일정한 정체성을 지닌 주체가 어떻게 구성되는지에 대해 논변을 펼치지 않으며, 호네트 같은

2　정체성 정치와 정체성 모델에 대한 이런 비판은 장애학에서도 종종 발견된다. 예컨대 장애인 당사자로서 활발한 저술 활동을 펼쳐온 톰 셰익스피어는 정체성 모델에 기반을 둔다고 할 수 있는 장애 자부심 운동에 대해 "장애 정치의 목적은 …… 장애 정체성에 대한 배타적인 민족주의적 개념화를 통하여 세상과 분리된 장애 자부심을 찾아내고 찬미하는 것은 아니다"(톰 셰익스피어, 《장애학의 쟁점》, 이지수 옮김, 학지사, 2013, 148쪽)라고 논평하면서 비판적 태도를 견지한다.

신헤겔주의자들의 상호인정적 관점을 비판하면서도 어떤 측면에서는 이를 전제한다. 이는 그녀에게 정의의 규범적 원칙 내지 준거라 할 수 있는 참여 동등과 관련해 (경제적 분배가 객관적 조건으로 규정되는 반면) 문화적 인정이 '상호주관적' 조건으로 규정된다는 점, 그리고 그녀가 해체하고자 하는 정체성의 실체가 신헤겔주의자들이 규정한 것에서 크게 벗어나지 않는다는 점을 통해 간접적으로 확인할 수 있다. 즉 프레이저에게는 그녀 자신의 주체화 이론 자체가 존재하지 않으며, 이로 인해 니컬러스 컴프리디스의 표현을 빌리면 그녀의 정의론은 "'주체 없는subjectless' 담론"이 되어버린다.[3]

현대 문화연구에서 주체화는 이데올로기의 문제 설정을 경유하지 않고는 제대로 논의되기 어려운데, 루이 알튀세르는 이데올로기가 개인을 일정한 주체로 '호명interpellation'하는 것으로 개념화한다.[4] 정체성 역시 내가 어떤 이름이나 범주로 호명되는 것, 그리고 그것을 받아들이는 것과 불가분의 관계에 있다. 정체성의 구성은 주체화의 핵심적 일부인 것이다. 오랫동안 알튀세르를 연구해온 진태원은 《마르크스를 위하여》(루이 알튀세르, 서관모 옮김, 후마니타스, 2017)에 대한 서평에서 "알튀세르는 이데올로기는 사회가 존재하기 위한 필수 요소이며, 심지어 공

---

3 니컬러스 컴프리디스, 〈인정의 의미를 둘러싼 투쟁〉, 케빈 올슨 엮음, 《불평등과 모욕을 넘어》, 459쪽.
4 루이 알튀세르, 〈이데올로기와 이데올로기적 국가장치〉, 김동수 옮김, 《아미엥에서의 주장》, 솔, 1991, 115~121쪽.

산주의 사회에도 이데올로기는 존재한다고 주장한다. 이때 이데올로기는 허위의식이나 기만, 조작된 표상 같은 것이 아니라, 우리가 살아가는 삶의 세계 자체, 상상적 관계 그 자체를 뜻한다. 간단히 말하면 개개인의 정체성만이 아니라 계급이나 국민, 민족 같은 집단의 정체성 역시 이데올로기에 의해 구성되며, 우리는 그러한 정체성을 살아간다. 따라서 이데올로기의 핵심 기능은 주체를 주체로 구성하는 것"이라고 이야기한다.[5] "내가 그의 이름을 불러주었을 때 그는 나에게로 와서 꽃이 되었다"는 김춘수의 시 〈꽃〉은 이데올로기적 호명을 통해 이루어지는 정체화 및 주체화 작용을 직관적으로 이해하는 데 도움을 준다.

따라서 우리가 장애인이라는 정체성을 해체해야 한다면, 어떤 손상을 지닌 사람이 장애인으로 호명되는 것 자체를 비판하고 거부해야 한다. 하지만 장애인으로 호명되는 것, 장애인이라는 정체성을 갖고 장애인이라는 주체로 구성되는 것 자체를 거부해야 한다면, 장애인운동은 적어도 대중적 차원에서는 성립 불가능하거나 여러 딜레마에 빠진다. 대중운동에서 정체성이 구성되는 과정으로서 정체화identification는 피억압 대중이나 소수자가 자신이 억압받는 존재자의 위치에 있음을 '발견'하고, 이를 주변의 다른 존재들과 더불어 '확인'하는 과정('identify'는 '발견하다', '확인하다'는 의미 또한 지닌다), 즉 일종의 의식화 내지 저항적 주체화 과정과 분리될 수 없는 측면이 있기 때문이다. 마

---

5   진태원, 〈'을'의 평등하고 자유로운 주체화를 위하여〉, 《한겨레》, 2017. 1. 12.

르크스는《독일 이데올로기》등을 비롯한 여러 글에서 이데올로기를 일종의 허위의식으로 규정하지만,《정치경제학 비판을 위하여》(1859)의 서문에서는 인간들이 "갈등들을 의식하게 되고 싸워 해결하게 되는" 영역으로 설명하는데,[6] 이는 정체화가 지닌 의식화의 측면과 무관하지 않다.

　문화적 부정의로서의 '무시' 역시 단지 정체성을 훼손하기만 하는 것은 아니다. 다른 한편으로 이는 저항적 정체성이 구성되는 계기이기도 하다. 처음에는 동성애자들을 비하하는 의미로 사용되었지만 성소수자운동에서 급진적으로 재전유된 'queer(괴상한)'라는 용어, 마찬가지로 장애인을 무시하고 격하하는 의미를 갖지만 장애인단체의 명칭 등에서 저항적 호명으로 쓰이기도 하는 'cripple[Krüppel](불구자)'이라는 용어는 그 한 사례다. 한국에서 1980년대 말과 1990년대의 장애인운동 주체들이 일상에서 스스로를 '병신', 비장애인을 (성한 사람이라는 의미에서) '성성이'라고 불렀던 것, 그리고 장애인 이동권투쟁의 초기 과정을 담은 다큐멘터리 〈버스를 타자〉(박종필, 2002)에서 장애인이동권연대의 박경석 공동대표(현 전국장애인차별철폐연대 공동대표)가 "그래, 우리는 병신입니다. 병신이라도 당당한 병신이길 원합니다"라고 발언하는 장면 역시 같은 맥락에서 이해할 수 있다. 여기서 장애인이라는 정체성은 해체된다기보다는 저항적

6　칼 맑스, 〈정치 경제학의 비판을 위하여. 서문〉,《칼 맑스 프리드리히 엥겔스 저작 선집 2》, 최인호 외 옮김, 박종철출판사, 1997, 478쪽, 문구는 일부 수정.

으로 '재구성'되는데, "불평등한 권력관계 내에서 지배에 대한 저항을 통해 정체성이 중요성을 갖게 된다"는 케빈 헤더링턴의 입장은 이런 맥락을 이해하는 데 도움을 준다.[7]

마누엘 카스텔 역시 정체성의 사회적 구성은 언제나 권력관계의 맥락 안에서 발생한다는 점을 지적한다. 그는 정체성 구성의 형태와 근원을 '정당화 정체성legitimizing identity', '저항적 정체성resistance identity', '기획적 정체성project identity' 세 가지로 구분한다. 우선 정당화 정체성은 "사회의 지배적인 제도가 사회행위자들에 대한 자신의 지배를 확대 또는 합리화하기 위해 도입"하는 것으로, 구조적 지배의 원천을 합리화하는 정체성을 재생산한다. 반면 저항적 정체성은 "지배 논리에 의해 폄하되거나 비난받는 처지에 있는 행위자들에 의해 생성되며, 따라서 사회 제도에 널리 퍼진 원리와는 다른, 또는 그것에 반대되는 원리에 기반해 저항과 생존의 경향을 구축"하게 된다. 마지막으로 기획적 정체성은 "어떤 사회행위자들이든 간에 자신들이 이용 가능한 문화적 재료에 기초해 사회에서 자신들의 지위를 재정의하는 새로운 정체성을 구축하고, 그렇게 사회구조 전반의 전환을 추구하려고 할 때" 드러난다.[8] 그런데 이데올로기의 측면에서 이 세 가지 형태의 정체성 구성은 완전히 분리되어 있는 것이

---

7 콜린 반스·마이클 올리버·렌 바턴 엮음, 《장애학의 오늘을 말하다》, 김도현 옮김, 그린비, 2017, 150쪽.
8 마누엘 카스텔, 《정체성 권력》, 정병순 옮김, 한울아카데미, 2008, 25~28쪽, 번역은 일부 수정.

아니다. 서로 교차하고 간섭하며 단속斷續하는 형태로 나타날 수밖에 없다. 즉 이데올로기가 기존 체제의 규율과 질서를 반영하는 한 이데올로기를 통한 정체화에는 일종의 예속화가 필연적으로 내재한다.⁹ 그러나 저항적 주체의 형성 역시 이데올로기를 우회할 수는 없으며, 바로 그 이데올로기 내부의 균열과 반역을 통해 이루어진다.

둘째, 프레이저가 이야기하는 '해체[탈구축]deconstruction'는 기본적으로 자크 데리다에게서 유래한다. 그런데 이러한 해체가 포괄적인 의미에서의 담론 투쟁이나 문화예술적 실천이 아닌, 대중의 일상 내지는 대중운동 차원의 물질적 실천에서 구체적으로 어떻게 수행될 수 있는지는 프레이저에게서도 여전히 모호한 상태로 남아 있다. 이는 그녀에게 정체화 및 주체화에 대한 이론이 존재하지 않기 때문이기도 하지만, 어떤 면에서는 이론적 작업의 영역 너머에 있는 문제일지도 모른다. 왜냐하면 컴프리디스의 지적처럼 "우리의 정체성을 해체하는 일" 자체가 그 과정과 결과를 "우리가 실질적으로 통제하거나 예견할 수 있는 어떤 것이 아니"기 때문이다.¹⁰ 다른 한편으로 소수

---

9   비록 이데올로기 개념을 사용하지는 않지만, 정체화가 지닌 예속화의 측면을 극단적으로 이론화한 정치철학자로 랑시에르를 꼽을 수 있다. 랑시에르에게 '정체화'란 사회를 구성하는 각각의 부분들에 그들 고유의 정체성과 몫을 분배하는 것이다. 이는 본질적으로 '치안'의 논리에 해당한다. 따라서 그는 치안과 구분되는 '정치' 주체의 구성—즉 정치적 주체화—은 '탈정체화de-identification' 내지 '탈분류화/탈계급화declassification' 과정을 통해서만 가능하다고 설명한다.
10   니컬러스 컴프리디스, 〈인정의 의미를 둘러싼 투쟁〉, 470쪽.

자운동은 일상적인 실천의 과정에서 여성대회나 성소수자대회, 장애인대회를 조직한다. 그런 이벤트(사건)를 조직함으로써 소수자 대중운동은 스스로의 존재와 목소리를 드러내고 무언가를 요구한다. 하지만 집단적 정체성을 해체하는 것이 바람직한 일이라면, 여성/성소수자/장애인운동이 여성/성소수자/장애인을 '불러'내 정치적 사건을 조직하는 것 자체가 자기 모순적인 일이 된다.

셋째, 2005년 이후 프레이저는 경제적인 것으로서 '분배', 문화적인 것으로서 '인정'과 더불어 정치적인 것으로서 '대표' 역시 정의의 문제로 다룬다. 그러나 정체성 해체 전략에 우선순위가 주어질 경우, 그녀 자신이 독자적인 정의의 영역으로 설정한 대표 역시 집단적 측면에서는 딜레마에 빠질 수밖에 없다. 하나의 정체성으로 모일 수 있는 대중이 불안정하고 유동적일 때, 아니 오히려 그처럼 불안정하고 유동하게 만드는 것 자체가 운동의 과제여야 할 때, 정치는 '누구'의 입장을 '어떻게' 적극적으로 대표[대의/표현]할 수 있을까.

넷째, 대중운동이 변혁 전략을 구사할 수 있는 것은 일상적인 운동의 과정에서라기보다는 구조적 모순이 말 그대로 변혁적 정세와 조우할 때이다. 그런 정세 속에서 투쟁을 거치면서 정체성 일반이 아니라 특정한 정체성이 약화되거나 해체될 수도 있다. 즉 정체성의 해체는 투쟁의 '전제'라기보다 사후적 '결과'에 가깝다. 이데올로기와 정체성은 물적 토대를 갖는다. 그리고 물적 토대를 해체하려면 불가피하게 일정한 정체성 아래 모여 해당 물적 토대를 해체할 수 있는 동력을 만들어내야 한다. 역설적이지만 장애인이라는 이름 아래 단결해 싸울 때 장애인/비장애인이라는 역사적 범주가 해체될 수 있다. 성소수자라는 이름 아래 단결해 싸워 성차별이 사라질 때 성소수자/성다수자라는 범주 자체가 더 이상 무의미해지고, 노동자라는 이름 아래 단결해 싸워야 노동자/자본가 계급이 소멸될 수 있는 것과 마찬가지로 말이다. (그런 측면에서 나는 프레이저가 문화적 인정의 영역에서도 '비개혁주의적 개혁' 전략―긍정 전략 내에 위치해 있지만 변혁적 방향을 향하는―을 좀 더 발전시켜나갈 수 있기를 희망한다.)

이런 이유로 나는 프레이저의 정체성 물화 비판에는 동의하지만 정체성 해체 전략을 우위에 둔 '비-정체성 중심적 정치'에는 동의하기 어렵다. 정체성 자체보다 정체성의 물화가 문제적이라면, 정체성의 해체로 비약하기보다는 물화를 방지할 수 있는 전략을 섬세하게 고민하는 쪽이 더 타당하다고 생각한다. 예컨대 니라 유발-데이비스가 《젠더와 민족》에서 주창한 '횡단의 정치'는 정체성의 해체라는 모호한 전략을 취하지 않고 '뿌리내리기'를 긍정하지만, 동시에 어떤 주체가 지닌 다중적 정체성을 적극적으로 시야에 들어오게 함으로써 개인이 하나의 정체성으로 환원되는 것을 막고 '옮기기'를 시도한다.[11] 이를 통해 정체성의 물화를 피하고 특정 갈등과 구체적인 의제를 중심으로 정치적 실천을 조직한다.

---

11   니라 유발-데이비스, 《젠더와 민족》, 233~234쪽.

요컨대 정체성은 '해체'의 대상이 아니라 '횡단'의 장이 되어야 하며, 정체성 정치 역시 '배제'되기보다는 변증법적 의미에서 '지양'되어야 한다. 정체성과 정치라는 문제와 관련해 내가 견지하고자 하는 입장은 바로 이것이다.

7 장

자립과 의존의 이분법을 넘어
공생의 세계로

"자립은 '의존하지 않는 것'이 아니라
'의존할 것을 선택할 수 있는 상태'입니다."

― 구마가야 신이치로

모든 생물은 "자기 완결적이고 자율적인 개체라기보다는
오히려 다른 생물과 물질과 에너지, 그리고 정보를 교환하는
공동체"이다. "'남'이 없다면, 우리는 살아갈 수 없다."

― 린 마굴리스

1980~1990년대 한국 장애인운동이 장애해방이라는 이념을 전면에 내걸었다면, 현재의 장애인운동은 장애인의 '자립'을 하나의 이념이자 지향점으로 삼고 있다. 2001년부터 시작된 이동권 투쟁 이후 대중투쟁 현장은 장애인자립생활센터를 중심으로 조직되었고, 이제는 정부 시책에서도 '재활'이나 '통합'보다는 '자립'이라는 수사가 일반적으로 사용된다. 1960년대 말 미국에서 태동한 자립생활운동이 전면에 내건 자립이라는 지향은 '몸-노동 활동-일상 활동'이라는 일련의 맥락 내에서 '의존'적인 존재로 낙인찍혀온 장애인 대중에게 강력한 열망과 결집력을 부여했다. 그 결과 자립생활운동과 그 일반적 조직 형태인 자립생활센터는 북미 지역을 넘어 전 세계 중증장애인운동의 한 전형으로 자리 잡았다. 그러나 자립생활의 핵심 개념인 '자기결정'과 '선택choice'이 '소비자주권consumer sovereignty'이라

는 형태로 구체화된 것에서 단적으로 드러나듯, 자립생활운동은 근대 자본주의가 기반하는 개인주의의 틀을 이념적으로 확고히 넘어서지는 못했으며, 실천적으로도 (신)자유주의가 제시하는 기회의 평등과 시장주의적 대안에 동요하는 모습을 보여왔다.

나는 21세기 들어 꾸준히 성장한 한국의 자립생활운동, 그리고 그 자립생활운동을 중심으로 발전해온 장애인 대중운동이 점차 일정한 임계점에 다다르고 있다고 생각한다. 이 장에서는 이런 문제의식 아래, '자립' 이념을 비판적으로 지양하는 대안으로서 '연립'이라는 개념을 실험적으로 제안해보고자 한다. 우선 장애 문제를 다루는 전통적 패러다임인 재활(정립) 담론을 간략하게 살펴본 후, 그 대안으로 제출된 자립 담론이 상당한 시대적 긍정성에도 불구하고 어떤 한계를 지니고 있는지 설명할 것이다. 이어서 의존과 자립의 이분법이 지닌 이념적·전략적 문제를 드러내는 가운데 '연립'이라는 가치와 지향의 필요성을 이야기하려 한다. 이와 같은 '정립正立 → 자립 → 연립聯立' 논의는 장애 담론의 과거, 현재, 미래를 비판적으로 성찰하고 전망하기 위한 작업이 될 수 있을 것이다.

1

정립: 부정한 몸들을 '수선'하다

서구 사회에서 장애인에 대한 사회정책은 양차 세계대전을 거치며 본격적으로 시작되었다. 그 후 대략 1980년대 말까지, 한국의 경우에는 2000년대 중반까지도 '재활rehabilitation'이 장애 담론을 지배했다. 예전만큼 절대적이라고 할 수는 없지만, 그 영향력은 여전히 굳건하고 강력하다. 재활에 대한 지향은 1975년 건립된 우리나라 최초의 장애인 지역사회 이용시설(즉 장애인복지관) 명칭이 '정립회관正立會館'인 것에서 상징적으로 드러난다. 부정不正한 동시에 부정不淨한 존재인 장애인을 정립하게 만들고 정화淨化시키는 것, 그것이 바로 재활이다. 재활은 장애를 가진 이라면 반드시 거쳐야만 하는 기약 없는 통과의례였던 것이다. 그렇다면 장애인은 도대체 왜 그와 같은 재활의 대상이 되었을까? 이 물음에 대한 근본적인 답을 찾기 위해서는 근대 자본주의의 전환기로 거슬러 올라가야 한다. '장애인'이라는 낙인과 범주가 최초로 발생한 200백여 년 전의 시기로 말이다.

자본주의의 형성기, 즉 본원적 축적기는 토지에서 쫓겨났지만 새로운 공장 체제의 임노동 관계에 편입되지 못한 소위 '부랑자vagabondage'가 대량으로 양산된 시기였다. 느리고 자율적이며 유연한 형태의 노동에 익숙했던 많은 사람들은 카를 마르크스가 《자본Das Kapital》에서 사용한 표현에 따르면 "별다른 도리가 없었기 때문에" 부랑자가 되었는데,[1] 이때 등장한 것이 바로 구빈원救貧院이다. 서구 사회복지의 역사에서 빈번히 등장하는 바로 그곳. 한영사전에서 '구빈원'을 찾으면 두 개의 영어 단어가 나온다. 하나는 'poorhouse'이고, 다른 하나는 'workhouse'이다. 구빈원이 운영되던 시기에 실제로 더 많이 쓰인 단어는 'workhouse'였다. 즉 구빈원이란 실상 부랑자들을 일정한 훈육의 과정을 거쳐 임노동 관계로 편입시키기 위해 국가가 운영한 강제노동 수용소였던 것이다.

그런데 일정 시점이 지나자 국가는 효과적인 훈육을 시행하고 나태를 방지하기 위해 구빈원의 수용자들을 분류할 필요성을 느끼게 된다. 핵심 목표는 일할 수 없다고 간주된 사람들을 일할 수 있지만 하지 않으려는 사람들에게서 분리하는 것이었다. 구빈원 밖에서의 구제 조치(원외 구제)를 폐지한 영국의 1834년 〈개정구빈법The Poor Law Amendment Act〉은 빈민들을 분류할 때 아동, 병자, 광인, 심신 결함자defective, 노약자the aged and infirm

---

1   카를 마르크스, 《자본론 I-[하]》(제2개역판), 김수행 옮김, 비봉출판사, 2001, 1009쪽.

를 특별히 중요한 다섯 개의 범주로 설정한다. 그리고 이들에게 'the disable-bodied(일할 수 없는 몸)'라는 꼬리표를 부여했으며, 이 범주에 들지 않는 사람들에게는 '잔여적인' 방식으로 'the able-bodied(일할 수 있는 몸)'라는 꼬리표를 부여하고 그들을 노동능력자로 간주했다.[2] 노동능력자들은 그대로 구빈원에 남겨졌고, 아동들은 근대와 더불어 출현한 공교육 시스템(학교)에 맡겨졌으며, 아동을 제외한 나머지 네 범주의 사람들은 별도의 시설로 보내졌다. 오늘날의 관점에서 보면 바로 이 네 가지 범주의 사람들이 장애인을 구성하게 되며, 그들이 보내진 별도의 시설이 바로 장애인 수용시설의 기원이 된다. 일할 수 있

---

2   '장애(인)'라는 범주의 기원에 대한 이와 같은 역사적 사실은 데리다의 '대체보충supplément' 개념을 떠올리게 한다. 프랑스어 '쉬플레망supplément'은 영어의 '서플리먼트supplement'와 마찬가지로 '보충'이나 '추가'를 뜻하며, 이는 어떤 본체나 중심이 먼저 존재하고 여기에 덧붙여지는 것이 쉬플레망임을 함의한다. 하지만 데리다는 쉬플레망의 일반적 의미에 담긴 본체와 보충물, 중심과 부가물, 기원적인 것과 사후에 덧붙여진 것 사이의 위계 관계를 뒤집어, 본체-중심-기원적인 것이야말로 보충물-부가물-사후적인 것에 존재론적으로 의존하고 있음을 드러낸다. 더 나아가 우리에게 정상적인 것으로 나타나는 본체-중심-기원적인 것과 보충물-부가물-사후적인 것 사이의 관계가 사실은 폭력적인 억압과 전위轉位를 통해 구성된 것이라는 점을 밝힌다(진태원, 〈대체보충supplément〉, 웹진 민연 16호, 고려대학교 민족문화연구원, 2012년 8월).
요컨대 정상적인 규준으로 간주되는 '비장애ability' 혹은 '장애 없음ableness'은 비정상적인 예외로 여겨지는 장애를 먼저 정의하고 억압하며 차별적으로 담론화하지 않은 상태에서는 결코 존재할 수 없다. 즉 그것은 장애에 사후적으로 덧붙여진 것이다. 그런데 이처럼 중심적인 것과 부가적인 것 사이의 관계가 '억압'되고 '전위'된 것이라면, 여기에는 '억압된 것의 회귀' 내지 '재전위'의 가능성에 대한 집단적 무의식과 두려움이 존재할 수밖에 없다. 호주의 사회학자 피오나 쿠마리 캠벨은 바로 이런 '두려움에 대한 강박compulsion toward terror'으로 인해 장애혐오 범죄, 장애 비방, 장애포비아가 발생한다고 말한다(Fiona Kumari Campbell, "Legislating Disability: Negative Ontologies and the Government of Legal Identities", ed. Shelley Tremain, *Foucault and the Government of Disability*, University of Michigan Press, 2015, pp.109-110).

는 몸을 선별하기 위해 일할 수 없는 몸을 명확히 규정하고자
했고, 이로부터 '장애인'이라는 개념이 '발명invention'되었던 것이
다.[3] 요컨대 근대사회로의 전환기에 생겨난 장애인이라는 범주
는 새로운 형태의 자본주의적 노동 체제에서 배제당한 사람들,
즉 '불인정 노동자unrecognized worker' 집단을 가리킨 개념이라고
할 수 있다.[4]

이런 폭력과 배제의 과정을 거쳐 탄생한 자본주의 체제는
모든 것을 시장에서 거래되는 '상품'으로 만들어버리는 사회
다. 칼 폴라니에 따르면, 그 본질상 결코 상품이 될 수 없는 토
지, 화폐, 그리고 결정적으로 인간의 '노동(력)'까지도 말이다.
손상된 상품은 충분한 사용가치use value가 있을지라도 교환가치
exchange value를 지닐 수 없다. 예컨대 뒷주머니 한쪽이 떨어지거
나, 허리띠를 넣는 고리가 하나 없거나, 밑단에 흠이 있는 청바
지의 경우, 몸을 보호하고 체온을 유지시키는 바지 고유의 유용
성은 존재하지만 시장에서 화폐와 교환되지 않는다. 그래서 필
연적으로 '수선'을 거쳐야 한다. 폐기 처분되지 않으려면, 상설
할인매장에서 헐값에라도 팔리려면 말이다. 이와 마찬가지로
손상된 노동력 상품의 담지체인 장애인의 몸도 수선의 과정, 즉

---

3 Michael Oliver, *The Politics of Disablement*, St. Martin's Press, 1990, pp.32-34;
또한 '장애(인)'이라는 범주가 발명되는 좀 더 구체적인 사회사에 대해서는 Sarah F. Rose,
No Right to Be Idle: The Invention of Disability, 1840s-1930s, The University of North
Carolina Press, 2017을 참조하라.
4 김도현,《당신은 장애를 아는가》, 메이데이, 2007, 72쪽.

재활의 과정을 필연적으로 요구받는다. 노동력 상품은 인간의 몸과 분리될 수 없으니 말이다. 건조하게 말하면, 재활은 손상된 노동력 상품을 재활 전문가라는 수리공에게 맡겨 수선하는 과정인 것이다.

사실 제2차 세계대전 이전까지만 해도 의학의 한 하위 분과로서 재활의학은 존재하지 않았다. 재활의학의 창시자로 꼽히는 인물은 하워드 A. 러스크 박사다. 미 공군 군의관이었던 그가 상이군인들을 대상으로 실시했던 회복 프로그램에 기초하여 뉴욕대학병원에 최초의 재활프로그램을 마련한 것이 1948년의 일이다. 즉 양차 세계대전을 거치며 수많은 젊은이들이 전쟁터에서 죽거나 다치게 되었고, 이로 인해 노동력이 절대적으로 부족해진 상황에서[5] 재활의학이 처음 등장하여 국가적 지원 아래 발전하게 된 것이다. 이러한 역사는 손상된 노동력 상품의 복원이라는 재활의 본질을 직접적으로 드러낸다.

---

5   당시 상황의 한 단면을 엿볼 수 있는 영화로 지나 데이비스, 톰 행크스, 마돈나가 주연으로 출연한 〈그들만의 리그A League of Their Own〉가 있다. 이 영화는 제2차 세계대전의 발발로 미국 메이저리그의 남성 선수들 다수가 전쟁에 참가해 리그가 해체될 위기에 놓이자, 일종의 '산업예비군'으로 존재하던 여성들을 스포츠 노동자로 차출해 운영된 전미여자프로야구리그 이야기를 바탕으로 한다. 이 리그는 1943년부터 1954년까지 운영되었다.

2

자립: 그 가능성과 함정

자립생활운동, 자립 개념을 쇄신하다

인간의 노동력이 상품이 된 자본주의 사회에서 자본가가 아닌 무산대중proletariat은 자신의 노동력을 팔아야만 자기 힘으로 살아갈 수 있다. 즉 '자활自活'할 수 있다. 자활하지 못한 이들은 게으르고 무능력하며 의존적인 존재로 낙인찍힌다. 자본주의 사회에서 '의존'적이라는 비난이 겨냥하는 핵심적인 지점 혹은 일반적인 의미는 바로 이것이다.

한편 노동시장에서 원천적으로 배제된 채 재활이라는 영역에 편입된 장애인에게는 훨씬 더 생의학적biomedical이고 기능적인 의미에서 의존적이라는 낙인이 부여되어왔다. 재활의 시선에서 중요한 것은 몸(심신)에 결함이 있는 장애인은 일어나고, 씻고, 요리하고, 밥 먹고, 옷 입고, 용변을 보고, 이동하는 소위 일상생활 활동Activities of Daily Living, ADL을 혼자서 수행할 수 없다는 사실이다. 즉 정상적인 존재는 스스로 할 수 있는 자기돌봄self-care 활동을 다른 이들의 도움을 받아야만 할 수 있으니 의존적인 존재라는 것이다. 결국 재활이란 '비정상적'인 존재인 장애인을 '정상적'인 존재로 탈바꿈시키는 것, 즉 그들의 신체와 삶을 정상화normalization해 주류 사회로 다시 편입시키는 것—주류화mainstreaming—이라 할 수 있다.

'몸-노동 활동-일상 활동'이라는 일련의 맥락 내에서 의존적인 존재로 낙인찍히고 억압당해온 장애인들, 특히 중증장애인들에게 의존과 반대 개념인 자립이라는 목표와 지향은 강력한 열망을 불러일으켰다. '독재'에 의해 억압받는 민중들에게 그 반대 개념인 '민주주의'가 열망의 대상과 지향점이 되는 것처럼 말이다. 1960년대 말 미국에서 처음 시작된 자립생활운동이 북미 지역을 넘어 남미, 유럽, 아시아, 아프리카 등 전 세계로 확산된 배경에는 이렇듯 의존이라는 낙인을 중심으로 한 오랜 억압의 역사가 존재했다. 물론 자립생활운동이 지향하는 자립이 재활에서 이야기하는 자립과 같은 것일 수는 없었다. 주류적 개념에서의 자립이란 곧 정립이니까. '자신의 두 발로 서다'라는 은유적 표현—영어에도 마찬가지로 'stand on one's own two feet'이라는 숙어가 존재한다—이 '자립하다'라는 의미를 갖는 것에서 잘 드러나듯 말이다.[6] 여기서 자립이라는 도덕적 가치의 실현은 정상적 혹은 표준적인 몸을 전제 조건으로 한다. 자립생활운동의 선구자들은 운동을 개척해나가는 과정에서 그러한 자립 개념 자체를 혁파하고 쇄신해낸다.

대표적인 1세대 자립생활운동가 중 주디스 휴먼이라는 장애여성이 있다. 그녀는 (흔히 자립생활운동의 아버지라 불리는) 에드워드 로버츠와 함께 미국 최초의 자립생활센터인 버클리자립생활센터를 만들고 세계장애연구소World Institute on Disability도 공동으로 설립한 인물이다. 휴먼은 자립을 의료적이고 기능적인 정의에 따른 자기돌봄의 수행이 아니라 "정상적인 몸을 조건으로 하지 않는 정신mind의 과정"이라고 규정했다.[7] 또한 사회적 장애모델을 정립한 마이클 올리버는 자립을 "자신의 삶을 스스로 통제하고 결정할 수 있는 것"이라 말했다.[8] 이러한 자립 개념의 쇄신에 따라 현재 전미자립생활협의회National Council on Independent Living는 자립생활을 "삶에 대한 결정을 내릴 때 타인의 개입 또는 보호를 최소화해, 스스로의 삶을 선택하고 결정하는 모든 과정에 장애인 당사자가 참여하는 것"으로 정의하고 있다. 즉 '자기결정권'을 핵심으로 하는 자립 개념이 확립된 것이다.

---

6 이와 같이 신체적 은유를 통해 드러나는 도덕적 가치에 대한 설명으로는 Jackie Leach Scully, "Disability and Thinking Body", eds. Kristiansen, Vehmas and Shakespeare, *Arguing About Disability*, pp.68-70을 참조하라.

7 Judy Heumann, "Independent Living Movement", August 1977(Eva Feder Kittay, "A Feminist Care Ethics, Dependency and Disability", APA Newsletter 6(2), Spring 2007, p.5에서 재인용).

8 Michael Oliver, *The Politics of Disablement*, p.91.

새로운 자립 개념의 한계

자기결정권을 중심으로 한 자립 개념은 분명 하나의 혁신이었다. 하지만 그것은 근대적인 주체 중심의 철학을 확립한 데카르트의 코기토 개념(나는 생각한다, 고로 존재한다) 및 육체와 정신의 이분법에서 벗어나 있지 않다. 즉 자립생활운동이 재정립해낸 자립 개념은 의료 중심적이고 기능 중심적인 한계는 넘어섰지만, 근대 서구 사회의 인간 중심적이고, 이성 중심적이며, 개인 중심적인 한계를 완전히 넘어서지는 못했다. 또한 '정신의 과정'에서 비발달장애인과 차이를 나타내는 발달장애인의 자기결정권 문제와 관련해서는 일정한 딜레마와 혼동에 빠질 수밖에 없었던 것처럼 보인다. 이런 맥락에서 서양 근대철학과 세계관의 인간중심주의, 이성중심주의, 개인주의를 조금 더 들여다볼 필요가 있다.

데카르트 이래로 서양 근대철학은 주체/대상, 인간/비인간(자연) 이분법에 근거해 세계를 파악해왔다. 인간이 만물의 영장이며 우주의 중심이라는 나르시시즘적인 인간중심주의는 인간/비인간(자연)이라는 이분법을 넘어 인간을 다시 인간다운 인간(인격체person)/인간 이하의 인간(비인격체non-person)으로 가른다. 즉 인간중심주의는 자연과 환경을 대상화할 뿐 아니라 인간 이하의 인간에 대한 타자화와 배제로 이어질 수 있다. 민족(중심)주의가 타민족에 대한 혐오뿐 아니라 자민족 내에서도 순수한 혈통과 오염된 혈통을 가려내는 민족정화 운동으로 이어질 수 있는 것처럼 말이다. 우생주의 사상에 기초한 나치즘은 그 극단적인 한 예다. 실제로 나치가 유대인 대학살을 진행하던 시기, 장애아동에 대한 안락사와 T-4라는 암호명으로 알려진 장애성인 학살 프로그램을 통해 무려 27만 5,000여 명의 장애인이 목숨을 잃었다. 폴란드 수용소에서 유대인들을 절멸시킨 샤워실 형태의 가스실 역시 장애인을 학살하기 위해 브란덴부르크의 한 병원에서 고안된 것이었다.

"모든 사람은 이성과 양심을 가지고 있으므로 서로에게 형제애의 정신으로 대해야 한다"는 〈세계인권선언〉 제1조에서도 나타나듯, 이성중심주의는 근대적 인권 개념에 깊이 각인되어 있다. 실제로 인권의 주체는 '이성'을 기준으로 설정되었다. 이성의 담지자로 간주되지 않았던 노예나 식민지 원주민, 이성적 존재가 아닌 감성적 존재로 치부되었던 여성, 미성숙한 이성을 지녔다고 간주되는 아동, 이성의 발달이나 작동에 문제가 있다고 판정된 정신적 장애인(지적장애인, 자폐성장애인, 정신장애인)이 권리의 주체에서 배제되어온 것이 바로 인권의 역사다. 특히 정신적 장애인들은 인간 이하의 인간, 즉 비인격체로 취급받았다. 이들은 이성 중심의 세계에서 타자화된 존재, 즉 이성의 타자 reason's other였던 것이다.[9]

이성중심주의적 사고는 자립생활운동의 주체인 장애인 당

9　Tim Stainton, "Reason's Other: The Emergence of The Disabled Subject in The Northern Renaissance", *Disability and Society* 19(3), 2004.

사자에게서도 나타날 수 있다. 언젠가 나는 자립생활센터에서 일하는 노들야학의 한 학생이 상담 도중 '난 정신은 멀쩡한데 사람들이 자꾸 내 말을 무시하고 지적장애인 취급을 한다'며 불쾌감과 분노를 표출하는 모습을 마주한 적이 있다. 이는 자립생활운동의 초기 주체들이 발달장애인의 자기결정과 자립에 대해 지니고 있던 혼동과 딜레마의 한 단면을 드러낸다. 그렇다면 발달장애인의 편에서 권리를 주장하는 이들은 어떤 입장을 취할 수 있을까? 식민지 원주민, 여성, 미성년자를 비이성적 존재로 취급하는 것이 하나의 편견인 것처럼, 발달장애인이나 정신장애인을 비이성적인 존재로 여기는 것 역시 편견이라고 주장하며 그들의 권리를 옹호할 수도 있을 것이다. 그러나 이것이 근본적인 해답이 될 수 있을까? 아직 불투명하기는 하지만, 이성중심주의에 기초하지 않는 새로운 권리 패러다임으로의 전환이 필요한 것 아닐까?

한편 개인주의적 존재론에서는 개인들이 자기보존self-preservation을 위한 역량을 확대하는 과정에서 필연적으로 발생하는 경쟁을 통해 타인과의 관계를 형성하며, 그런 경쟁력을 지니지 못할 때 의존적인 존재가 된다고 본다. 근대 (정치)경제학 역시 인간을 개인의 이익을 극대화하기 위해 합리적으로 행동하는 이기적인 행위자로 상정한다. 이와 같은 사고는 신자유주의적 시장 질서가 확립되고 각자도생各自圖生의 문화가 확산되면서 더욱 공고해졌다. 철학자 김상봉은 데카르트 이후 근대 서구 철학의 주체 개념에서 확립된 개인 중심성을 '홀로주체성'이라는 맥락에서 비판하며 '서로주체성'을 주창한 바 있는데, 이는 이어서 논하게 될 '연립' 개념과도 밀접히 연관된다.[10]

10　서로주체성에 대한 좀 더 자세한 내용은 김상봉, 《서로주체성의 이념》, 길, 2007을 참고하라.

3

연립:
홀로서기도 의존도 아닌, 함께 서기

어떻게 자립할 것인가: 개인주의 혹은 코뮌주의

우리나라 말에는 한자어가 많다. 그리고 한자어 중에는 서로 유사한 의미를 갖는 글자가 결합해 하나의 단어를 이루는 경우가 꽤 있다. '고독'이라는 단어의 '고孤'와 '독獨'도 그 의미가 유사하다. 따라서 여기에 동일하게 '립立' 자를 붙인 '고립'과 '독립'도 (사전적 의미 자체는 다르지만) 유사한 함의를 지닐 수 있다. '독자'라는 단어의 '독獨'과 '자自'도 마찬가지이며, 여기에 각각 '립' 자를 붙이면 '독립'과 '자립'이라는 유사한 함의를 띤 단어가 만들어진다.[11] 그렇다면 고립(A)과 독립(B)이 유사한 함의를

---

[11] 'Independent Living'은 '독립생활'로도 '자립생활'로도 옮길 수 있는데, 일반적으로는 후자의 용어가 많이 쓰이지만 전자의 용어를 선호하는 이들도 있다.

갖고, 다시 독립(B)과 자립(C)이 유사한 함의를 가지므로(즉 A=B이고 B=C이면 A=C이므로), 결국 고립과 자립 역시 유사한 함의를 지닌다고 말할 수 있을까?

자립생활이 지역사회로의 통합을 지향한다는 것을 고려하면, 그리고 '통합'과 '고립'이 완전히 반대되는 개념임을 생각하면, 그렇게 말할 수는 없을 것이다. 그러나 자립생활운동 내에는 자기결정과 선택이라는 원리를 '소비자주권주의consumerism'로 환원하면서 신자유주의적인 사회서비스 시장화에 무비판적이거나 동조적이기까지 했던 흐름이 강하게 존재한다.[12] 또한 기성 체제는 '자립'을 자본주의적인 의미에서의 '자활' 내지 '각자도생'이라는 맥락 속에서 포섭하려 하고 있다. 이런 흐름과 조건으로 인해 자립 개념이 (신)자유주의적인 개인주의와 연동될 위험성은 상존하는 것 같다. 그러나 자립생활운동이 하나의 단일한 흐름으로만 존재했던 것은 아니다. 노동운동이든 여성운동이든 모든 대중운동은 언제나 다양한 흐름들이 서로 경합하는 형태로 발전해왔으며, 자립생활운동도 예외가 아니다. 즉 자립생활운동의 경우에도 '개인주의individualism-자활自活'이라는 하나의 흐름과, '코뮌주의communism-공생共生'이라는 또 다른 흐

---

[12] 사회서비스 시장화라는 조건 속에서 영국과 미국을 중심으로 확산된 것이 바로 '서비스 현금지급 제도direct payment'와 '개인 예산 제도personal budgets'다. 우리나라의 경우 한국DPI와 한국장애인자립생활센터총연합회는 이런 제도의 도입에 적극적으로 찬성하는 반면, 전국장애인차별철폐연대와 한국장애인자립생활센터협의회는 반대 입장을 분명히 하고 있다.

름이 서로 경합해왔다고 할 수 있다. 비록 그 이념을 선명하게 내세우지는 않았다고 하더라도 말이다. 주지하다시피 자립생활운동의 가장 기본적인 구호 중 하나가 바로 '지역사회community에서 함께 살자!'이며, 여기에는 이미 '코뮌'과 '공생'에 대한 정치적 지향이 내재되어 있다. 그리고 이 양자의 흐름과 노선 속에서 자립생활운동의 핵심 개념인 '임파워먼트empowerment'나 '자기결정과 선택'은 전혀 다른 함의를 갖게 된다.

우선 개인주의-자활 노선에서 임파워먼트는 장애인 개인의 부족한 문제해결 능력이나 실무 역량, 혹은 자립생활 기술을 강화하는 것으로 이해된다. 자립생활센터에서 실시하는 소위 '역량 강화 교육'도 이런 종류의 것일 때가 많다. 반면 코뮌주의-공생 노선에서 임파워먼트는 전혀 다르게 이해된다. 비틀즈의 멤버 존 레논이 부른 명곡 중 〈민중에게 권력을power to the people〉이라는 노래가 있는데, 코뮌주의-공생 노선에서 말하는 임파워먼트는 다름 아닌 바로 이것, 즉 'power to the disabled people'을 의미한다. 장애 민중 전체의 집단적인 정치적 힘을 강화하는 것, 이를 통해 소수자(약세자弱勢者) 집단인 장애인과 다수자(강세자強勢者) 집단인 비장애인 간의 불평등한 권력 관계를 변화시키는 것이 핵심이다. 사실 '임파워먼트'라는 개념이 (사회복지 관련 문헌에서는 '역량 강화'로 번역되지만) 정치학이나 사회운동 관련 문헌에서는 주로 '세력화'로 번역된다.[13] 민중운동 진영에서 많이 언급되던 '노동자·민중의 정치 세력화'에서, '세력화'라는 말을 영어로 옮길 때 쓰이는 단어가 바로

'empowerment'다.

한편 개인주의-자활 노선은 자기결정과 선택을 흔히 '소비자'의 선택권으로 구체화하지만, 이는 많은 비판을 받았다. 예컨대 마이클 올리버는 소비자주권주의가 일종의 슈퍼마켓 모델에 기초해 있다고 말한다. 그리고 이 슈퍼마켓 모델에서는 공간에 대한 접근성과 장애인을 고려한 물건의 적절한 배치는 물론, 결정적으로는 슈퍼마켓이 어떤 물건을 판매할지를 소비자가 결정할 수 없기 때문에 선택권과 통제권이 실현될 수 없다고 강하게 비판한다. 아이리스 매리언 영도 "시민을 그렇게 고객-소비자라는 측면에서 파악하려는 지향은 대중의 통제나 참여라는 목표를 어렵게 또는 무의미하게 만들면서 시민들을 사적 존재로 만들어"버린다고 적절하게 지적했다.[14] 이런 비판적 입장을 공유하는 코뮌주의-공생 노선은 자기결정과 선택을 '정

---

13 'empowerment'는 'power'라는 명사에 동사형 접두사 'em[en]-'이 붙고 (en+large[큰]: 크게 하다, en+joy[즐거움]: 즐기다), 여기에 다시 명사형 접미사 '-ment'가 붙어 만들어진 단어다. 접두사와 접미사를 빼고 나면 'power'만 남는 셈인데, 이 'power'라는 단어 자체가 폭넓고 다양한 의미를 지니기 때문에 적절히 번역하기 쉽지 않다. 그러므로 '임파워먼트'를 우리말로 옮길 때는 'power'가 지닌 다양한 함의를 담을 수 있는 번역어가 필요한데, 잠정적으로는 '권능 강화'가 최선이 아닐까 생각한다. 《표준국어대사전》에 따르면, '권능'이라는 단어는 "권세와 능력을 아울러 이르는 말"이고, 다시 '권세'는 "권력과 세력을 아울러 이르는 말"이다. 따라서 '권능 강화'는 '권력 강화', '세력(강)화', '능력 강화'라는 다양한 의미를 직접적으로 포괄할 수 있다. 또한 '권능'의 유의어로는 '권한', '권리', '힘'이 제시되어 있다. 즉 '권+능'이라는 단어는 '권權'이라는 한자로 시작되는 '권한'-'권리' 등의 의미 계열과 '능能'이라는 한자와 연결되는 '능력'-'역량'-'힘' 등의 의미 계열을 동시에 연상시키면서, 이 양자가 스피노자적인 의미에서 서로 결부되어 있음을(Jus[권] = Potentia[능]), 다시 말해 어떤 집단의 (법적) 권리는 그 집단의 사회적 힘을 기반으로 하며 그것과 분리되어 있지 않음을 함축할 수도 있을 것이다.
14 아이리스 매리언 영, 《차이의 정치와 정의》, 김도균·조국 옮김, 모티브북, 2017, 169쪽.

치적 시민'으로서의 선택권과 자치自治의 권리로 구체화한다.

'의존'은 어떻게 '낙인'이 되었나

지배 권력의 논리에 언제라도 포섭될 수 있는 '개인주의–자활'의 노선이 아닌 '코뮤주의-공생'의 노선을 전면적으로 발전시키려면, 무엇보다도 자립/의존 이분법에 내재한 근본적인 공백과 한계에 대해 사고할 수 있어야 한다. 코뮤과 공생은 타인과의 상호의존적 관계를 전제하기 때문이다. 이런 점에서 도쿄대학교 첨단과학기술연구센터 '당사자연구팀' 구마가야 신이치로 교수가 국내 한 일간지와의 인터뷰에서 제시한 입장은 매우 의미심장하다.

> 자립은 '의존하지 않는 것'이 아니라 '의존할 것을 선택할 수 있는 상태'입니다. 세상이 장애인용으로 돼 있지 않으니 장애인은 의존할 수 있는 것이 무척 적습니다. 장애인이 너무 의존하는 게 아니라 의존할 게 부족하기 때문에 자립이 어려운 겁니다. 인간은 약함을 서로 보충하고 의존할 수 있는 사회를 만들면서 강해졌어요. 장애인만 '의존하지 말라'는 것은 이상한 이야기입니다.[15]

> 캔자스대학교 자립생활 연구 및 연수 센터Research and Training

Center on Independent Living at the University of Kansas의 글렌 W. 화이트는 비록 사회적 자본 내지 사회적 관계망의 형성이라는 맥락에 강조점을 두기는 했지만, 자립[독립]이 고립으로 이어질 수 있는 가능성을 지적하며 대안적인 상호의존 모델을 제시한 바 있다.[16] 그의 지적은 예컨대 '독거노인'이라는 말이 상기시키는 이미지를 통해 어렵지 않게 이해할 수 있다. 독거노인이 고독하거나 고립된 삶을 사는 것은 주변에 의지하고 의존할 수 있는 사람, 제도, 코뮌이 부재하기 때문이다.

노르웨이의 장애학자 솔베이 망누스 레인달 또한 주체를

15 김진우, 〈"장애인 실수를 OK하는 조직, 실적도 높아져"〉, 《경향신문》, 2018. 11. 21. 이 인터뷰 내용은 일본 사회의 성차별에 대해 적극적으로 발언해온 여장남자 교수 야스토미 아유무의 저서 《단단한 삶》(박동섭 옮김, 유유, 2018)을 즉각적으로 떠올리게 한다. 이 책의 1장 '자립에 관하여'가 "명제1: 자립은 의존하는 것이다", "명제1-1: 자립은 많은 사람에게 의존하는 것이다", "명제1-2: 의존하는 대상이 늘어날 때 사람은 더욱 자립한다", "잘못된 명제1-1: 자립은 타인에 대한 의존에서 벗어나는 것이다", "명제1-3: 의존할 대상이 감소할 때 사람은 더욱 종속된다", "명제1-4: '종속'은 의존할 수 없다는 뜻이다" 같은 소챕터들로 구성되어 있을 뿐만 아니라, 그가 구마가야 신이치로와 마찬가지로 도쿄대학교에 재직하고 있기 때문이다. 그런데 야스토미 아유무 스스로가 책에서 밝히고 있듯, 자립과 의존의 관계에 대한 이런 명제들이 완전히 독창적인 것은 아니다. 그의 명제들은 료코쿠대학교 명예교수인 경제학자 나카무라 히사시의 작업에 직접적으로 기초하고 있다. 나카무라는 순환성, 다양성, 관계성 등 생명계의 기본 특질과 법칙을 강조한 '생명경제학'을 정립한 인물로, 2015년 한국에서 개최된 한 서민금융 관련 포럼에서 강연을 하기도 했다. 당시 그는 인간중심적 경제 질서를 수립하기 위해서는 부동산, 노동력, 신용의 비상품화로 나아가야 한다고 주장했는데(〈나카무라 히사시 료코쿠대 명예교수 "작은금융 중요성 확대"〉, 파이낸셜뉴스, 2015. 2. 10), 이는 토지, 노동, 화폐가 '허구 상품commodity fiction'에 지나지 않는다고 역설했던 칼 폴라니의 입장과 무관하지 않다. 이렇듯 자립과 의존의 이분법에 대한 일본 연구자들의 비판 작업은 상당 기간에 걸쳐 구축된 나름의 기반을 지닌다.
16 Glen W. White et al., "Moving from Independence to Interdependence: A Conceptual Model for Better Understanding Community Participation of Centers for Independent Living Consumers", *Journal of Disability Policy Studies* 20(2), 2010, pp.234-240.

이해하는 서양 철학의 전통, 특히 계몽주의의 전통에 따른 자립/의존 이분법은 개별적 장애 모델의 패러다임을 벗어날 수 없다고 지적한다. 그러면서 주체를 논할 때 실체론substantialism이나 본질론essentialism의 관점이 아닌 관계론relationalism의 관점에서 출발하게 되면, 자립은 개인의 능력이 아닌 상호적 책임이 되며 동반자 관계partnership 내지 상호의존적 관계로 이해될 수 있다고 이야기한다. 그는 개별적 장애 모델 및 사회적 장애 모델에서의 장애, 주체, 자립의 관계를 〈표 3〉과 같이 제시하고 있다.[17]

장애에 대한 문화인류학적 연구들 역시 '개인성individuality'이나 개인의 능력에 대비되는 '사회적 관계성sociability'이 인격personhood에서 더욱 중요하게 고려되는 사회의 모습을 보여준다. 예를 들어 서인도 제도 카리브해 동쪽의 섬나라인 바베이도스Barbados 사람들은 "누군가가 자율적임을 증명해야 하는 바로 그 순간에, 그 사람이 반드시 타인으로부터 지나치게 자립[독립]적일 필요는 없다. …… 왜냐하면 집단의 조화는 구성원들 각각의 기여뿐만 아니라, 그 각각의 구성원이 타인으로부터의 도움을 기꺼이 받아들일 수 있는가에도 달려 있기 때문이다"라고 이야기한다.[18]

---

17 Solveig Magnus Reindal, "Independence, Dependence, Interdependence: some reflections on the subject and personal autonomy", *Disability and Society* 14(3), 1999, p.361~365.

18 베네딕테 잉스타·수잔 레이놀스 화이트, 《우리가 아는 장애는 없다: 장애에 대한 문화인류학적 접근》, 김도현 옮김, 그린비, 2011, 34쪽.

〈표 3〉 개별적 모델과 사회적 모델: 장애, 주체, 자립의 관계

개별적 장애 모델	사회적 장애 모델
주체는 '실체·본질' (본질론적)	주체는 체현되어 있고 맥락-관계에 묻어 들어가 있는 것(관계론적)
⇩	⇩
자립/의존 이분법: '개별화된 자립'	상호의존: '자립은 동반자 관계'

즉 자본주의적인 문화에 완전히 포섭되지 않은 바베이도 스 사회에서는 자율·자립이라는 가치가 의존이라는 가치와 대립적 관계 혹은 제로섬zero-sum 관계를 형성하지 않는다. 의존과 자립이 서구 사회의 'dependence'와 'in-dependence'처럼 A와 ~A(A의 부정)의 관계에 있지 않고 A와 B라는 두 가지 독립적인 가치로 존재하는 것이다. 자유와 평등이 A와 ~A의 관계에 있지 않고 인권의 실현을 위한 두 가지 기본 가치인 것처럼 말이다. 그런데 우리 사회는 사람들의 자유를 보장하기 위해 평등을 제한해야 하고, 평등을 보장하기 위해 자유를 제한해야 하는 것처럼, 마치 자유와 평등이 서로 대립적이고 제로섬 관계에 있는 것처럼 이야기하곤 한다. 하지만 역사적으로 보면 "평등을 억압하거나 제한하지 않으면서—즉 폐지하지 않으면서—자유를 억압하거나 제한하는 조건들의 **사례는 없고**, 또 그 역도 마찬가지"이다.[19] 다시 말해 자유가 더 많이 보장되는 사회에서 평

---

19   에티엔 발리바르, 〈'인권'과 '시민권': 평등과 자유의 현대적 변증법〉, 21~22쪽, 강조는 저자.

등도 더 많이 보장되었고, 평등이 억압되는 사회에서는 자유 또한 억압되었다. 자립과 의존의 관계도 이와 다르지 않다. 예컨대 누군가가 어떤 어려운 상황에 직면했을 때 의지하고 의존할 수 있는 것이 아무것도 없다면, 그는 자신의 자율적인 의사에 따른 선택이나 결정을 할 수 없다. 즉 자립생활을 할 수 없는 것이다. 결국 바베이도스 사회가 우리에게 시사하는 것은 의존이 자립의 대립물이자 낙인으로 존재하는 사회란 기본적으로 개인주의가 지배하는 곳이라는 사실이다.

우리가 일상적으로 사용하는 '인간人間'이라는 단어는 그 자체로 하나의 존재론이다. 즉 원자화된 개별자에서 출발하는 근대 서구의 실체론(본질론)적 존재론과 달리, 동양의 관계론적 존재론이 함축되어 있다. '間' 자는 사람이 '다른 사람들 사이에서'만 존재할 수 있음을 의미하며, '人' 자는 사람들이 필연적으로 '서로 기대어 의지'함을 표상한다. 결국 인간이란 '다른 사람들 사이에서 서로 기대어 의지하는' 존재자다. 우리의 일상을 조금만 돌아보더라도 그렇다. 예컨대 이 글을 쓰고 있는 순간 내가 이용하고 있는 모든 것, 즉 컴퓨터, 책상, 의자, 스탠드, 물컵, 물컵에 담긴 생수, 내 입에 물려 있는 담배는 물론, 내가 입고 있는 옷, 점심에 먹은 쌀과 김치와 반찬, 그리고 이 글을 쓰기 위해 들춰본 책에서 얻은 지식들까지, 그 어느 것 하나 나 스스로 만들어낸 것은 없다. 이 모두를 타인들에게 '의존'하고 있는 것이다. 장애에 대한 유물론적 분석의 기반을 마련한 빅터 핀켈스타인 역시 손 씻기라는 간단한 활동의 사례를 통해 의존의 '보편성'을 지적한 바 있다.

> 비장애인들도 세면기, 수도꼭지, 배관시설 등만이 아니라 그/
> 그녀가 손을 씻을 수 있도록 급수 시설을 계획하고 건설하고
> 유지해주는 일군의 사람들을 필요로 한다는 사실은, **의존이 장
> 애인들에게 고유한 어떤 것이 아님**을 보여준다.[20]

전근대사회에서 사람들은 살아가는 데 필요한 기본적인
것들을 상당 부분 스스로 생산했다. 즉 어느 정도 자급자족적인
형태의 삶을 영위하면서 팔방미인 또는 '만능인generalist'의 역할
을 수행했다. 반면 분업이 확대되고 세분화된 근대 산업사회에
서 사람들은 매우 특정한 일만을 수행하는 '전문인specialist'으로
존재한다. 당연히 서로에게 더욱더 의존하며 살아갈 수밖에 없
다. 그럼에도 근대인은 '고독'하다. 근대 자본주의 사회가 인간
을 원자화된 개인으로 분해하고(또는 그렇게 표상하고), 인간관계를
화폐를 매개로 한 '기브 앤 테이크give and take' 관계로 치환해버
렸기 때문이다. 그 과정에서 의존은 '지워졌다'. 장애와 농襲의
역사를 연구한 사학자 제인 버거는 이 역사적 흐름을 다음과
같이 요약한다.

---

20 Victor Finkelstein, *Attitudes and Disabled People: Issues for Discussion*, World
Rehabilitation Fund, 1980, p.25, 강조는 저자.

자본주의의 등장으로 시장이 확산되고 동시에 생산 패턴이 변화하면서, 18세기 후반과 19세기 초에 자립도 새로운 방식으로 정의되었다. 계약 체결 능력과 임금 노동이 상호교류에 기반을 둔 경제 관계를 대체함에 따라, 자립은 경쟁적 시장에서 개별적 성공과 관련된 것이 되었다. 가족 구성원과 이웃들은 계속해서 서로에게 의존했지만, 현금에 기반하지 않은 그들의 상호부조는 점점 더 경제 외적 활동으로 규정되었다. 자립의 정의가 변화하면서 의존의 의미 또한 바뀌었다. 의존은 공동체의 존립community subsistence을 가능케 하는 원동력이라기보다는 결함의 표지가 되었다.[21]

낸시 프레이저 또한 '의존'이라는 용어의 계보를 페미니즘적으로 재구성한 논문에서 "[산업사회로의 전환기까지만 해도] 의존은 비정상과 반대되는 정상적인 조건이었으며, 개인적 특징이 아니라 사회적인 관계였다. 그러므로 의존에는 어떤 윤리적 낙인도 찍혀 있지 않았다. 영국 사전에서든 미국 사전에서든, 적어도 20세기 초반 이전에는 이 용어에서 경멸적인 의미를 찾아볼 수 없다. 사실상 전-산업사회에서 이 단어에 관한 주된 풀이는 긍정적이었으며, 서로 신뢰하고 의지하며 기댈 수 있다는 뜻이었다. 그런 의미가 오늘날의 '믿을 만하다dependable'라는 단어를

---

21 Jane Berger, "Uncommon Schools: Institutionalizing Deafness in Early-Nineteenth-Century America", ed. Tremain, *Foucault and the Government of Disability*, p.164.

파생시켰다"고 지적한다.[22] 프레이저의 지적을 따라 우리는 '의존·의지'를 의미하는 영어 단어 'dependence'나 'reliance'가 '신뢰·신용'이라는 의미를 함께 지닌다는 점을 곱씹어볼 필요가 있다. 하나의 단어가 품고 있는 여러 의미들은 당연히 서로 연관된다. 즉 우리는 사람이든 물건이든 어떤 존재를 신뢰할 때 의지하고 의존할 수 있다. 어떤 의자가 무너지지 않을 것이라는 믿음이 있을 때에만 우리는 그 의자에 몸을 의지한다. 또한 누군가를 신뢰하고 믿을 때, 우리는 그의 말에 의존해 판단하고 결정을 내린다.

결국 의존이 부정적인 낙인으로 존재하는 사회란 인간 간의 신뢰가 무너진 사회와 다름없다. 그리고 그렇게 무너진 신뢰 관계를 근대 자본주의 사회에서는 화폐 관계가 대체한다. 19세기 영국의 역사가 토머스 칼라일의 말을 빌리면, 인간관계의 수많은 유대들 중 '현금의 축'만을 남겨놓았다고 말할 수도 있을 것이다.[23] 현대사회를 살아가는 우리 모두에게 매겨지는 신용 등급에서 '신용'이란 지불해야 할 돈을 제때 지불하는 것을 의

---

22 낸시 프레이저, 〈의존의 계보학〉, 《전진하는 페미니즘》, 126쪽. 더불어 프레이저는 신자유주의적 복지 개혁이 본격화된 1980년대의 시작점에 의존이 하나의 개인적 속성으로서 공식적으로 병리화되었다는 점에 주목한다. 1980년에 미국정신의학회American Psychiatric Association는 '의존적 성격장애dependent personality disorder'를 하나의 정신질환으로 명문화했으며, 1987년에 출간한 《정신장애 진단 및 통계 편람(제3판 개정판)》(DSM-Ⅲ-R)에도 포함시켰다. 프레이저에 따르면, 이는 "의존의 도덕적·심리적 용법 역사에 나타난 새로운 단계였다. 여기서 의존의 사회적 맥락은 의존자의 개인적 성격으로 완전히 넘어가고 만다"(낸시 프레이저, 〈의존의 계보학〉, 146쪽).
23 지그문트 바우만, 《액체근대》, 이일수 옮김, 강, 2009, 11쪽.

미하니 말이다.

상호의존으로서의 연립을 향해

우리가 의식하든 그렇지 않든, 자립/의존의 이분법은 정상/비정상의 이분법과 동일한 논리 구조를 지니고 있다. 즉 비정상인(장애인)을 상정해야만 정상인(비장애인)이 성립될 수 있듯, 자립적인 존재자 역시 의존적인 존재자를 상정해야만 논의될 수 있다. 또한 자립과 정상은 바람직한 것, 의존과 비정상은 바람직하지 못한 것이라는 구분틀을 전제한다.[24] 일반적으로 이분법적 대립항은 A와 B가 아닌 A와 ~A의 관계에 있다. 다시 말해서 이원론이 아니라 A라는 한 가지 요소만 존재하는 일원론이기 때문에, 어느 한쪽을 강조한다고 해서 다른 한쪽이 소멸되지 않는다.

이를테면 '동전의 앞뒷면과 같다'라는 표현이 있다. 개념적으로 앞면의 반대는 뒷면이니, 동전의 앞면과 뒷면은 분명 서로 대립된다. 그러나 그것은 동일한 실체를 다른 쪽에서 바라본 것일 뿐이어서 언제나 함께 존재할 수밖에 없다. 즉 동전의 뒷면을 바라본다고 해서 앞면이 사라지는 것은 아니다. 동전의 앞면

---

24 Steven R. Smith, "Social Justice and Disability", eds. Kristiansen, Vehmas and Shakespeare, *Arguing About Disability*, p.19.

이 사라지려면 동전 자체를 소멸시켜야 한다. "사랑하고 미워하는 그 모든 것을……"이라는 가사(〈행복〉)를 떠올려보라. 사랑과 미움은 분명 반대되는 개념이다. 하지만 사람들은 종종 '사랑의 반대말은 미움이 아니다'라고 말한다. 왜 그럴까? 잘못된 사랑에서 벗어나려면 상대방을 미워하는 것이 아니라, 사랑 혹은 미움만이 모든 것은 아님을 인식하고 그 이분법 '바깥'으로 나가야 하기 때문이다. 예컨대 무관심의 영역으로. 파괴와 보호도 개념적으로는 반대되지만, 작금의 환경 '파괴'를 과연 환경 '보호'라는 구호로 해결할 수 있을까? 그것이 대안이 될 수 있을까? 그렇지 않을 것이다. 진짜 문제는 환경 파괴와 환경 보호가 공유하는 지반, 즉 개발과 성장의 패러다임이니 말이다.

조금 다른 이야기를 해보자. 내가 어릴 적 크게 유행했던 유머 중 '화장실 귀신 시리즈'라는 것이 있었다. 당시에는 도시에도 수세식 화장실이 드물었던 터라 이야기의 배경은 재래식 화장실이다. 화장실에서 시원하게 볼일을 봤는데 휴지걸이에 휴지가 없어 이러지도 저러지도 못하고 있는 순간, 화장실 밑에서 귀신이 나타나 손을 쓰윽 내밀며 으스스한 목소리로 묻는다. '빨간 휴지 줄까? 파란 휴지 줄까?' 여기서부터 이야기가 다양하게 변주되며 시리즈는 계속되지만, 결말은 크게 다르지 않다. 어떤 휴지를 선택하든 우리는 매번 귀신에게 당하고 만다. 왜? 그건 귀신이 정한 게임의 틀과 규칙이기 때문이다. 이 이야기의 결말을 바꾸려면, 우리는 빨간 휴지와 파란 휴지라는 양자택일의 틀에서 벗어나야 한다. 좀 찜찜하겠지만 휴지를 준다는 귀신

'탈시설-자립생활'은 장애인운동에서 관용적으로 쓰이는 표현이다. 그러나 한편으로 '탈시설'은 '잘 의존하는 삶'이기도 하다. 자립과 의존은 우리의 구체적인 삶 속에서 서로 대립하는 계기나 상태가 아니다. 오히려 양자는 서로를 조건짓는다. 더 자유로울 때 더 평등해질 수 있고, 더 평등할 때 더 자유로워질 수 있는 것처럼 말이다.

의 제안을 거절하고 화장실 밖으로 나오거나, 휴지가 아닌 비데를 요구해야 하는 것이다.

이 사회가 장애인을 비정상적인 존재로 낙인찍고 억압할 때, 장애인운동의 주체들은 장애인이 비정상적인 존재가 아니라고 주장하며 정상적인 존재가 되기를 지향하지 않았다. 정상/비정상이라는 이분법적 틀 자체가 기만적임을 인식하고 이를 해체하고자 했다. 그렇다면 의존적인 존재라는 낙인과 억압에 대해서도 '장애인은 자립적인 존재'라고 맞서는 것이 아니라, 오히려 자립/의존의 이분법 자체를 해체하는 것이 운동의 목표가 되어야 하지 않을까? 이런 지향과 목표가 자립생활운동이 기존 사회의 논리에 포섭되는 것을 막고 좀 더 근본적인 변화를 이끌어낼 수 있지 않을까? 인간이 그 자체로 의존적인 존재라면 말이다. 그리고 이렇게 자립/의존이라는 이분법을 넘어설 때 드러나는 새로운 가치가 바로 '함께 어울려 섬', 즉 연립聯立, interdependence일 것이라고 나는 생각한다. 다시 말해 우리는 홀로서기도 낙인화된 의존도 아닌, 함께 서기로서의 연립생활로 나아가야 한다. 또한 이런 연립은 사회적 존재이자 '사이존재Zwischensein'[25]인 인간에게 가장 자연스러운[然] 존재함[立]의 형태, 즉 연립然立이기도 할 것이다.

25   마르틴 부버, 《인간의 문제》, 윤석빈 옮김, 길, 2007.

4 부

도전

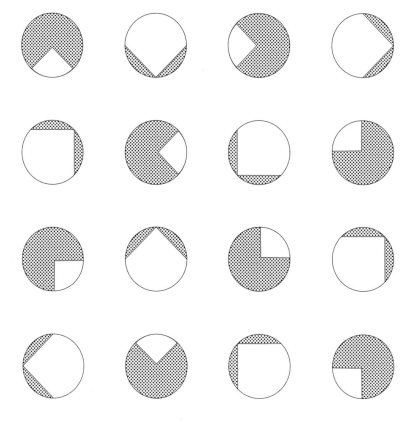

8 장

자기결정권, 나와 너 '사이'의 권리
연립의 관점에서 바라본 자기결정권

"시설과 성년후견제도는 필요악必要惡인가? 그럴지도 모른다.
그러나 필요악을 필요로 하는 것은 장애인이 아니라
장애인을 억압하는 사회다."

'자기결정권'이라는 말을 가장 자주 사용하는 곳은 아마도 장애계일 것이다. 자립생활운동의 확산과 더불어 장애계에서 자기결정권은 하나의 일상 용어가 되었다. 그렇다고 그것이 장애인에게만 특수하게 적용되는 권리는 아니다. 자기결정권은 "모든 국민은 인간으로서의 존엄과 가치를 가지며, 행복을 추구할 권리를 가진다"는 〈대한민국 헌법〉 제10조의 인격권人格權과 행복추구권, 그리고 행복추구권이 전제하는 자기운명결정권에서 유래하는 헌법상의 권리다. 그렇다면 과연 장애인의 자기결정권은 현실에서 하나의 권리로 인정되고 있을까? 나는 그렇지 않다고 생각한다. 특히 지적장애인이나 자폐성장애인 같은 발달장애인의 경우에는 더욱더 그러한데, 활동보조서비스 도입 초기에 벌어진 소위 서비스 대상 논쟁은 우리 사회가 발달장애인의 자기결정권과 자립 가능성을 얼마나 부정하고 있는지 잘 보여준다.

활동보조서비스의 전국적 시행이 준비되고 있던 2006년 하반기, 보건복지부는 발달장애인을 제외하고 뇌병변·지체·시각 장애인만을 대상으로 서비스를 시행하겠다는 입장을 발표했다. 그 이유는 발달장애인의 경우 자기결정권이 부재하고 자립생활을 할 수 없기 때문에 서비스의 취지나 목적과 맞지 않는다는 것이었다. 일부 자립생활운동 진영 또한 이에 동조하거나 묵인하는 태도를 보이면서 첨예한 논쟁이 벌어지기도 했다. 사실 발달장애인은 오래전부터 금치산·한정치산제도를 통해 의사능력과 행위능력이 언제든 부정될 수 있는 집단이었다. 민법 개정을 통해 2013년 하반기부터 시행되고 있는 성년후견제도 역시 이들의 자기결정권을 합법적으로 타인에게 위임할 수 있도록 하고 있다. 이런 제도가 대한민국 사회에 엄연히 존재한다는 점을 고려하면, 활동보조서비스 대상에서 발달장애인을 제외하려 했던 정부의 태도는 그다지 놀라운 일이 아닐지도 모르겠다.

그런데 발달장애인의 자기결정권에 대한 부정은 자기결정권 자체에 대한 어떤 오해에 기초하고 있는 것은 아닐까? 혹은 자기결정권이 주체에 대한 개인주의적 실체론과 홀로서기의 관점에서만 접근되기 때문은 아닐까? 이 장에서는 자기결정권에 대한 흔한 오해들이 코뮨주의적 관계론과 연립의 관점에서 어떻게 정정될 수 있는지 살펴보려고 한다. 또한 발달장애인의 권리를 보호한다는 명분으로 성년후견제도를 정당화할 수 없

으며, 그것은 시설과 마찬가지로 결국 소멸되어야 할 제도임을
이야기할 것이다.

1

능력에 따라 누리는 것은
권리가 아니다

2010년부터 한동안 《함께 웃는 날》이라는 발달장애 전문 계간지 만드는 일을 한 적이 있다. 2013년 말 재정 문제로 아쉽게 폐간되기는 했지만 말이다. 잡지의 발행처는 전국장애인부모연대였는데, 이 단체는 2000년대 중반 장애인 교육권 투쟁을 이끌며 〈장애인 등에 대한 특수교육법〉(2007)을 만들어내고, 이후 〈장애아동 복지지원법〉(2011)과 흔히 '발달장애인법'이라고 불리는 〈발달장애인 권리보장 및 지원에 관한 법률〉(2014)이 제정되는 데에도 중심적인 역할을 했다. 다른 시민단체들처럼 장애인단체도 종종 이런저런 공모사업에 응모해서 사업을 진행하곤 하는데, 당시 전국장애인부모연대는 한 민간재단의 지원을 받아 발달장애청소년의 자기결정권과 관련된 프로그램을 진행하고 있었다. 재정을 지원하는 재단 입장에서는 생색을 내고 싶어 하기 마련이라, 대부분 아크릴로 만든 작은 간판을 주면서 사무실 입구에 달아놓도록 한다. 전국장애인부모연대 사무실 입구에도 'ㅇㅇ재단 장애아동 프로젝트 지원사업: 발달장애청소년의 자기결정권 향상 프로그램'이라는 간판이 붙어 있었다. 그런데 이 사업을 지원했던 재단은 좀 더 크게 생색내고 싶었는지 아예 기금 전달식을 열어 플래카드를 걸어놓고 기념사진까지 찍었다.

어느 날 사무실 청소를 하던 중 책장에 놓인 그 사진을 좀 유심히 보게 되었다. 사진 속 플래카드에는 간판과는 조금 다른 'ㅇㅇ재단 장애아동 프로젝트 지원사업: 발달장애청소년의 자기결정능력 증진 프로그램'이라는 문구가 적혀 있었다. '자기결정권 향상'이 '자기결정능력 증진'이라는 미묘하게 다른 표현으로 대체된 것이다. 순간 이런 의문이 머릿속을 스치고 지나갔다. '향상'이라는 말과 '증진'이라는 말의 차이는 그렇다 치고, '자기결정권'이라는 말을 '자기결정능력'이라는 말로 바꿔 써도 되는 걸까? 양자가 과연 같다고 할 수 있을까? 나는 즉시 자기결정 문제를 다루고 있는 여러 서류와 문헌을 훑어보았다. 혹시나 했는데 역시나, 그 텍스트들 또한 '자기결정권'과 '자기결정능력'이라는 용어를 별다른 구분 없이 혼용하고 있었다. 즉 자기결정권과 자기결정능력을 대동소이하게 여기는 경우가 다반사였던 것이다.

인간이 수행하는 일정한 신체적·정신적 활동은 권리의 차원에서 보장된다 하더라도 언제나 능력의 차원을 함께 갖는다. 교육은 이런 문제를 성찰하는 데 하나의 유용한 사례가 될 수 있다. 우리나라 최초의 장애 관련 법률은 1977년 제정된 〈특수교육진흥법〉이다. 장애인의 교육권은 그때부터 법률적으로 존재했다고 말할 수 있다. 하지만 1990년대까지도 장애인들은 교육-학습 활동에 참여할 수 있는 능력이 부족하거나 부재하다는 이유로 교육권을 '부정'당했다. 즉 학교 내에서 제대로 이동할 수 있는 능력이 없고(지체장애인), 칠판에 판서된 내용이나 교재를 볼 수 있는 능력이 없고(시각장애인), 수업하는 내용을 들을 수 있는 능력이 없고(청각장애인), 교사가 말하는 것을 이해할 수 있는 능력이 없다(발달장애인)는 이유로 입학을 거부당했다. 시간이 흘러 장애인, 장애인 부모, 특수교사들의 지난한 투쟁을 통해 〈장애인 등에 대한 특수교육법〉이 제정되고 교육권이 '인정'된 지금, 그 누구도 장애인은 능력이 없으니 학교에 올 수 없다거나 교육을 받을 수 없다고 말하지 못한다. 그러나 장애인의 교육권이 인정되었다고 해서 그것이 '실현'된 것은 아니다. 그것이 실현되려면, 권리를 실질적으로 보장할 수 있는 제도와 지원 체계가 갖추어지고, 여기에 필요한 예산도 확보되어야 하는데, 이런 조치들이 여전히 제대로 이루어지지 않고 있기 때문이다.

즉 하나의 권리는 일반적으로 '권리의 부정 → 권리의 인정 → 권리의 실현'이라는 단계를 거쳐 발전하는데, 능력 부재를 이유로 권리를 제한하는 것은 권리의 부정 단계에서 통용되는 논리다. 교양 있고 재산 있는 사람들, 다시 말해 지력智力과 재력財力이 있는 사람들만 누리던 선거권이 신분, 성별, 재산, 교육 정도 따위의 제한을 두지 않는 보통선거로 확대된 역사적 과정도 이런 맥락을 보여준다. 생존 또는 생활이라는 인간의 가장 기본적인 활동에도 능력의 차원이 존재한다. 즉 생존능력(생활력)이 높은 사람이 있고 낮은 사람도 있다. 그러나 생존권(생활권)은 헌법을 통해 보장되는 권리이기에 우리는 생활력이 부족한 사람들에게 '미안하지만, 그만 삶을 마감해주셔야겠습니다'라는 식으로 이야기하지는 않는다. 우리는 그런 정부를 상상할 수조차 없다.

정리해보면, 능력과 권리는 전혀 다른 차원의 문제이며, 권리는 능력의 여부와 상관없이 '보장'될 때에만 온전히 권리일 수 있다. 인간은 다 다르며, 어떤 활동 영역에서 발휘할 수 있는 능력 또한 다 다르다. 그러므로 누군가가 해당 활동과 관련된 능력이 부족할 경우, 그로 인해 권리의 실현을 제한받지 않도록 시스템이 구축되고 사회적 지원이 이루어지게 된다. 그것이 권리의 논리다. 발달장애인의 자기결정권도 마찬가지다. 나는 발달장애인의 자기결정능력이 다른 사람들에 비해 낮을 수 있다는 점까지 완전히 부정할 생각은 없다.[1] 그러나 자기결정능력이

---

1   여기서 말하는 '능력'은 3장에서 언급한 누스바움의 역량 접근법에서의 '역량capabilities' 개념, 특히 4장에서 언급한 스피노자의 '역량[힘]potentia' 개념과는 엄밀히 구분되어야 한다. 스피노자가 말하는 역량이란 일차적으로 어떤 개인/개체가 담지하는 가능성의 범위를 지칭한다면, 이 장에서 사용하는 '능력'이라는 단어는 그런 가능성이 특정한 조건과 관계 속에서 현상적으로 표출되는 것을 가리키기 때문이다. 또한 스피노자가 말하는 역량의 차이란 질적인 차원의 것이어서 양적으로 계측·비교될 수 없는 반면, 일상적인 용어법상의 능력이란 그런 비교 가능성을 용인하기 때문이다. 즉 발달장애인의 자기결정 '능력'은 일정한 조건과 관계 속에서 비발달장애인보다 낮을 수 있지만, 조건과 관계가 변하면 그런 능력 또한 당연히 달라진다. 따라서 그들의 자기결정 '역량' 자체가 비발달장애인보다 낮다고는 결코 말할 수 없다. 좀 더 자세한 내용은 이 장의 '자기결정권은 사회권이다' 부분을 참조하라.

낮다고 해서 자기결정권이 없는 것은 아니다. 자기결정능력과 자기결정권을 동일시하는 것은 그 자체로 자기결정의 권리성을 부정하는 것과 다르지 않다. 이 점을 우리는 명확히 인식해야 한다.

2

자기결정권, 혼자서 결정한 대로
할 수 있는 권리?

이렇듯 자기결정권이 능력과는 무관한 말 그대로의 권리임을 설명하면, 장애인 복지 현장에 종사하는 이들이나 발달장애인 자녀를 둔 부모들은 눈을 반짝이며 고개를 끄덕끄덕한다. 하지만 이내 다시 풀 죽은 표정이 되어 푸념을 털어놓는다. "그렇지만 아이가 혼자서 결정한 대로, 하고 싶어 하는 대로 내버려둘 수 없는데 어쩌겠어요. 원칙은 뭔지 알겠지만 현실에서 그 원칙을 적용하는 건 너무 어려워요"라고 말이다. 그러나 이런 푸념에는 자기결정권에 대한 매우 흔하고도 핵심적인 어떤 오해가 자리 잡고 있다.

자기결정권을 보장한다는 것은 모든 상황에서 어떤 주체가 혼자서 결정한 대로, 원하는 대로 할 수 있도록 보장하는 것을 의미하지 않는다. 좀 더 정확히 말하면, 의미할 수 없다. 자기결정권을 보장한다는 게 그런 의미라면, 발달장애인뿐 아니라 그 누구도 자기결정권을 누리며 살 수 없다. 항상 자기 혼자 결정한 대로, 하고 싶은 대로 하며 살아온 이들이 과연 있을까? 그런 삶은 불가능하다. 왜 그럴까? 이유는 생각보다 간단하다. 우리는 무인도에서 홀로 살아가는 로빈슨 크루소가 아니라, 타인과 '더불어 살아가는' 연립적 존재이기 때문이다. '사이존재' 인 인간은 언제나 혼자서 무언가를 판단하고 결정할 수 없다. 그럴 수 있다면 왜 어떤 결정을 내리기 위해 주변 사람들과 논의를 거듭하며, 그 많은 상담소와 컨설턴트들은 또 왜 존재하겠는가. 혼자서 무언가를 판단하고 결정할 수 있다 해도, 그것이 늘 바람직한 건 아니다. 그것이 바람직하다면 왜 우리가 누군가를 '독단'적이라고 비난하겠는가.

즉 자기결정권이란 자기결정을 내리는 여러 주체들이 상호의존적 관계 속에서 서로의 의견과 판단을 소통하고 조율해가며 실현할 수밖에 없는 권리다. 그렇기에 자기결정권은 실현의 최대치maximum가 아니라, 일종의 최저 기준minimum을 중심으로 보장되는 권리라고도 말할 수 있다. 맥락은 조금 다르지만, 생활권의 보장이 현실적으로 누군가가 살면서 누리고 싶어 하는 모든 것이 아닌 최저 생활 기준minimum standard of life을 중심으로 이루어질 수밖에 없는 것처럼 말이다. 따라서 인간다운 삶의 최저 기준을 확립하는 일이 매우 중요한 과제가 된다. 그렇다면 자기결정권 보장의 최저 기준은 무엇일까? 그것은 일정한 결정을 내릴 때 어떤 상황과 조건에서도 관련 당사자의 의견과 판단을 소통하고, 존중하고, 반영하는 과정이 보장되어야 한다는 것이다. 판단능력이나 소통능력이 부족하다고 해서 이런 과정을 생략하거나, 당사자를 그 과정에서 배제해서는 안 된다는 것이다. 이것이 바로 자기결정권 보장의 기본적이면서도 실질적인 의미이다. '성적 자기결정권'을 떠올려보면 자기결정권 보장의 이러한 실질적 의미를 쉽게 이해할 수 있다. 성적 자기결정권 보장은 어떤 주체가 혼자 결정한 대로, 하고 싶은 대로 성적 행위를 할 수 있도록 하는 것을 의미하지 않는다. 오히려 그렇게 하고자 할 때 바로 타인의 성적 자기결정권을 침해할 수 있다. 즉 성적 자기결정권의 보장 역시 일정한 성적 행위가 이루어질 때 관련 당사자들끼리 반드시 의사소통하고 서로를 존중함으로써만 실현될 수 있다.

자기결정권을 이처럼 연립적 관점에서 올바로 이해할 때 핵심 요소는 '판단'과 '소통'이다. 여기서 우리는 다시 한 번 인간중심주의적이고 이성중심주의적인 사고, 즉 이성과 언어를 지닌 인간만이 판단하고 소통한다는 통념에서 벗어날 필요가 있다. 모든 생명체는 그 나름의 방식으로 판단하고 소통한다. 인간 아닌 동물은 물론이고 때로는 식물까지도 말이다. 인간중심주의적인 관점에서 그것이 본능적 판단이나 저차원의 교감에 불과하다고 격하되어왔을 뿐이다. 다양한 동물 종이 고유한 의사소통 수단을 지니며 일종의 구조화된 문법syntax까지도 사용한다는 사실은 이미 여러 연구를 통해 밝혀졌다. 또한 군락을 이루고 살아가는 어떤 식물 종은 초식동물의 무리가 접근해 섭취하기 시작하면 이를 알리기 위해 특정한 화학 성분을 공기

중으로 발산하고, 이에 반응해 초식동물이 기피하는 물질을 생성한다는 사실이 확인되기도 했다. 요컨대 우리는 판단과 소통 능력을, 표준적인 이성의 작동과 비발달장애인 중심의 언어적 표현에 국한하고 획일화하는 우를 범해서는 안 된다. 서로 다른 소통 방식을 지닌 주체들이 공동의 감각과 역량을 개발할 가능성 자체를 사전에 차단할 수 있기 때문이다.

그러나 관련 당사자의 의견과 판단을 소통하고, 존중하고, 반영하는 과정이 진행된다 하더라도, 최종적인 결정의 내용은 해당 주체가 지녔던 최초의 의견 및 판단과 달라질 수 있다. 이는 자기결정권 자체가 타인의 행복과 이익, 그리고 해당 주체의 행복과 이익을 동시에 고려하고 조율하는 와중에 실현되는 권리이기 때문이다. 〈그림 2〉를 통해 이를 좀 더 자세히 살펴보도록 하자.

이 그래프에서 어떤 주체가 지닌 최초의 의견과 판단이 A 영역에 존재하는 경우 자신의 행복-이익은 물론 타인의 행복-이익도 동시에 증진된다. 반면 C 영역에서는 자신의 행복-이익과 타인의 행복-이익이 모두 감소하는데, 이의 극단적인 예로는 어떤 사람이 자살 폭탄테러를 하기로 마음먹은 경우를 들 수 있겠다. B 영역에서는 타인의 행복-이익이 증진되지만 자신의 행복-이익은 감소하며, 반대로 D 영역에서는 자신의 행복-이익이 증진되지만 타인의 행복-이익은 감소한다. 즉 B 와 D는 자신의 행복-이익과 타인의 행복-이익이 어떤 형태로든 상충하는 영역이다. A 영역에서라면 해당 주체의 의견과 판

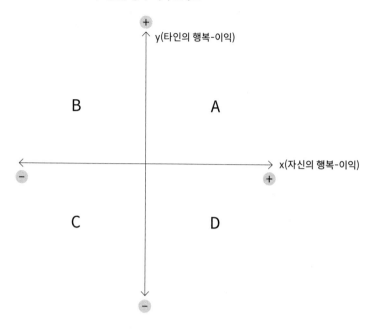

〈그림 2〉 행복-이익 그래프

단은 당연히 별다른 소통이나 조율 없이 그대로 최종 결정으로 확정되어도 무방할 것이다. 그러나 나머지 B, C, D 영역에서는 주변 사람들과의 소통을 통해 최초의 의견과 판단을 수정하는 방향으로 조율이 이루어져야 한다. 어떻게 A 영역에 좀 더 근접한 새로운 결정을 내릴 수 있을지 논의해야 하는 것이다.

　앞서 아이가 하고 싶어 하는 대로 내버려둘 수 없다고 푸념한 발달장애인 부모는 이런 이야기들을 털어놓았다. 발달장애가 있는 자녀 K는 빨간색, 노란색, 파란색 같은 원색을 무척 좋아한다고 한다. 그래서 어느 해 겨울 빨간색 오리털 점퍼를 새로 구입했는데, 겨울이 가고 봄이 왔는데도 K가 외출할 때 계속 그 점퍼만 입으려 했다는 것이다. 따뜻한 날씨에 두꺼운 오리털 점퍼를 입으면 아이가 더위로 고생할 게 뻔하다. 즉 이 사례는 굳이 타인까지 고려하지 않더라도 해당 주체의 의견과 판단이 자신의 행복-이익을 감소시키는 경우라고 볼 수 있다. 또 K는 동그랑땡을 무척 좋아한다고 한다. 언젠가 가족 모두가 외식을 하러 한 식당에 갔는데, 바로 옆 테이블에 동그랑땡이 밑반찬으로 나오는 걸 본 K가 손으로 그걸 집어먹으려고 했단다. 이 경우에는 해당 주체의 행동이 타인의 행복-이익을 어떤 식으로든 침해하므로, 자기결정권이 중요하다고 해도 K를 그대로 두기는 곤란했을 것이다.

발달장애인이 혼자 결정한 대로 하도록 내버려둘 수 없었다는 이야기를 들어보면, 그건 거의 대부분 이처럼 어떤 결정이 해당 주체나 주변의 타인들에게 해를 끼치는 경우다. 이런 경우라면, 그 주체가 발달장애인이 아니더라도 소통과 조율을 통한 수정은 당연히 이루어질 수 있다. 즉 의견과 판단을 조율하고 수정하는 것 자체가 자기결정권 침해는 아니다. 단, 어차피 하고 싶은 대로 하게 내버려둘 수 없다는 생각 때문에 소통과 조율의 과정 자체를 생략하거나, 그 과정이 힘들다는 이유로 발달장애인 당사자를 배제한다면, 그건 자기결정권 침해다. 그리고 자기결정권을 무시하거나 침해하는 일이 반복되고 일상화되면, 해당 주체는 자기결정의 과정을 경험할 수 없게 되어 자기결정 능력도 점점 더 낮아질 수밖에 없다. 즉 우리가 자기결정권 보장의 의미를 오해하게 되면 발달장애인의 자기결정권을 보장할 수 있는 길을 본의 아니게 놓치게 될 뿐만 아니라, 그들의 자기결정능력까지 감소시키는 우를 범하게 되는 것이다.

3

자기결정권은 사회권이다

두 번째 오해까지 풀었다 해도, 발달장애인의 자기결정권을 보장하는 것이 현실적으로 어렵거나 불가능하다고 생각하는 이들이 여전히 있을 것이다. 하지만 내가 보기에 이런 판단은 지나치게 섣부르다. 왜냐하면 지금껏 한국 사회는 자기결정 능력이 부족할 수 있는 발달장애인의 자기결정권을 보장하기 위해 사실상 아무것도 시도해보지 않았기 때문이다. 발달장애인은 자신의 의견과 판단을 소통하고, 그것을 다른 사람들과 조율하는 능력이 비발달장애인들보다 분명 낮을 수 있다. 따라서 발달장애인의 자기결정권을 실현하려면, 앞서 지적했듯 "일정한 결정을 내릴 때 어떤 상황과 조건에서도 관련 당사자의 의견과 판단을 소통하고, 존중하고, 반영하는 과정이 보장"될 수 있도록 촘촘하고도 세밀한 시스템을 구축해야 한다. 충분한 인적 지원 또한 이루어져야 한다. 그러나 우리 사회는 아직까지 그런 적극적인 노력을 해본 적이 없다.

1948년 UN의 〈세계인권선언〉 공표에 뒤이어 1966년 제정된 두 가지 핵심적 국제 인권규약인 〈시민적·정치적 권리에 관한 국제규약International Covenant on Civil and Political Rights〉과 〈경제적·사회적·문화적 권리에 관한 국제규약International Covenant on Economic, Social and Cultural Rights〉의 틀을 따라, 인권은 흔히 자유권과 사회권으로 구분된다. 양심의 자유, 언론의 자유, 집회·결사의 자유, 참정권, 프라이버시권 등이 자유권에 속하는 대표적인 권리이고, 교육권, 주거권, 노동권, 사회급여 및 서비스와 관련된 권리 항목들은 사회권에 속한다. 흔히 자유권을 소극적 권리, 사회권을 적극적 권리라고도 한다. 좀 단순하게 말하자면, 소극적 권리인 자유권은 타인이나 국가의 간섭과 침해만 없으면 보장되는 반면, 적극적 권리인 사회권은 지방자치단체나 국가가 적극적인 조치를 시행해야만 보장된다.

그런데 어떤 권리가 자유권에 속하는가 사회권에 속하는가를 구분할 때도 우리 사회는 일차적으로 비장애인을 기준으로 한다. 예컨대 이동권right to mobility은 비장애인에게 자유권이라고 할 수 있다. 누군가가 강압적으로 길을 가로막는다거나, 정치적 탄압으로 인해 가택연금 상태에 놓이지 않는 한 비장애인이 이동권을 침해받을 일은 거의 없다. 이동권은 비장애인에게 너무나 당연하고 자연스러운 권리여서 2000년대 초반까지는 하나의 권리로조차 인식되지 않았다. 국립국어원《표준국어대사전》의 신어자료집에 '이동권'이라는 단어가 처음 등재된 것이 2003년의 일이니 말이다. 반면 대다수 장애인에게 이동권은 '아무런 방해도 하지 않을 테니 알아서 잘 누리세요'라고 한다고 해서 누릴 수 있는 권리가 아니다. 예전에도 장애인들이 지하철이나 버스를 타려고 할 때 누군가 승차를 강제로 막지는 않았다. 하지만 장애인들은 지하철이나 버스 같은 대중교통을 탈 수 없었다. 다시 말해 장애인의 이동권을 보장하기 위해서는 거리와 건물 입구의 턱을 없애고, 경사로와 유도블록을 깔고, 공공건물과 지하철에 엘리베이터를 설치하고, 저상버스와 특별 교통수단을 도입하는 등의 적극적인 조치가 필요하다. 이처럼 장애인에게 이동권은 (비장애인들의 경우와 달리) 사회권에 가깝다.

언어권right to language 역시 흔히 자유권으로 분류된다. 언어권은 쉽게 말하면 모국어를 사용해 자유롭게 사회생활을 할 수 있는 권리로, (이주민 등의 언어적 소수자를 제외한다면) 한국 사회에서 살아가는 대부분의 청인에게는 자유권에 해당한다. 누군가가 청인의 입에 재갈을 물려놓고 말을 하지 못하게 한다거나, 물리적 폭력을 행사하며 영어로만 말할 것을 강요하지 않는 한 우리 사회에서 청인이 언어권을 침해받을 일은 별로 없다. 그러나 농인에게 언어권은 그저 자유권이 아니다. 국가가 공권력을 동원해 농인들의 수어 사용을 단속하는 것도 아니고, 과거처럼 수어가 아닌 구화口話를 사용해 교육받도록 억압하지도 않지만, 농인들은 자신들의 모국어인 수어로 자유롭게 사회생활을 할 수 없다. 즉 농인들에게 언어권은 다양한 경로를 통해 수어를 보급하고, 수어 방송을 확대하고, 공공기관에 수어 통역사를 배치하고, 수어 통역을 활동지원서비스 같은 사회서비스 형태로 제공하는 등의 적극적인 조치가 필요한 사회권이기도 하다.

마찬가지로 발달장애인에게 자기결정권은 자유권인 동시에 사회권이다. 발달장애인의 자기결정권을 주변의 침해만 없다면 알아서 누릴 수 있는 소극적 권리로 오해해서는 곤란하다. 현재와 같은 조건에서 발달장애인의 자기결정권 보장을 이야기하는 것은 저상버스를 도입하지 않고 지하철 역사에 엘리베이터도 설치하지 않은 채 장애인의 이동권 보장을 논하는 일이나 다름없으며, 수어에 대한 적극적 인정과 체계적 지원 없이 농인의 언어권 보장을 운운하는 것과 다르지 않다.

그렇다면 발달장애인의 자기결정권을 보장하기 위한 적극적인 사회적 조치는 어떤 방향에서 이루어져야 할까? 앞서 설명했듯 자기결정권을 연립의 관점에서 이해하면 핵심은 소통과 의견의 조율에 있다. 하지만 대다수의 비발달장애인은 발달장애인과 어울려 살아본 적이 없기에, 발달장애인과 의사소통하고 의견을 조율하는 데 상당한 장애를 겪을 수밖에 없다. 농인과 청인이 의사소통할 때 대부분 장애가 존재하는 것처럼 말이다. 농인이 청인과 '의사소통할 수 없음'이라는 장애를 경험한다고 해서 이것이 농인의 청각에 존재하는 손상이나 무능력 때문은 아님을 우리는 2장에서 살펴보았다. 그렇다고 반대로 그 책임이 청인에게 있는 것도 아니다. 장애는 청인과 농인 어느 한쪽이 아닌 그들 '사이'에 존재하며, 그런 장애를 제거할 수 있는 사회적 노력과 조치가 필요하다. 마찬가지로 발달장애인

범죄 피해 아동·장애인의 특별한 통역사

진술조력인

법무부

법무부가 제작한 진술조력인제도 홍보 카드뉴스의 첫 이미지

과 비달장애인 사이에 존재하는 의사소통의 장애 역시 어느 한 쪽의 무능력이나 개인의 책임으로 환원되지 않는다.

법무부에서는 지난 2013년 12월부터 성폭력 피해를 당한 발달장애인이 수사 및 재판의 과정에서 겪는 의사소통의 어려움을 지원하기 위해 진술조력인제도를 운영하고 있다. 이 제도를 알리기 위해 법무부가 2018년 홈페이지에 게시한 카드뉴스에서는 진술조력인의 본질을 일종의 '통역사'로 나름 적절히 규정했다. 그런데 비장애인들 중 꼭 사법경찰, 검사, 판사만이, 그리고 발달장애인들 중 꼭 성폭력 피해자만이 상호 소통의 과정에서 장애를 경험한다고 할 수 있을까? 당연히 그렇지 않다. 따라서 발달장애인의 자기결정권을 보장하려면 진술조력인제도 같은 지원 체계를 전면적으로 확대할 필요가 있다. 즉 일상생활의 다양한 영역에서 이것을 하나의 사회서비스로 제공받을 수 있어야 한다. 또한 발달장애인들이 대부분의 일과를 보내는 학교나 직장에는 그들의 자기결정권이 침해되지 않도록 감독하고 지원하는 권리옹호 인력을 배치하거나 일시적으로 파견해야 한다. 이런 적극적 조치를 실행해야만 발달장애인의 자기결정권을 하나의 온전한 권리로서 사회적으로 보장할 수 있을 것이다.

4

누가 성년후견제도를 말하는가?

자기결정권과 관련해 마지막으로 반드시 짚고 넘어가야 할 문제가 있다. 바로 성년후견제도다. 이는 많은 이들에게 발달장애인의 권리를 보호하기 위한 제도로 여겨지고 있다. 물론 이전의 금치산·한정치산제도보다 나아진 면이 없는 건 아니다. '무능력자'라는 용어가 '제한능력자'로 대체되고, 피후견인의 자기결정권과 의사를 존중해야 한다는 문구들이 곳곳에 명시되어 있기 때문이다. 또한 성년후견, 한정후견, 특정후견, 임의후견으로 후견의 유형을 세분화해, 피후견인의 의사능력 정도나 후견 범위에 따라 후견인을 탄력적으로 이용할 수 있는 장치도 마련됐다. 그러나 앞서 언급했듯, 성년후견제도는 발달장애인의 자기결정권을 제한하거나 부정하고 그것을 타인에게 위임한다는 면에서 금치산·한정치산제도와 근본적으로 다르지 않다.

맥락은 조금 다를 수 있지만, 나는 자기결정권 영역에서의 성년후견제도가 주거권 영역에서의 시설과 동일한 위상을 지닌다고 생각한다. 첫째, 양자 모두 장애인을 위한 제도로 선전되지만 궁극적으로는 장애인의 인권을 침해할 수밖에 없다는 점에서 그렇다. 시설에서 일어나는 인권 침해는 너무나 비일비재해 더 이야기할 필요도 없을 것이다. 자본 축적을 기본으로 하는 기업에서 '착취'가 발생하지 않기를 바라는 것이 환상인 것처럼, 통제적 권력관계를 기본으로 하는 시설에서 '인권 침해'가 일어나지 않기를 바란다면 그 역시 환상이다. 자신의 일상을 일방적으로 타인에게 통제받는 삶, 그 자체가 인권 침해이기 때문이다. 성년후견제도 역시 발달장애인의 의사를 존중하고 반영해 후견인을 둔다고는 하지만, 피후견인이 된 발달장애인은 무려 450여 개에 달하는 다양한 법령 조항(결격 조항)에 따라 공무와 영업과 단체 활동의 자격을 제한 또는 금지당한다. 또한 후견인이 자신의 권한을 오남용하거나 악의적으로 이용하려 할 때, 이를 방지할 수 있는 수단이나 장치를 완벽히 갖추기란 불가능하다. 바로 이런 이유 때문에 UN이나 UN 장애인권리위원회가 성년후견제도의 부적절성을 지적하고, '의사결정 대리'에서 '의사결정 조력'으로의 전환을 권고했던 것이다.

둘째, 양자가 모두 '보호'라는 관점에 기초한다는 점에서 그러하다. 이 점은 더 부연할 필요도 없을 것이다. 여기서 중요한 것은 시설과 성년후견제도 모두 장애인을 보호한다는 명분을 내세우지만, 그 제도들이 궁극적으로는 비장애인 중심의 '사회를 보호'하려 한다는 점이다.[2] 발달장애인이 후견인을 두는 것과 동시에 수많은 결격 조항에 따라 다양한 공무와 영업과 단체 활동을 제한받거나 금지당하는 것, 그것이 과연 누구를 보호하기 위한 것일까. 이런 맥락에서 한양대학교 법학전문대학원의 한 교수가 원칙적으로는 모든 결격 조항의 폐지를 주장하면서도 "공공의 이익 또는 사회의 안전을 위해 자격을 제한할 경우 개별 사정에 따라 일시적으로 정지시키는 제도를 도입할 필요는 있을 것"이라고 언급한 내용은 매우 시사적이다.[3]

셋째, 시설과 성년후견제도 모두 장애인의 권리를 보장하기 위한 실질적 대안을 마련하지 않은 상황에서만 대안으로 취급된다는 점에서 둘은 다르지 않다. 나는 이 점이 상당히 중요하다고 생각한다. 장애인이 지역사회에서 함께 살아갈 수 있는 조치와 지원이 전무한 상황에서는 시설이 그들의 주거권을 보장하기 위한 현실적인 대안처럼 여겨질 수 있다. 실제로 그런 때도 있었다. 한국 장애인운동의 역사를 보더라도 '시설 투쟁'의 실질적인 내용은 일정한 변화를 겪어왔다. 1990년대 초반까지만 해도 시설 투쟁이란 장애인시설 건립을 반대하는 지역 주민들의 '님비NIMBY, Not In My BackYard' 현상에 대응하는 투쟁이었으며, 그 이후에는 주로 인권 침해와 시설 비리를 척결하기 위한 시설민주화 투쟁이었다. 탈시설 투쟁이 본격화한 것은 활동보

2   미셸 푸코, 《사회를 보호해야 한다》, 박정자 옮김, 동문선, 1998.
3   황지연, 〈성년후견제 관련 결격조항 폐지 '한 목소리'〉, 에이블뉴스, 2013. 12. 18.

조서비스를 비롯한 지역사회의 지원서비스가 제한적으로나마 자리를 잡은 2000년대 말 이후의 일이다. 마찬가지로 성년후견제도가 발달장애인의 권리를 보호하기 위한 대안처럼 여겨지는 것은 현재 그들의 자기결정권을 보장할 수 있는 실질적 조치와 지원이 전무하기 때문이다.

좋은 시설이 장애인의 주거권을 보장하기 위한 하나의 선택지라는 명분 아래 추구해야 할 목표가 될 수는 없는 것처럼, 좋은 성년후견제도도 발달장애인의 권리를 보호한다는 명분 아래 추구해야 할 목표가 될 수는 없다. 누군가는 시설과 성년후견제도를 필요악必要惡이라고도 한다. 그럴지도 모르겠다. 그러나 "악법은 법이 아니라 그냥 악일 뿐"이듯 필요악도 그냥 악일 뿐이다. 악법과 필요악을 필요로 하는 것은 장애인이 아니라 장애인을 억압하는 사회다. 시설이 결국 사라져야 하는 것처럼, 성년후견제도도 언젠가는 사라져야 할 제도라고 나는 생각한다. 이를 위해서는 성년후견제도에 대한 비판과 반대를 넘어, 자기결정권이 사회권임을 분명히 인식하고 이를 보장할 수 있는 실질적인 제도의 구축에 힘을 모아야 할 것이다.

9 장

모두를 위한 노동사회를 향해

"노동은 상품이 아니다"

—ILO의 '필라델피아 선언' 중 첫 번째 원칙

우리는 크게 두 가지 관점으로 운동에 접근할 수 있다. 하나가 상식이 지켜지도록 하는 것이라면, 다른 하나는 상식 자체를 바꾸는 것이다. 이 장의 논의가 빚지고 있는 정치철학자들의 용어를 빌리면, 그 상식이란 '규범적 원칙', '지배적 이데올로기', '법-대전제'로 표현될 수 있을 것이다. 변혁적 운동은 상식 자체를 뒤엎는 것이기에, 기존 사회의 상식이 지켜지도록 하는 것은 보수적이거나 개량적인 운동에 불과하다고 여겨지기도 한다. 그러나 규범적 원칙, 지배적 이데올로기, 법-대전제는 강한 의미에서 '보편적'이어야 한다. 따라서 그 안에는 지배 계층의 의도뿐 아니라 피지배 대중의 이상과 열망이 기입되어 있으며, 그런 측면에서 언제나 균열과 반역의 계기를 포함한다고 할 수 있다. 게다가 우리 사회에는 상식이 지켜지지 않아 풀 수 없는 문제가 부지기수다. 다시 말해 기존의 상식을 올곧게 실현하는 것만으로도 해결할 수 있는 문제가 매우 많으며, 나는 일반적 통념과 달리 장애인의 노동권 역시 그와 같은 문제 중 하나임을 논하고자 한다.

　노동과 관련하여 내가 주목하는 상식은 크게 두 가지다. 하나는 노동의 정의 및 규범과 관련된 상식이다. 즉 무엇이 노동인가, 혹은 어떤 활동이 노동으로 인정되어야 하는가에 관한 상식으로, 이는 '활동 → 가치 → 대가'라는 도식으로 정리될 수 있다. 쉽게 말해, 가치가 있어서 그에 대한 대가가 수반되는 인간의 활동이 노동이다. 이것이 우리가 알고 있고, 또 믿고 있는 노동의 정의이자 규범이다. 그러나 우리 사회에는 가치가 있는데도 대가가 주어지지 않는 활동, 즉 '불인정 노동unrecognized work'이 광범위하게 존재한다. '가사 노동'이라는 용어는 이 같은 모순을 직접적으로 드러내는 사례다. 그것은 가치 있는 인간의 활동이지만 대부분 대가가 제공되지 않는다. 따라서 가사 노동을 하는 사람은 모종의 노동을 하지만 노동자로 인정받지 못한다. 이러한 모순을 직시함으로써 불인정 노동을 노동으로 인정하게 만드는 인정투쟁struggle for recognition이 광범위하게 벌어진다면 모두를 위한 노동사회가 충분히 구축될 수 있으며, 중증장애인의 노동권 또한 하나의 권리로 보장될 수 있다는 것이 나의 생각이다.

　여기서 인정투쟁을 정당화하는 근거로 내가 주목하는 두 번째 상식은 노동의 성격 내지 위상과 관련된 것이다. 근대 자본주의 국가에서 노동은 헌법에 의해 보장되는 '권리'인 동시에 하나의 '의무'로 제시된다.[1] 그리고 어떤 것이 권리이자 의무라면, 그것은 시장의 영역에 방치되어서는 안 되며 당연히 공적으로 보장되어야 한다. 헌법에서 권리이자 의무로 설정된 교육이 현재 공적으로 보장되고 있는 것처럼 말이다. 이처럼 노동이 하나의 시민권으로서 공적으로 보장되는 체제를 나는 '공공시민노동 체제'라 명명하고자 하며, 그에 대한 개요와 기본적인 구상을 제시해보려고 한다.

---

1   노동의 이런 이중적 지위에서 '잠정적 유토피아provisional utopia' 수준의 노동해방에 대한 두 가지 '비개혁주의적 개혁' 전략이 도출될 수 있다. 하나는 노동의 의무에서 벗어나는 일종의 탈노동 사회—노동으로부터의 탈주, 노동하지 않을 권리—를 지향하는 것으로, 그 구체적인 전략은 '기본소득' 제도로 나타난다. 다른 하나는 자본주의 사회에서 상품의 형태로 존재하기에 단 한 번도 보편적인 권리로 확립되지 못했던 노동을 진정한 시민권으로 만드는 '공공시민노동' 전략이다. 나는 양자 중 어느 하나를 배타적으로 지지하거나 기각하지는 않는다. 그러나 탈노동 사회 전략은 '노동'을 자본주의적 임노동에 제한함으로써 노동 자체를 (역설적으로) 탈역사화하는 측면이 있다. 또한 노동으로부터의 탈주가 이미 자본 측에 의해 경향적으로 선점되어 있는 것은 아닐까 생각한다. 즉 노동 배제적 자본축적 시스템이 강화되고 있는 흐름 속에서, 우파 정치세력 및 실리콘밸리로 상징되는 기술주의technocentrism 우파가 이런 시스템을 안정화하고 재생산하기 위한 도구로 기본소득 제도를 활용하려는 측면도 존재하는 것이다. 이와 같은 문제의식 속에서 노동으로부터의 탈주보다는 자본주의적 노동을 내파內波하는 전략에 좀 더 관심을 기울이고 있다.

1

불인정 노동자로서의 장애인

장애인운동을 하며 정부에 이런저런 투쟁 요구안을 제시할 때, 현장 활동가들은 보통 한국보다 장애 관련 제도가 잘 확립된 외국의 사례를 정리해 첨부하곤 한다. 그렇게 하지 않으면 정부 관료들이 논의 자체를 이해하지 못하거나 장애인들이 생떼를 쓴다고 펄펄 뛰는 경우가 많기 때문일 것이다. 하지만 외국의 사례를 제시하기 다소 애매한 영역이 있는데, 그게 바로 장애인의 노동권 문제다. 우리나라의 만 15세 이상 장애인 중 3분의 2에 가까운 61.1퍼센트는 아예 비경제활동인구로 분류되며, 고용률employment to population ratio은 36.9퍼센트에 불과하다.[2] 즉 대략 3명 중 1명 정도가 일을 하는 셈인데, 사실 자본주의 중심부 국가이자 장애 정책이 비교적 잘 마련된 나라들에서도 (통계마다 차이가 있고, 몇몇 예외도 있기는 하지만) 엇비슷한 고용률 수치가 나타난다. 장애인권이나 장애인복지와 관련된 국내 지표들을 살펴보면 거의 모든 것이 OECD 34개 회원국 중 최하위권에 머물러 있지만,[3] 2011년 장애인 고용률은 OECD 국가 평균과 별반 차이가 없는 것으로 보고되어 있다.[4] 이는 '장애인'이라는 근대적 범주의 형성 과정을 이해한다면 그다지 놀라운 일은 아니다. 7장에서 살펴본 것처럼 장애인이란 곧 '불인정 노동자' 집단을 가리키던 개념이었기 때문이다.

대부분의 국가들에서 장애인의 정의는 좀 더 복잡한 의학적·사회적 기준을 채택하며 변화해왔지만, 불인정 노동자 계층으로서의 장애인에 대한 규정은 여전히 곳곳에 남아 있다. 미국의 〈사회보장법〉은 장애인을 "의학적으로 적어도 1년간 지속되거나 사망에 이를 것으로 판정되는 신체적·정신적 손상으

2　김성희 외,《2017년 장애인실태조사》, 보건복지부·한국보건사회연구원, 2017, 329~331쪽. '고용률'은 'employment to population ratio'를 직역하여 '인구 대비 취업자 비율'로 기술되기도 하며, 15세 이상 전체 생산가능인구(=경제활동인구+비경제활동인구) 중 취업자가 차지하는 비율을 의미한다. 한편 일반적으로 '실업률'과 대비되는 개념으로 사용되는 '취업률'은 비경제활동인구를 제외한 경제활동인구 중 취업자의 비율을 나타낸다. 즉, 취업률 통계에서는 구직 활동을 지속하다 취업될 가능성이 없다고 판단해 취업을 포기한 실망실업자 등이 비경제활동인구로 편입되기 때문에, 실제보다 취업자의 비율이 지나치게 과대 표현되는 문제가 발생한다. 예컨대 2017년 장애인의 고용률은 36.9퍼센트이지만 취업률은 94.9퍼센트다. 이런 한계 때문에 OECD는 고용률을 적극 활용할 것을 권장하고 있다.

3　예컨대 2013년 한국의 GDP 대비 장애인복지지출 규모는 0.61퍼센트로 OECD 평균 2.11퍼센트의 약 4분의 1 수준이며, 멕시코와 터키에 이어 뒤에서 세 번째인 것으로 조사되었다(조윤화 외,《2018 장애통계연보》, 한국장애인개발원, 2018, 292쪽).

4　유럽연합통계국Eurostat의 *2011 EU Labour Force Survey*(2014)에 따르면, 2011년 OECD 국가의 장애인(15~64세) 평균 고용률은 47.7퍼센트로, 한국의 49.0퍼센트보다 오히려 다소 낮은 것으로 나타났다(조윤화 외,《2018 장애통계연보》, 288쪽). 여기서 한국의 장애인 고용률이 국내 통계 자료보다 10퍼센트포인트 이상 높게 나타나는 것은 기본적으로 조사 대상을 64세 이하로 한정했기 때문이다.

로 인해 실질적인 소득 활동에 참여하지 못하는 자"로 정의한다. 또한 독일의 〈중증장애인법〉은 '근로능력 상실률Minderung der Erwerbsfähigkeit, MdE'—현재는 '장애의 정도Grad der Behinderung, GdB'라는 용어로 변경됨—을 기준으로 MdE(GdB)가 30퍼센트 이상인 경우 장애인으로, 50퍼센트 이상인 경우 중증장애인으로, 80퍼센트 이상인 경우 최중증장애인으로 규정한다. 스웨덴의 경우에도 장애인은 "신체적 결손, 정신적 결손, 사회적 장애(알코올중독, 약물중독, 언어장애가 있는 외국 이민자)로 인해 취업이나 직장 유지가 곤란한 자"로 정의된다. 소위 '개발도상국'인 파키스탄에서도 "장애인은 상해, 질병 또는 선천적 기형으로 인해 수입을 얻을 수 있는 직업을 갖거나 고용되는 데 불리함을 지닌 사람"으로 정의되어 있다.

다른 한편 우리는 '장애인'이라는 개념이 처음 형성된 바로 그 국면에서 역설적으로 노동이 지닌 역사성을 읽어낼 수 있다. 즉 그들이 특정 시점에 노동을 할 수 없는 존재로 '새롭게' 규정되었다는 것은, 그 이전까지는 그렇게 인식되지 않았음을 의미한다.[5] 다시 말해 노동이 무엇이며 어떤 활동을 노동으로 '인정'할지는 초역사적이거나 보편적인 문제가 아니다. 또한 순수하게 경제적인 문제도 아니다. 이것은 경제적인 것만큼이나 정치적인 문제, 아니 근대 경제학의 명칭이 애초 정치경제학이었

---

5   이에 대한 좀 더 자세한 설명으로는 Marta Russell and Ravi Malhotra, "The Political Economy of Disablement: Advances and Contradictions", Socialist register 38, 2002; Michael Oliver, *The Politics of Disablement*, ch. 3을 참조하라.

던 것에서 드러나듯 언제나 '정치적인 동시에 경제적인political-economic' 문제다.

에티엔 발리바르에 따르면, 경제(생산양식)와 이데올로기(주체화양식)는 정치에 대한 두 개의 토대다. 이 두 토대는 서로 다른 독자적 인과성causality을 갖지만 동시에 양자는 밀접하게 연관되어 있다. 즉 경제적 인과성은 이데올로기적 인과성을 통해서만 작동하고, 이데올로기적 인과성 역시 경제적 인과성을 통해서만 작동한다. 이런 측면에서 양자는 모두 독자적인 '그 자신의 역사'를 갖지 않는다고 할 수 있으며,[6] 이는 경제에 대한 모종의 이데올로기나 문화적 관념 없이는 경제적 활동(=노동)도 구성될 수 없음을 함축한다. 따라서 우리는 일정한 활동이 노동으로 정의되고 인정되는 과정에서부터 경제와 정치와 이데올로기(문화)가 언제나 '복합적 전체'로서 함께 작동한다는 점을 유념할 필요가 있다.

---

6   Étienne Balibar, "The Infinite Contradiction", trans. Jean-Marc Poisson and Jacques Lezra, *Yale French Studies* 88, 1995, p.160.

2

왜 이것은 노동이 아니란 말인가?

'워커홀릭 놈팡이'라는 역설

나는 주변의 동료들에게서 종종 '워커홀릭workaholic'이라는 이야기를 들어왔다. 사실 딱히 일하기를 즐겼거나 일을 많이 했던 건 아니다. 다만 오랫동안 별도의 거처 없이 사무실에서 숙식을 해결하는 생활을 했기에, 사람들이 모두 퇴근한 후 급한 업무가 발생하면 내가 맡아 처리하게 되는 경우가 잦았다. 또 밤새 글을 쓰거나 번역을 하다가 초췌한 얼굴로 출근하는 동료들을 맞는 일들이 종종 있다보니, 그런 소리를 듣게 된 것 같다. 어쨌든 나는 그렇게 '노동' 중독자로 불려왔는데, 이는 어떤 면에서는 맞지만 또 다른 면에서는 틀린 지적이다. 노동의 가장 간결한 사전적 정의는 '몸(육체와 정신)을 움직여 일을 함'이지만, 사회적 의미에서 노동은 이런 정의를 넘어선 무엇이다. 어떤 활동을 하되, 그것이 가치 있어야 하고, 이에 따른 대가가 수반되어야 한다. 즉 '활동 → 가치 → 대가'라는 계열 내에 있는 활동이 노동이다.[7] 이것이 노동에 대한 우리 사회의 규범 내지는 통념(이데올로기)이라고 할 수 있다.

대학 졸업 후, 줄곧 장애인운동 활동가였던 나는 오랜 기간을 제대로 된 수입 없이 살았다. 그러다보니 명절이나 부모님 생신 때 집에 가면 '언제까지 그렇게 직장도 구하지 않고 놀고 먹으며 허송세월을 할 거냐'는 핀잔을 들어야 했다. 국가에 갑종근로소득세(갑근세)를 낸 기간이나 국민연금공단에서 인정한 나의 노동 기간 역시 48개월 정도에 불과하니, 나머지 기간에 나는 사회적으로 '놈팡이'였던 셈이다.

이렇듯 내가 '워커홀릭 놈팡이'라는 역설적인 존재가 된 이유는 노동에 대한 앞의 규범 내지는 통념으로 해소할 수 없는 어떤 모순이 존재하기 때문은 아닐까? 이와 관련해 한 가지 문제를 같이 풀어보도록 하자. ① 밥 짓기 ② 보고서 쓰기 ③ 상담하기라는 세 가지 활동이 있다. 이 활동들은 노동일까, 노동이 아닐까? 누군가는 세 가지 활동 모두 노동이라고 답할 수도 있고, 누군가는 이 중 일부만 노동이라고 답할 수도 있으며, 또 다른 누군가는 모두 노동이 아니라고 답할 수도 있을 것이다. 과연 무엇이 정답일까? 다소 이상하게 들릴 수 있겠지만, 이 문제에는 정답이 없다. 혹은 어떤 답도 오답이 되지 않는다. 왜 그럴

---

7   김도현, 《장애학 함께 읽기》, 그린비, 2009, 235~236쪽.

까? 위의 세 활동이 노동인지 아닌지는 '그때그때' 다르기 때문이다.[8]

예컨대 집에서 매일 밥 짓는 일을 하는 여성들은 '그냥 집에서 노는' 사람 취급을 받지만, 비슷한 일을 H 자동차 공장의 식당에서 하게 되면 임금을 받고 노동자로 불린다. 또 어떤 장애인이 몇 달간 수십 권의 책을 읽고 인터넷에서 수많은 자료를 검색해 장애인의 자립생활 증진 방안에 관한 보고서를 쓴다고 생각해보자. 그걸 서울시에 보낸다고 해서 돈이 지급될 리는 만무하다. 반면 한국장애인개발원의 직원은 이와 비슷한 보고서를 쓰면서 상당한 액수의 연봉을 지급받는다. 복지관에서 장애인들을 상담하는 사회복지사의 활동은 당연히 대가가 제공되는 노동이다. 하지만 30년간 시설에서 살다 탈시설을 한 중증장애인이 동료·후배 장애인들에게 자립할 수 있는 방법에 대해 상담해주는 것은 노동으로 인정되지 않는다. 왜 그럴까? 어째서 이런 차이가 나타나는 것일까?

8　이런 모순이 발생하는 기본적인 구조는 상품의 사용가치(실제로 사람들의 삶에 얼마나 유용하고 도움이 되는가)와 교환가치(현실적으로 시장에서 얼마의 돈을 받고 교환될 수 있는가)의 분리/불일치라는 차원과 관련된다. 즉 상당한 사용가치가 있는 상품이라 하더라도 자본주의 시장에서는 아무런 교환가치를 갖지 못할 수 있으며, 별다른 사용가치가 없는 어떤 것이 매우 높은 교환가치를 실현할 수도 있다. 애덤 스미스는 《국부론》에서 전자의 예로 물을, 후자의 예로 다이아몬드를 든다. 다른 모든 체제와 구분되는 자본주의의 가장 중요한 특징은 인간의 노동력이 상품으로 존재하는 사회라는 점이다. 따라서 어떤 사람의 노동(력)도 충분한 가치를 갖지만(사용가치의 존재) 대가를 받지 못하고(교환가치의 부정) 불인정 노동으로 격하되는 상황이 발생할 수 있다.

노동은 어떻게 노동으로 인정받는가

'살림/살이 경제'와 '돈벌이 경제'라는 개념적 구분틀로 경제사상사를 분석하고 대안적 경제학을 모색하는 홍기빈의 작업은 이러한 차이의 발생을 사고하는 데 상당히 유용한 참조점을 제공한다. 그는 '경제經濟'라는 말 자체가 '세상을 다스려 인민의 삶을 구제함'이라는 뜻을 지닌 '경세제민經世濟民'에서 나왔다는 점, 그리고 영어 단어 'economy' 역시 가정의 살림을 뜻하는 그리스어 'oikonomia(오이코노미아)'를 어원으로 한다는 점을 상기시킨다. 즉 동서양을 막론하고 경제란 원래 살림/살이 (우리말 '살림'과 '살이'의 어원은 모두 '삶'이다), 즉 '타인을 살리고[살림] 내가 살아가는 것[살이]'의 문제였다. 돈벌이(이윤 추구)가 경제의 중심인 것처럼 여겨지고 경제학에서도 돈벌이가 살림/살이 문제를 포섭하게 된 것은 근대 시장경제가 확립된 이후의 일이다. 그러나 아무리 그렇다고 해도 돈벌이 경제가 그 근본인 살림/살이 경제를 삭제하거나 대체할 수는 없다.[9]

페미니스트 경제지리학자인 J. K. 깁슨-그레이엄 또한 비자본주의적 경제 형식들이 자본주의 경제 체제 내에서 삭제되지 않은 채 상당히 큰 비중을 차지한다고 지적한다. 〈표 4〉에서 '대문자 시장', '대문자 노동', '대문자 자본주의' 아래에 위치한 항목들이 바로 그런 비자본주의적 경제 형식이다. 깁슨-그레이

---

9   홍기빈, 《살림/살이 경제학을 위하여》, 지식의날개, 2012.

엄에 따르면, "잘사는 나라에서든 못 사는 나라에서든 이 표의 하단 3분의 2(회색 음영 부분)가 경제활동의 50퍼센트 이상을 차지한다".[10] 이 장의 관심사인 노동 관련 항목을 살펴보면, '미지급' 영역에 있는 가사 노동, 친인척 돌보기, 마을 작업, 자원 활동, 자기재충전형 노동, 노예 노동은 물론이거니와, '대안적 지급' 영역에 있는 협동조합 노동의 일부, 기식 노동, 호혜적 노동, 현물 지급 노동도 현재 노동으로 공인되지 않음을 확인할 수 있다. 즉 이런 형태의 노동에는 대가가 아예 혹은 제대로 지급되지 않으며, 따라서 사회적으로 노동이 아닌 것 혹은 노동에 미달하는 것으로 취급된다.

홍기빈의 '살림/살이 경제'와 깁슨-그레이엄의 '비자본주의적 경제 형식들'에 대한 논의를 염두에 두면, 동일한 활동이 노동으로 인정되기도 하고 인정되지 않기도 하는 모순을 일단 다음의 두 가지 방식으로 해명해볼 수 있다. 첫째, 우리 사회에서 작동하고 있는 메커니즘은 '활동 → 가치 → 대가'가 아니라 '활동 → 대가 → 가치'다. 즉 어떤 활동이 가치 있으면 대가가 제공되는 것이라기보다는, 어떤 활동이 대가를 받으면 그것이 가치 있는 일로 간주된다. 실제로 많은 사람들이 돈을 벌지 못하는 일은 가치 없는 일로, 조금 버는 일은 가치가 적은 일로 여긴다. 반면 억대 연봉을 받는 일은 매우 가치 있는 일로 여겨

---

10   JK 깁슨-그레엄, 《그따위 자본주의는 벌써 끝났다》, 엄은희·이현재 옮김, 알트, 2013, 15쪽.

거래의 형태	노동	기업
대문자 시장 공식 시장	대문자 임금 임금 노동	대문자 자본주의 자본주의적 기업
대안적 시장 공공재의 판매 윤리적 '공정무역' 시장, 지역 유통 체계 대안 통화 지하 시장 협동조합형 교환 물물 교환 비공식 시장	대안적 지급 자영업 협동조합 기식 노동 호혜적 노동 현물 지급 노동 복지급여형 노동	대안적 자본주의 기업 국영기업 녹색자본가 사회적 책임 기업 비영리
비시장 가내 흐름 선물 주기 토착적 교환 국가 할당 국가 전유 이삭줍기 수렵, 어업, 채취 절도, 밀렵	미지급 가사 노동 친인척 돌보기 마을 작업 자원 활동 자기재충전형 노동 노예 노동	비자본주의적 공동체적 독립적 봉건적 노예

진다. 이는 소위 화폐의 물신화fetishization 현상으로, 화폐가 가치를 표상하고 매개하는 수단에서 가치 자체 혹은 지고의 가치가 되어버린 것이다. 둘째, '활동 → 가치 → 대가'가 아닌 '활동 → 이윤 → 대가'의 메커니즘이 사회를 지배한다. "무가치하다는 말은 사회적으로 인정을 받지 못한다는 뜻"인데, 여기서 "그 인정의 주체는 자본이고, 기준은 자본을 위한 잉여가치의 생산"이

11　　JK 깁슨-그레엄,《그따위 자본주의는 벌써 끝났다》, 16쪽 〈그림1.1〉 일부 보완.

기 때문이다.[12] 즉 어떤 활동에 대가를 제공하도록 하는 매개항은 가치가 아니라 이윤의 창출에 대한 기여다. 달리 말하면 가치가 이윤이라는 틀에서만 해석되는 것이다. 왜? 우리가 살고 있는 곳이 자본주의 사회이고, 자본이 추구하는 것은 이윤이므로.

첫 번째 해명은 제법 그럴듯하지만, 어떤 활동에 대가를 제공할 때 무엇을 기준으로 삼을지를 제시하지 않기 때문에 사회적 규범이 될 수는 없다. 그리고 두 번째 해명은 많은 사례에 적용되지만, 정치인의 정치 활동, 종교인의 종교 활동, 교사들의 교육 활동, 돌봄노동자들의 돌봄 활동 등 이윤으로 직접 설명되지 않는 사례들 또한 다수 존재하기 때문에 일반화될 수 없고, 따라서 이 역시 사회적 규범이 될 수 없다. 결국 노동에 관한 우리 사회의 규범은 '활동 → 가치 → 대가'가 될 수밖에 없고, 그럴 경우 가치란 '살림/살이'에 대한 기여, 즉 '사회 구성원의 물질적·정신적·정서적 삶에 대한 기여'로 해석되어야 한다. 이런 해석대로라면 내가 해왔던 활동도 노동으로 인정받아야 하지 않을까? 장애인들의 활동 역시 이윤 창출의 과정에 효과적으로 투입될 수 없더라도 다른 사회 구성원의 삶에 다양한 방식으로 기여하지 않는가? 그렇다면 왜 이런 활동들은 노동이 아니란 말인가?

---

12   백승욱, 《생각하는 마르크스》, 북콤마, 2017, 66쪽.

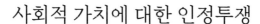

3

사회적 가치에 대한 인정투쟁

원칙과 현실의 간극에 눈 뜨다

'분배'와 '인정'이라는 정의正義의 두 요소를 인정이라는 단일한 영역 내에서 통합적으로 다루는 악셀 호네트의 인정이론 theory of recognition은 앞서 제기된 문제를 사고하는 데 상당한 도움을 준다. 호네트가 분배를 인정이라는 틀 내에서 다룰 수 있는 것은, 인정을 단순히 소수자의 문화적 정체성이나 차이에 대한 존중의 문제로 한정하지 않고 세 가지 형식(사랑, 권리, 사회적 가치 부여)으로 나눠 이론화하기 때문이다. 그는 분배가 어떤 개인의 활동에 대한 가치의 인정과 직접적으로 연관된다고 본다.

호네트가 제시하는 인정이론—어떤 면에서는 다소 보수적으로 보일 수 있는—의 일정한 강점은, 사회비판이란 자신이 비판하는 현실에 닻을 내려야 한다는 프랑크푸르트학파의 비판

이론critical theory 전통에서 기인한다.[13] 이런 전통을 따라 그는 사회비판의 근거와 투쟁의 동학을 외재적이거나 유토피아적인 구상과 이론이 아닌, 전이론적인pre-theoretical 사회 현실 및 그런 현실에 존재하는 규범과 이데올로기 내부에서 찾아낸다. 애초 호네트의 이론적 기획은 프랑크푸르트학파의 2세대 대표자인 위르겐 하버마스의 의사소통이론과 미셸 푸코의 이론을 통합하는 것이었다.[14] 그런데 푸코주의자들이나 사회적 구성주의자들에게는 전이론적인 사회 현실, 예컨대 전이론적인 억압은 원칙적으로는 성립하지 않는다. 그들이 보기에는 그 무엇도 그에 '관한' 담론에 앞서 존재할 수 없으며, 담론이 진실로 그 무엇을 발생시킨다. 반면 호네트는 억압이 이론에 의해 '드러난' 객관적 상태이지 억압 담론에서 도출되는 순전히 지적인 구성개념construct이 아니라고 주장하면서,[15] 비판적 사회이론은 그처럼 이론에 앞선 현실을 포착하고 재구성하는 것이어야 한다고 말한다.

또한 그는 현실과의 괴리에도 불구하고 기존 사회에 존재하는 규범적 원칙이 비판과 투쟁의 근거가 될 수 있다고 주장

13　이에 대해서는 악셀 호네트, 장은주 옮김, 〈무시의 사회적 동학: 비판 사회이론의 자리매김〉, 《정의의 타자: 실천철학 논문집》, 문성훈 외 옮김, 나남, 2009, 109~135쪽을 참조하라.

14　악셀 호네트, 《인정투쟁: 사회적 갈등의 도덕적 형식론》, 문성훈·이현재 옮김, 사월의책, 2011, 15쪽.

15　Paul Abberley, "Work, Disability, Disabled People and European Social Theory", eds. Colin Barnes, Michael Oliver and Len Barton, *Disability Studies Today*, Polity, 2002, p.129.

하는데, 이는 원칙의 일반성에 본질적으로 내재한, 구체적인 맥락을 넘어서는 '의미 초과semantischer Überschuss' 때문이다.[16] 원칙은 누구나 받아들일 수 있는 정당하고도 보편적인 것으로 제시되어야 하므로, 원칙과 현실 간에는 늘 일정한 간극이 존재할 수밖에 없다. 이러한 간극을 방기하지 않고 적극적으로 해소하려 할 때 해석을 둘러싼 투쟁이 벌어지게 되며, 그 과정에서 규범적 원칙이 갖는 함의와 실제적 적용 또한 갱신된다. 즉 한 사회의 규범적 원칙과 괴리되는 현실의 '인정질서'에서 정당한 인정을 받지 못하는 이들이 존재하며, 이를 자각한 사람들이 좀더 정의로운 인정질서를 수립하고자 투쟁을 시작할 때 역사적 발전과 진보가 가능해진다는 것이다. 예컨대 온전한 사회 구성원에게 부여되는 시민권이 토머스 H. 마셜의 설명처럼 18세기의 자유주의적 자유권에서 19세기의 정치적 참정권으로, 다시 20세기의 사회권으로 확장된 것은, 온전한 시민이 누려야 할 권리를 둘러싼 해석과 인정투쟁 덕분이었다.[17]

이런 관점은 지배적 이데올로기dominant ideology란 형식적인 의미에서가 아니라 "강한 의미에서 보편적이어야" 하며, 지배적 이데올로기를 피지배 대중들이 곧이곧대로 믿을 때 반역과 봉기가 가능하다고 본 발리바르의 통찰과도 일맥상통한다.[18] 발리바르는 피지배자들의 반역이 지배적 이데올로기 외부에서 자

16　강병호, 〈악셀 호네트: 인정투쟁, 사회적 갈등의 도덕적 구조와 논리〉, 홍태영 외, 《현대 정치철학의 모험》, 난장, 2010, 306쪽.

17　악셀 호네트, 《인정투쟁》, 224~229쪽.

신들의 특수한 이데올로기를 따로 생산함으로써 일어나는 것이 아니라고 말한다. 오히려 "지배(적) 이데올로기 자체에 내장되어 있는, 따라서 '위로부터' 들려오지만 본래는 [피지배 대중들] **자기 자신이 보낸** 이상적 메시지(정의, 자유, 평등, 노동, 행복 따위)를 곧이곧대로 지금 그 자리에서 실현하려고 집단적으로 시도함으로써" 반역과 봉기가 일어나게 된다고 본다.[19] 한편 랑시에르는 민주주의에 대한 플라톤의 비난을 비판적으로 참조하면서 민주주의의 본질을 '아르케 없음an-arkhe, anarchy'으로 규정한다.[20] 즉 일종의 무정부주의적 민주주의론을 전개한다. 그러나 다음 인용문의 '해방(평등)의 삼단논법'에서 잘 드러나듯, 정치적 주체화 내지 저항적 주체의 구성에서 법이 핵심적인 중요성을 지닌다고 여긴다. 그의 이런 입장 역시 호네트나 발리바르의 문제의식과 긴밀히 연결된다고 할 수 있다.

삼단논법은 간단하다. 대전제에는 법이 말하는 바[모든 프랑스인은 법 앞에 평등하다]가 있다. 소전제에는 다른 관점에서 말해진

---

18 에티엔 발리바르, 〈비동시대성: 정치와 이데올로기〉, 《알튀세르와 마르크스주의의 전화》, 윤소영 옮김, 도서출판 이론, 1993, 186~187쪽.

19 최원, 〈한국 진보운동 재구성의 몇몇 쟁점들: 발리바르의 관점을 중심으로〉, 《진보평론》 59호, 메이데이, 2014년 봄, 193쪽, [ ]안의 내용은 인용자, 강조는 저자.

20 아르케arkhe는 그리스어로 '시초beginning', '원리·근거principle', '통치·지배empire'의 의미를 지닌다. 플라톤은 《국가》 8권에서 소크라테스의 입을 빌려 민주 정체는 "하고 싶은 대로 할 수 있는 자유 때문에 온갖 종류의 정체를 내포"하고 있는 "잡화점"과 같으며, "무정부·상태anarchos이고 동등하건 동등하지 않건 모든 사람을 평등하게 대하는 정체"라고 비난한다(플라톤, 《국가》, 480~481쪽).

것과 행해진 것, 즉 평등에 대한 기본적인 법-정치적 주장에 위배되는 사실이나 문장이 있다. 그렇지만 대전제와 소전제 간의 모순을 사고할 수 있는 두 가지 방식이 있다. 첫째는 우리에게 익숙한 방식이다. 그것은 단순히 법-정치적 문장이 환영에 지나지 않으며, 그 문장이 주장하는 평등은 불평등의 현실을 가리기 위해서만 거기에 있을 뿐인 외양이라고 결론짓는 것이다. …… 그렇지만 이것은 결코 [1830년대 프랑스 노동자들의 파업 투쟁에서] 노동자들의 추론이 선택한 길이 아니다. 노동자들의 추론이 끌어낸 결론은 일반적으로 다음과 같다. 대전제와 소전제를 일치시켜야 하며, 그러려면 대전제나 소전제를 바꿔야 한다. …… 평등을 말하는 문장은 아무것도 아닌 것이 아니다. 하나의 문장은 우리가 그것에 부여하는 힘을 갖고 있다. 이 힘은 우선 평등이 그 자체를 표방할 수 있는 장소를 만들어내는 것이다. 어디엔가 평등이 있다. 이것은 말해졌고, 씌여졌다. 따라서 이것은 입증될 수 있어야 한다. 하나의 실천은 바로 거기에 바탕을 둘 수 있으며, 이 평등을 입증하는 것을 자신의 과제로 삼을 수 있다.[21]

즉 "대한민국의 모든 권력은 국민으로부터 나온다"라는 헌법의 문구나 '만인은 법 앞에 평등하다' 같은 원칙을 그저 교

---

[21] 자크 랑시에르, 《정치적인 것의 가장자리에서》, 양창렬 옮김, 길, 2013, 90~91쪽, [ ] 안의 내용은 인용자.

과서에나 나오는 좋은 말로 치부하지 않고 곧이곧대로 믿을 때, 이런 원칙과 모순되는 사회 현실을 적극적으로 인식하고 양자를 연결할 때, 그래서 그런 규범적 원칙, 지배적 이데올로기, 법-대전제에 '부응하여' 행동하고 그 결과들을 도출해내려고 집단적으로 시도할 때 저항과 봉기가 발생할 수 있다. 예컨대 '장애인도 시외버스 타고 고향에 가고 싶다'는 구호 아래 2014부터 본격화된 장애인들의 시외이동권 투쟁은 "교통약자는 …… 교통약자가 아닌 사람들이 이용하는 **모든** 교통수단, 여객시설 및 도로를 차별 없이 안전하고 편리하게 이용하여 이동할 수 있는 권리를 가진다"는 〈교통약자의 이동편의 증진법〉 제3조 이동권 조항을 직접적인 준거로 삼았다. 또한 장애인차별금지법 자체가 장애인에 대한 차별을 결코 금지하지는 못하겠지만, 이 법이 어떤 진정성과 (법적 실효성을 넘어선) 해방적 효과를 갖는다면, 그것은 "**누구든지** 장애 또는 과거의 장애 경력 또는 장애가 있다고 추측됨을 이유로 차별을 하여서는 아니 된다"는 제6조 차별금지 조항 등이 평등을 향한 장애인들의 투쟁에서 하나의 규범적 원칙, 지배적 이데올로기, 법-대전제로 작동할 수 있기 때문일 것이다.

투쟁을 촉발하는 경험: 불인정 혹은 무시

호네트의 인정이론은 '정체성'에서 출발한다. 그는 좋은 삶을 성공적으로 실현할 수 있는 규범적·사회적 조건의 단서를 정체성의 형성에서 찾는다. 그러나 그가 말하는 정체성은 '한 민족의 정체성'과 같이 집단적 동일시의 차원에서 구축되는 무엇이 아니다. 호네트는 정체성의 형성을 인격적 통합의 성취, 좀 더 풀어서 말하면 자유로운 자아실현을 가능케 하는 '긍정적 자기관계positive relation-to-self'의 형성으로 본다. 이런 긍정적 자기관계로서 정체성은 자기신뢰[자신감]Selbstvertrauen, self-confidence, 자기존중[자존감]Selbstachtung, self-respect, 자기가치부여[자긍심]Selbsteinschätzung, self-esteem로 이루어지며, 여기에 사랑, 권리, 사회적 가치부여라는 인정 형태가 각각 상응한다.[22] 즉 인정 영역 중 세 번째는 개인의 재능과 활동이 공동체 구성원들의 합의된 가치 기준에 따라 사회에 대한 기여로 평가되고 보상되는 '가치평가 체계'다. 노동에 대한 보상이 제공되는 경제 체계는 바로 이 세 번째 인정 영역의 가장 중요한 요소다.

사회적으로 필요하고 가치 있는 일은 매우 광범위하며 다양하다. 그런데 어떤 활동이 가치가 있는지 혹은 없는지, 그리고 다른 활동과 비교해 얼마나 더 가치 있는지는 단순히 시장 법칙에 따라 결정되지 않는다. 이러한 가치들은 상당 정도 이데올로기적이고 문화적인 측면을 지닌다.[23] 따라서 앞서 제시된 '활동 → 가치 → 대가'라는 노동에 대한 규범 내지 통념과 모

---

22   악셀 호네트, 《인정투쟁》, 249쪽.

23   강병호, 〈악셀 호네트〉, 319~321쪽.

순되는 현실이 존재한다면, 즉 ① 동일한 유형의 활동을 수행하는데도 누군가는 그 가치가 인정되어 대가를 받고 누군가는 그 가치가 인정되지 않아 대가를 받지 못한다면 ② 자신의 활동이 스스로나 주변 사람들에게는 가치 있다고 여겨지는데도 사회가 그 가치를 인정하지 않아 대가를 제공하지 않는다면 ③ 누군가의 활동이 사실상 가치가 없고 사회에 해악을 끼치는데도 대가를 제공받는다면, 이는 인정투쟁이 촉발될 수 있는 충분한 전이론적인 사회 현실과 근거, 즉 불인정과 무시를 수반하는 도덕적 경험이 된다.

이러한 모순적 사회 현실을 개인적인 경험에 비춰 좀 더 구체적으로 살펴보자. 나는 대학 입학 전 약 3년간 식당에서 주방 일을 하며 돈을 벌었다. 앞에서도 언급했지만, 수많은 여성들이 매일 같이 해온 밥 짓기와 가사 활동이 내가 했던 일보다 가치가 없다고 말할 수 없다. 그러나 그녀들 대부분은 아무런 대가를 제공받지 못한다(모순적 현실 ①). 모 대학 특수교육과를 졸업한 후 내가 한 일은 크게 보면 교육 활동과 정치 활동에 해당한다. 장애인야학에서 성인 학생들을 가르쳤으며, 장애인권과 관련된 다양한 일을 하고 법률을 만드는 데 힘을 보탰다. 주변 사람들은 나의 야학 활동이 정규 학교에서 장애학생을 가르치는 일 못지않게 의미 있다고 격려해줬고, 내가 한 정치 활동이 국회에 앉아 엄청난 세금만 축내는 국회의원들의 그것보다 훨씬 더 가치 있다고 말해준다. 그러나 이 사회는 대부분의 기간 동안 나의 활동에 대가를 제공하지 않았다(모순적 현실 ②). 장애인의 인권을 증진시킬 목적으로 내가 쓴 많은 보고서들은 장애인의 삶에 조금이나마 기여했겠지만, 초국적 대기업에 고용된 인력들이 편법과 탈법을 자행하기 위해 써내는 내부 보고서들은 (비록 기업의 이윤은 늘려주지만) 오히려 다른 사회 구성원들에게 해악을 끼친다. 그러나 나의 보고서에는 아무런 대가가 제공되지 않은 반면, 그들의 활동에는 커다란 대가가 제공된다. 또한 영국 신경제재단New Economics Foundation, NEF 소속 연구원들의 분석에 따르면, 시급 6.25파운드를 받는 병원 청소노동자는 임금 1파운드당 10파운드의 사회적 가치를 창출했고 1만~1만 3,000파운드의 월급을 받는 보육노동자는 임금 1파운드당 7~9.50파운드의 사회적 가치를 창출한 반면, 연간 소득이 50만~1,000만 파운드나 되는 투자은행가는 1파운드의 부가가치를 창출할 때마다 7파운드의 사회적 가치를 파괴했다고 한다.[24] 즉 투자은행가들의 활동 역시 다른 사회 구성원들의 삶에 해악을 끼치고 있는데도 엄청난 대가가 주어진다(모순적 현실 ③). 그렇다면 수많은 여성들이 하고 있는 가사 활동도, 내가 해온 교육·정치 활동과 보고서 쓰기도 당연히 노동으로 인정되어야 하지 않을까? 청소노동자와 보육노동자의 활동에 대해서는 적어도 그 사

---

24   Eilis Lawlor, Helen Kersley and Susan Steed, *A Bit Rich: Calculating the real value to society of different professions*, New Economics Foundation, 2009, p.15, 17, 21. 1986년 창설된 신경제재단은 국민의 기대수명, 국민이 느끼는 행복감, 환경 파괴 정도 등을 고려해 작성되는 국가별 '행복지수Happy Planet Index, HPI'를 통해 널리 알려진 민간 싱크탱크다. 2016년 발표된 이 행복지수에서 우리나라는 140개국 가운데 80위를 차지했으며, 국내총생산GDP 1위 국가인 미국은 108위에 그쳤다.

회적 가치만큼 대가를 지불하고, 투자은행가의 소득은 사회적 가치의 파괴를 메울 수 있도록 대규모의 환수를 진행해야 하지 않을까? 그것이 더 상식적이고 정의로우며 우리 사회의 규범에도 맞지 않을까?

4

노동시장을 넘어
공공시민노동 체제로

그렇다면 어떤 구체적 요구를 매개로 불인정 노동을 노동
으로 (인정하게) 만드는 투쟁을 펼쳐나갈 수 있을까? 내가 염두
에 두고 있는 구상은 대략 다음과 같다. 선거 때만 되면 정치권
에서는 이런저런 정책 공약이 쏟아져 나오곤 한다. 우파 정치인
들은 대중의 관심과 지지를 받는 정책이 있으면 좌파적이거나
진보적인 것이라도 과감하게 가져다 쓰는 경우가 종종 있다. 물
론 자신들의 정치적 입장에 맞게 심대한 왜곡과 변환을 거치기
는 하지만 말이다. 반대로 나는 노동연계복지workfare라는 우파
적 맥락에서 '자활'을 위해 만들어진 '공공근로'와 '사회적 일자
리' 정책을 좌파적 관점에서 리뉴얼해보면 어떨까 싶다.

개념적으로만 보면 이런 정책들이 그리 나쁠 건 없다. '사
회적으로 가치 있는 일에 대해 공공이 대가를 제공하는 일자
리'로 해석할 수 있기 때문이다. 그러나 현재의 공공근로나 사

회적 일자리는 소위 '괜찮은 일자리decent job'가 될 수 없는데, 그건 결정적으로 다음의 두 가지 이유 때문이다. 첫째, 이런 일을 하고 제공받는 대가가 사회적으로 인간다운 삶을 누릴 수 있는 수준이 아니라, 생물학적으로 연명하기에도 급급한 수준이라는 것. 둘째, 공적(사회적)인 일자리의 목록에 들어가는 활동을 국가가 일방적으로 정하고 통제한다는 것.

나는 이 두 지점을 전면적으로 개혁해 '공공시민노동'이라는 새로운 시스템을 구축할 것을 제안하고자 한다. 공공시민노동은 '위험사회risk society'에 대한 논의로 잘 알려진 독일의 사회학자 울리히 벡이 사용한 '시민노동' 개념에서 일차적인 아이디어를 가져오고, '공통자원으로서의 노동능력'에 대한 장훈교의 논의를 참조해 보완한 '비개혁주의적 개혁' 노선이라고 할 수 있다.[25] 우선 벡과 장훈교의 논지를 간략하게 살펴본 후, 공공시민노동 개념 및 체제에 대해 설명해보겠다.

시민노동을 통해 정치적 시민으로

벡이 강조하듯, 근대사회의 시민은 무엇보다도 '노동 시민'이다. 즉 그들은 취업 노동을 통해서만 시민으로서 온전한 자격과 정체성을 획득할 수 있다. 이는 근대 시장경제가 사회정치적

---

25 '비개혁주의적 개혁' 노선에 대해서는 5장의 각주 32를 참조하라.

공동체로서의 일상성을 억압하고, 사회가 경제에 묻어 들어가도록embedded 강제하여 경제적 공동체의 성격만을 극대화했기 때문이다. 그러나 고대 그리스에서는 시민을 무엇보다도 정치 활동에 참여할 수 있는 자로 규정했으며, 현재에도 시민권자란 참정권을 갖는 자이다. 단 오늘날에는 대다수 시민들의 참정권 행사가 선거 시기의 투표로 한정되고, 능동적인 정치 활동은 국회의원과 같은 전문적인 정치가들의 영역으로 넘어가버렸다는 문제가 있다.

한편 사회적으로 가치 있는 활동에는 경제적 활동뿐만 아니라 사회정치적인 활동도 당연히 포함된다. 정치가들이 경제적 가치를 생산하지는 않지만 우리 사회가 그들에게 상당한 대가를 지불하는 것에서 확인되듯 말이다. 더군다나 신자유주의적 지구화의 시대, 벡의 용어를 따르면 '제2차 현대second modernity'에서는 전통적인 의미에서의 완전 고용이란 시장에 대한 종교적 믿음하에서만 가능한 헛된 구호가 되었다. 금융화와 더불어 고도의 정보화 및 자동화를 특징으로 하는 신자유주의적 축적 체제에 들어 자본이 노동을 포섭해 착취하는 경향뿐 아니라 노동에서 이탈하는 경향, 좀 더 정확히 말하면 노동을 배제하는 경향을 띠기 시작했기 때문이다.[26]

단적으로 미국의 최대 철강회사인 US스틸은 1980년에 12만 명의 노동자를 고용했으나, 1990년에는 2만 명의 노동자를

---

26   정정훈,《인권과 인권들》, 그린비, 2014, 40쪽.

고용하여 1980년과 동일한 양의 철강을 생산했다. 일본의 전자 회사인 빅터사 역시 공장 자동화 시스템을 도입해 150명이 일하던 공장을 2명의 노동자만으로 가동할 수 있게 되었다.[27] 독일의 아디다스사는 인건비를 이유로 1993년에 자국의 마지막 생산 공장을 폐쇄했는데, 이로부터 23년 후인 2016년 안스바흐에 '스피드 팩토리'를 건립했다. 여기서는 단 10명의 생산직 노동자를 고용해 동남아시아의 공장에서 600명의 노동자가 생산하는 것과 동일한 연간 50만 켤레의 신발을 생산할 수 있다. 이는 지능화된 기계와 3D 프린터를 활용하고, 소재부터 부품 조달까지의 모든 작업을 정보통신기술과 결합한 덕분이다. 많은 이들이 예측하듯, 이런 경향은 소위 '4차 산업혁명'의 흐름 속에서 더욱 가속화될 것이다. 더욱이 이제 자본은 특정한 시간과 장소에서 노동을 착취해 이윤을 생산하기보다, 오히려 비물질적 노동 내지는 인간의 삶 전체에서 생산되는 지식, 정보, 아이디어, 이미지, 정동, 코드, 사회적 관계 등을 독점적으로 전유해 이윤을 만들어내는 전략을 확대하고 있다.[28]

따라서 제2차 현대에서는 지금까지 억압되었던 정치적 시민으로서의 활동인 '시민노동', 즉 시민사회의 영역에서 조직될 수 있는 정치적이고 사회적이며 공익적인 여러 활동을 공적으로 복구하는 것이 이중적 의미에서 적극적인 대안이 된다. 요컨

---

27   제러미 리프킨, 《노동의 종말》, 이영호 옮김, 민음사, 2005, 217, 221쪽.
28   이에 대해서는 안토니오 네그리·마이클 하트, 《공통체》, 정남영·윤광영 옮김, 사월의책, 2014, 197~221쪽(3.1 자본구성의 변형)을 참조하라.

대 시민노동의 제도화는 한편에서는 사회적으로 가치 있는 노동 활동을 확장하여 취업자/실업자의 경계를 해체하고, 자원의 분배라는 경제적 문제에 대한 새로운 '규범'을 확립한다. 다른 한편 시민노동을 통해 경제에 묻어 들어가 있던 사회정치적 영역을 다시 끌어내고 노동 시민이 아닌 정치적 시민의 성격을 강화하게 되면, '인민(시민)에 의한 통치'라는 본래적 의미에서의 민주주의 사회를 작동시킬 수 있다.[29]

공통자원으로서의 노동능력

칼 폴라니는 근대 자본주의가 토지, 화폐, 노동을 상품처럼 다룸으로써 시장경제 체제를 확립했지만, 그것들은 단지 '허구상품commodity fiction'에 지나지 않으며 본래적 의미에서의 상품일 수는 없다고 말한다. 상품이란 그 정의상 판매를 위해 생산되는 것이다. 그런데 토지는 자연의 다른 이름이며 인간은 자연을 생산할 수 없다. 화폐는 구매력의 징표 내지 신용 관계의 매개물이어서 필요에 따라 임의적으로 만들어낼 수 있는 것이 아니다. 노동은 인간 활동의 다른 이름일 뿐이므로 노동을 그 인간과 분리해 동원하거나 비축할 수 없다. 따라서 토지 및 화폐와

---

29 시민노동 자체에 대한 좀 더 자세한 내용은 울리히 벡,《아름답고 새로운 노동세계》, 홍윤기 옮김, 생각의나무, 1999를 보라.

더불어 노동은 판매를 위해 더 생산하거나 덜 생산할 수 있는 대상, 즉 상품이 아니다.[30] 한편 1944년 미국의 필라델피아에서 개최된 국제노동기구ILO 총회에서는 통상 '필라델피아 선언'이라고 불리는 〈국제노동기구의 목표와 목적에 관한 선언Declaration concerning the aims and purposes of the International Labour Organization〉을 채택하게 되는데, 이 선언에서 가장 먼저 제시된 원칙도 바로 "노동은 상품이 아니다"이다. 장훈교는 자신의 박사학위 논문인 〈노동의 자기조절 실현을 위한 노동능력의 공통자원으로 전환에 대한 연구〉에서 이 필라델피아 선언의 명제를 가져와 "그렇다. 노동은 상품이 아니다. 그렇다면 무엇인가?"라고 질문한다.[31] 그의 답변은 노동(능력)이 '공통자원'이라는 것이다.

공통자원commons[32]이란 '우리 모두에게 상속'되었거나 '우리 모두가 함께 만들어낸' 집합적인 자원, 따라서 특정 개인이나 집단의 소유로 전환될 수 없는 자원을 말한다. 전자의 예로는 공기, 물, 토지, 숲, 바다 등과 같은 자연의 창조물을, 후자의

30　칼 폴라니, 《거대한 전환》, 홍기빈 옮김, 길, 2009, 243~244쪽.

31　장훈교, 〈노동의 자기조절 실현을 위한 노동능력의 공통자원으로 전환에 대한 연구〉, 성공회대학교 박사학위 논문, 2014, 16쪽. 이하 이 소절의 내용은 모두 본 논문에 기초해 작성된 것임을 밝혀둔다.

32　장훈교가 지적하듯 'commons'에 대한 번역어는 아직 통일되어 있지 않다. 예컨대 《자본의 코뮤니즘, 우리의 코뮤니즘》(연구공간L 엮음, 난장, 2012)에서는 '공통재'라는 번역어가, 《혁명의 영점》(실비아 페데리치, 황성원 옮김, 갈무리, 2013)에서는 '공유재'라는 번역어가 쓰였고, 그냥 '커먼즈'로 음차하는 경우도 있다. 장훈교 또한 2019년 출간한 《일을 되찾자》(나름북스)에서는 '공동자원체계'라는 새로운 번역어를 제안한 바 있다. 이 글에서는 그가 박사학위 논문에서 사용한 '공통자원'이라는 번역어를 채택하였으며, 이에 따라 'commoning'도 '공통자원화'로 옮겼다.

예로는 언어, 문화, 음악, 예술, 학문, 지식, 인터넷, 공원, 광장, 의료서비스 등과 같은 사회적 창조물을 들 수 있다. 이러한 공통자원은 해당 공동체 전체의 자원이기에 구성원 모두에게 '상품'이 아닌 '선물'로 주어져야 한다. 그러나 주지하다시피 근대 자본주의 사회가 성립하면서 공통자원 중 많은 것들이 이미 상품화·사유화되었으며, 신자유주의적 지구화와 더불어 점점 더 많은 공통자원들이 새롭게 상품화·사유화되는 '공통자원의 인클로저enclosure of commons' 현상이 발생하고 있다. 따라서 인클로저화된 공통자원들을 다시 공동의 소유로 전환하는 작업인 '공통자원화commoning'가 현대 저항 운동에서 관건이 되는데, 장훈교는 '노동력'이라는 상품 형태로 존재하는 인간의 '노동능력labor capacity'을 공통자원화가 이루어져야 할 핵심 자원으로 파악한다. 노동능력이 공통자원인 이유는 톰 워커에 따르면 "노동을 행할 수 있는 능력은 그 발생부터 사회적이고 협동적인" 것이기 때문이다. 또한 힐러리 웨인라이트는 "인간의 창조성은 개인과 사회 차원이 불가분하게 연결된 독특한 공통자원"이고 그러한 창조성이 개입하는 모든 인간의 실천 역시 공통자원일 수밖에 없다고 말한다. 요컨대 노동능력은 다른 공통자원을 잉태하는 '공통자원의 공통자원', 일종의 메타-공동자원이라고 할 수 있다.

한편 이처럼 공통자원을 중심으로 자본주의 체제에 대한 저항과 이행 운동을 사고하는 공통자원 기반 대안commons-based alterative은 시장은 물론 국가를 넘어선 제3의 대안, 곧 공동소유

common ownership의 원리에 기반을 둔 공동체의 확대 재생산을 지향하게 된다. 평택 대추리 미군기지 건설, 4대강 사업, 용산 참사, 강정 해군기지 건설, 밀양 송전탑 건설 등에서 잘 드러나듯, 국가의 소유나 치안적 관리 역시 공동체 구성원의 삶과 필요에 반하는 사유화의 한 형태일 수 있기 때문이다. 이런 문제를 극복하기 위해 도입과 접합이 이루어지는 것이 안토니오 그람시의 '시민사회'와 '자기조절self-regulation' 개념이다. 노동능력의 탈상품화-공통자원화, 그리고 공통자원화된 노동능력을 시민사회의 자기조절—정확히는 시민사회 내의 연합association과 정치사회[국가]의 유기적 순환organic circulation을 통한 전체 사회 차원의 자기조절[33]—을 통해 공유하고 관리하는 것, 이것이 노동의 실질적 포섭 단계를 넘어 노동의 축출을 통해 이윤 창출을 도모하는 신자유주의적 노동사회를 극복하기 위한 하나의 대안이 될 수 있다.

---

33 '조절사회regulated society'에 대해 그람시 자신이 내린 구체적인 정의는 (국가의 강압 요소가 소멸된 다른 유형의 국가라는 점에서) "국가 없는 국가" 그리고 (정치사회[국가]와 시민사회 관계의 변형이라는 차원에서) "정치사회의 시민사회로의 재흡수"이다. 여기서 연합[꼬뮌]과 국가의 유기적 순환이란 연합의 확장을 위해/통해 이루어지는 국가의 비국가적인 변형의 순환 과정이라고 할 수 있다. 달리 말해 조절사회의 구현은 국가의 변형과 시민사회의 변형이라는 이중 변형dual transformation에 기초하며, 국가는 '장악'의 대상이 아니라 '치환replace' 내지 '변형'의 대상이라고 할 수 있다. 그람시는 이 유기적 순환과 이중 변형 과정을 통해 자본주의에서 공산주의로의 이행이 이루어진다고 파악했다.

이것이 공공시민노동이다

백과 장훈교의 논의를 전유해 재구성한 공공시민노동 '개념'의 뜻은 간단하다. '노동'은 '시민'의 권리이므로 '공공' 영역에서 보장되어야 한다는 것을 의미한다. 그리고 다음과 같은 추가적인 문제의식을 전제한다. 첫째, 노동[근로]은 헌법의 정신에 따라 누구나 누려야 할 '권리'일 뿐만 아니라 교육과 마찬가지로 국민의 4대 '의무' 중 하나라는 것. 〈대한민국 헌법〉은 제32조 ①항에서 "모든 국민은 근로의 권리를 가진다"라고 노동에 대한 권리를 명시적으로 규정하고 있으며, 그다음 ②항에서는 "모든 국민은 근로의 의무를 진다"라고 노동을 의무로 적시한다.[34] 둘째, 어떤 것이 이처럼 권리이자 동시에 의무로서 존재하기 위해서는 교육의 사례에서 명확히 드러나듯 민간(시장) 영

---

[34] 주지하다시피 우리나라에서는 제19대 대선을 기점으로 개헌 논의가 본격화된 바 있다. 따라서 개헌을 통해 노동의 헌법적 위상이 변화할 가능성은 존재한다. 문재인 대통령이 2018년 3월 26일 국회에 발의했다가 폐기된 개헌안에서 삭제된 것이 바로 '노동[근로]의 의무' 조항이다. 이는 국회 헌법개정특별위원회가 자문 활동을 마무리하며 내놓은 보고서에 근거한 것으로, 개헌특위는 "근로 의무는 공동체 유지를 위한 도덕적 의무로 봐야하고 헌법적 의무로 규정하는 것은 강제근로금지의 원칙에 반할 소지가 있다"며 "모든 국민이 일할 수 있도록 일자리를 제공하는 것이 국가의 의무이지 국민의 의무로 강제하는 것은 바람직하지 않다"는 의견을 제시했다(황춘화, 〈'노동은 의무 아닌 권리' 문재인표 헌법, 디테일의 힘 6가지〉, 《한겨레》, 2018. 3. 25). 여기서 우리는 두 가지를 확인할 수 있다. 첫째, 설령 헌법에서 '노동의 의무' 조항이 삭제된다 하더라도 도덕적 규범 내지 지배적 이데올로기의 차원에서 노동의 의무적 성격은 존속된다는 것. 둘째, 헌법의 차원에서 노동이 국민의 의무로 규정되건 규정되지 않건 "모든 국민이 일할 수 있도록 일자리를 제공"해야 할 "국가의 의무"는 부정될 수 없다는 것이다. 노동이 '권리'라면 그것은 '보장'되어야 하고 보장의 의무를 지닌 주체 역시 존재해야 하는데, 경쟁-선별-탈락의 원리가 지배하는 시장은 결코 어떤 권리를 보장하는 메커니즘이나 주체가 될 수 없기 때문이다.

역에 방치되어서는 안 되며, 공적 개입이 적극적으로 이뤄져야
만 한다는 것. 예컨대 공교육 없이 사교육(교육시장)만 존재한다
면, 혹은 공교육+'α'의 위상으로 사교육이 존재하는 것이 아니
라 사교육+'α'의 위상으로 공교육이 존재한다면, 교육은 결코
국민의 권리도 국가가 부과하는 의무도 될 수 없다. 마찬가지로
노동이 하나의 권리이자 의무로 확립되기 위해서는 노동 역시
시장이 아닌 공공 영역에 존재하거나 최소한 공공 영역에 의해
통어될 수 있어야 한다. 즉 공공시민노동+'α'의 위치에 노동시
장이 자리 잡도록 함으로써, 일정 연령 이상의 모든 이들에게
공적으로 노동 기회를 보장해야 한다. 장훈교 역시 필자와 유사
한 문제의식하에 자신이 '노동의 공공성'이라고 부르는 것을 다
음과 같이 서술한다.

직업 선택의 자유를 포함하는 노동에 대한 권리 그리고 모든
국민들의 의무로서의 노동이라는 노동 권리-의무체계는 자
유민주주의 국가의 전제이다. 이 전제는 두 가지로 나타난다.
(1) 모든 시민은 노동하는 시민이고 (2) 이에 따라 자유민주주
의 국가는 모든 시민을 위한 노동체계 곧 완전 고용에 대한 공
적 의무를 지닌다. 이 부분이 중요한 이유는 노동이 자유민주
주의 국가에서 공공성의 차원으로 정의되고 작동된다는 점이
다. …… 자유민주주의 국가에서 노동의 공공성은 모든 시민들
의 일상생활의 재생산을 위한 전제로서 방어되고 관리되어야
하는 동시에, 자유민주주의가 약속한 자유와 평등의 원리를 확

산하기 위해서도 필수적으로 강화되어야만 한다. 왜냐하면 노동의 공공성이 실현되지 않는 경우, 자유와 평등의 원리는 단지 추상적이고 보편적인 권리체계로서 각 개인의 삶에 외재하는 공허한 원리로만 남게 되기 때문이다.[35]

위와 같은 공공시민노동 '개념'을 기반으로 우리는 공공시민노동 '체제'를 구상해볼 수 있다. 여기서 내가 '체제'라는 용어를 사용하는 것은 공공시민노동이 하나의 독자적인 '제도' 수준에서 출발한다 해도 궁극적으로는 다른 제도 전반의 변화는 물론 사회문화적 가치와 규범의 변화 또한 수반해야 한다고 보기 때문이다.[36] 공공시민노동 체제는 기본적으로 다음과 같은 두 가지 원칙을 따른다.

첫째, 공공시민노동을 통해 제공되는 급여는 상용노동자 5인 이상 사업체 전체 노동자 월평균 임금의 60퍼센트 이상(2017년을 기준으로 할 경우 약 210만원, 시간당 최저임금 1만원 수준)에서 정해진다.[37] 물론 급여의 수준은 고정되어 있는 것이 아니며, 한 정치경제공동체의 상황과 정치적 역량에 따라 더 높아질 수도 있

---

35 장훈교, 〈삶을 위한 노동과 민주주의의 급진화〉, 2015. 8. 10. http://cafe.naver. com/radicaldemocracy/1016

36 '교육 제도education system'와 '자본주의 체제capitalist system'라는 용어에서 확인할 수 있듯, '제도'와 '체제'는 영어로 둘 다 'system'으로 표기될 수 있다. 즉 우리가 어떤 '시스템'을 말할 때, 그 시스템은 표층적인 제도적 수준에서 심층적인 체제적 수준까지의 어떤 스펙트럼상에 위치하게 된다. 요컨대 낸시 프레이저가 말했던 '긍정 전략'과 '변혁 전략' 사이에 있는 '비개혁주의적 개혁 전략'으로서의 공공시민노동은 제도적 수준에서 출발해 체제적 수준으로 나아가는 길을 상정한다.

다. 중요한 것은 공공시민노동의 급여가 민간 영역의 임금과 고용 조건을 통어하고 견인하는 효과를 볼 수 있는 수준에서 정해진다는 점이다. 예컨대 현대화폐이론Modern Money Theory, MMT의 대표적 이론가인 L. 랜덜 레이는 정부가 최종 고용자로서 모든 국민의 일자리를 보장하는 '일자리 보장job guarantee'/'최종 고용자employer of last resort' 프로그램을 적극적으로 제안한다. 그는 이 프로그램의 주요한 이점 중 하나로 "이 프로그램에서 지급하는 임금은 기초 임금이 되어 그 아래로 임금이 하락하지 못하는 든든한 바닥 역할을" 하고, "피고용인들이 민간 부문을 떠나 이 프로그램으로 옮겨갈 선택지를 항상 가지고 있으므로 민간 부문에서의 노동 조건이 개선"되며, "노동자들은 어떤 이유에서든 부당한 대우를 받을 경우엔 '일자리 보장/최종 고용자' 프로그램이라는 선택지를 쥐고 있으므로 인종 차별 및 성 차별도 어느 정도 줄어들게" 된다는 점을 꼽는다.[38] 비록 공공시민노동의 발상과 맥락은 '일자리 보장/최종 고용자' 프로그램과 상이하지만, 급여의 수준은 랜덜 레이가 언급한 효과를 담보할 수 있

---

37 고용노동부가 매월 실시해 발표하는 '사업체노동력조사'는 2018년 5월(4월 결과)부터 상용 노동자 5인 이상 사업체에서 1인 이상 사업체로 확대되었다. 그러나 5인 미만 사업체는 임금 지불능력이 충분치 않은 영세 자영업자가 다수 포함되어 있기 때문에, 공공시민노동의 급여 수준은 5인 이상 사업체를 준거로 채택한다. 이 조사 결과에 따르면(http://laborstat.moel.go.kr), 상용노동자 5인 이상 사업체의 2017년 전체 노동자(상용직+임시직·일용직) 1인당 월평균 임금은 3,518천원으로, 300인 이상 사업체의 경우에는 4,983천원으로 보고되었다.

38 L. 랜덜 레이, 《균형재정론은 틀렸다: 화폐의 비밀과 현대화폐이론》, 홍기빈 옮김, 책담, 2017, 447~448쪽.

는 지점에서 정해지게 된다.

둘째, 공공시민노동으로 인정되는 활동은 국가가 아닌 시민이 정한다. 즉 흔히 '제3섹터'로 불리는 시민사회의 다양한 단위들과 공공시민노동을 하고자 하는 개인들이 직접 신청하도록 한다. 여기서 공공시민노동으로 신청할 수 있는 활동은 한나 아렌트가 '활동적 삶vita activa'을 구성하는 세 가지 근본 활동으로 제시한 '노동labor', '작업work', '행위action'를 포괄한다.[39] 아렌트의 노동, 작업, 행위 개념을 우리는 각각 (정확히 일치하지는 않지만) 경제 활동, 문화 활동, 정치 활동에 대응시켜볼 수 있는데, 이 세 가지 유형의 활동은 사실 이미 하나의 직업 활동으로 이루어지고 있다. 아렌트에게 인간 활동 구분의 준거가 되는 고대에는 노동(경제)이 사적 영역인 오이코스에 속하는 것으로 간주되었고 공적 활동과 비교적 명확하게 구분될 수 있었다. 하지만 근대 이후 (분업과 협업을 통해) 노동의 사회화가 지속적으로 진행됨과 동시에 (일반화된 화폐경제로 전환되면서) 경제 활동 자체의 맥락과 의미가 변화했기 때문에,[40] 이제는 고용/노동의 영역에서 전적으로 벗어나 있는 인간의 육체적·정신적 활동이란 존재하

39　한나 아렌트, 《인간의 조건》, 이진우 옮김, 한길사, 2017, 73~74쪽. 영어에서 'labor'는 주로 임노동 관계에 포섭되어 있는 노동을, 'work'는 좀 더 포괄적인 의미에서 노동/일 전반을 가리킨다(예컨대 '가사 노동' 내지 '집안일'로 번역될 수 있는 'housework'). 그러나 아렌트에게 있어 '노동labor'은 인간의 생물학적 필연성에 따른 욕구를 충족시키기 위한 활동을, '작업work'은 자연세계를 넘어선 사회세계 내지 광의에서의 문화를 창조하는 활동을, '행위action'는 정치적인 활동을 의미한다. 따라서 아렌트적 용법에 준거할 경우 (activity ⊃ labor, work, action), '공공시민노동'은 '공공시민활동'으로 표현될 수도 있을 것이다.

지 않는다. 예컨대 공무원, 정당인, 교수·연구자도 노조를 결성하는 노동자이며, 예술 활동을 하면서 급여를 받는 문화노동자들이 상당수 존재한다. 따라서 벡이 전통적인 의미의 산업 노동과 정치 활동을 융합하여 노동의 개념 및 영역을 확장·재구성하고자 했다면, 우리는 정치 활동은 물론 문화 활동까지 적극적으로 포함시킬 수 있을 것이다.[41]

시민들이 신청한 활동이 공공시민노동에 합당한지는 지방자치단체 단위로 꾸려지는 '공공시민노동위원회'에서 심의하게 된다. 이 위원회에는 여성, 성소수자, 장애인, 노인, 이주민, 청소년 등의 소수자[42]를 포함해 지역사회를 대표할 수 있는 다양한 시민위원들이 제비뽑기를 통해 3분의 2 이상 참여해야 한다. 물론 위원회와는 별도로 '공공시민노동청'도 중앙과 지방에 필요하다. 공공시민노동청은 기본적인 행정 업무를 총괄하고,

40 미래의 사회에서 우리는 노동력의 상품화를 폐지할 수는 있겠지만 사회적 차원의 분업과 협업은 계속 이어질 것이며, 자본주의적 시장경제를 넘어설 수는 있겠지만 시장과 화폐 자체는 유지되는 사회에서 살아가게 될 것이다.

41 필자가 회원으로 있는 전국장애인차별철폐연대는 중증장애인 노동권 보장을 위해 2017년 11월 21일부터 2018년 2월 13일까지 85일간 한국장애인고용공단 서울지사 점거 농성을 진행한 바 있다. 전국장애인차별철폐연대는 농성 중 '중증장애인 공공일자리 1만개 구직 신청서'를 받았는데, 이 신청서의 희망 직종에는 '정치 활동'에 해당하는 권익옹호 활동 및 피플 퍼스트 활동과 더불어 '문화예술 분야 활동'이 포함되어 있었다. 그리고 2019년 '420장애인차별철폐투쟁'을 통해 서울시로부터 서울형 중증장애인 공공일자리 200개(주 20시간 시간제 일자리 100개, 주 16시간 복지일자리 100개)를 마련하기로 약속받았으며, 이 일자리의 직무를 장애인 인식개선 강사, 권익옹호 활동, 문화예술 활동 세 가지로 한정하기로 합의한 바 있다.

42 대중교통의 유니버설 디자인과 접근권 문제에서 사용되는 '교통약자'라는 개념을 차용하면 이러한 소수자들을 '노동약자'라고 개념화할 수도 있을 것이다.

좀 더 중요하게는 공공시민노동을 원하지만 스스로 적절한 활동을 찾거나 개발하지 못한 이들을 지원하는 업무를 수행한다.

한편 공공시민노동을 심의하는 기준은 단 하나, '해당 개인이 지닌 현재의 조건 및 능력'에 비춰볼 때 그 활동이 '지역사회 구성원들의 물질적·정신적·정서적 삶에 기여'하는가이다. 이 외에는 다른 어떤 기준도 존재하지 않는다. 이 기준을 따른다면, 현재 매우 심각한 정신장애 혹은 인지장애를 지니고 있거나 최중도의 와상臥像 상태에 있는 사람의 경우에는 그들의 생존 활동 자체를 노동으로 인정하게 된다. 여기서의 노동이란 해당 개인이 지닌 현재의 조건과 능력에 비추어 판단되며, 그의 생존(활동)은 그와 관계를 맺고 있는 사회 구성원들에게 상당한 정신적·정서적 가치와 의미를 지니기 때문이다. 또한 학생들도 학업 노동을 하고 있는 것으로 인정되어 일정 수준의 급여를 단계별로 지급받게 되는데, 학생들의 학업은 이 사회를 유지하고 발전시키는 데 필수적인 활동이기 때문이다.

이런 구상이 실현될 수 있다면, 근대 자본주의 사회에서 노동할 수 없다고 치부되어온 중증장애인이나 발달장애인들도 '능력에 따라 일하고'(필요한 만큼은 아니더라도) '최소한의 인간다운 삶을 위한' 소득을 보장받을 수 있을 것이다.[43] 또한 여성 혹은 남성의 가사 활동도 그 가치를 새롭게 공인받을 수 있으며, 청년실업 문제에도 실질적인 돌파구가 마련될 것이다. 그리고 이러한 노동의 재구성을 통해 모두를 위한 노동사회가 구축될 때에만, 노동은 다른 사람을 밀어내야 내가 앉을 수 있는 '의

자놀이'가 아닌,[44] 장애인을 포함한 사회 구성원 모두가 자신의 삶의 가치를 실현할 수 있는 하나의 시민권으로 자리매김할 수 있을 것이다.

---

43   장애계에서는 2014년 4월 11일 중증장애인노동권쟁취를위한공동대책위원회 주최로 '중증장애인 인턴제 및 공공고용제 도입 토론회'를 개최한 바 있다. 이 토론회에서 나는 '중증장애인 공공고용제'를 처음 공식적으로 제시했는데, 이는 정부와 지자체가 비영리 민간 부문(제3섹터)을 대상으로 중증장애인 친화적 일자리 공모사업을 실시해 매년 일정 규모의 안정적인 일자리를 창출하고, 최저임금 이상의 급여를 직접 지원하는 것을 말한다. 즉 공공시민노동을 중증장애인 집단을 대상으로 제한적인 형태로나마 우선 시행해보는 것이라고 할 수 있다.

44   공지영, 《의자놀이: 공지영의 첫 르포르타주, 쌍용자동차 이야기》, 휴머니스트, 2012.

참고문헌

국내 문헌

강병호, 〈악셀 호네트: 인정투쟁, 사회적 갈등의 도덕적 구조와 논리〉, 홍태영 외,
　　《현대 정치철학의 모험》, 난장, 2010.

강혜민, 〈우생학은 여전히 오늘을 지배한다〉, 비마이너, 2013. 12. 17.

강혜민, 〈'휠체어가 씽씽 달리는 도시'에 대한 발칙한 상상〉, 비마이너, 2014. 8. 1.

고병권, 《"살아가겠다"》, 삶창, 2014.

고병권, 《철학자와 하녀》, 메디치, 2014.

공지영, 《의자놀이: 공지영의 첫 르포르타주, 쌍용자동차 이야기》, 휴머니스트, 2012.

김나경, 〈태아의 장애를 이유로 하는 임신중절: 사회학적 구조와 형법정책〉,
　　《형사법연구》 제19권 제1호, 2007.

김대성, 〈장애인당사자주의 운동의 참여와 연대정신〉, 《진보평론》 18호, 현장에서
　　미래를, 2003년 겨울.

김도현, 〈자기결정권은 전제가 아니라 목표다: 활동보조인서비스(PAS)의 대상과
　　자립생활(운동)의 주체 논쟁에 부쳐①〉, 에이블뉴스, 2006. 7. 26.

김도현, 〈보편적인 권리의 쟁취에 힘을 모으자: 활동보조인서비스(PAS)의 대상과
　　자립생활(운동)의 주체 논쟁에 부쳐②〉, 에이블뉴스, 2006. 8. 2.

김도현, 〈전달체계 독점은 운동의 전략이 될 수 없다〉, 에이블뉴스, 2006. 8. 9.

김도현, 《당신은 장애를 아는가》, 메이데이, 2007.

김도현, 《장애학 함께 읽기》, 그린비, 2009.

김두식, 《불편해도 괜찮아》, 창비, 2010.

김상봉, 《서로주체성의 이념》, 길, 2007.

김성희 외, 《2017년 장애인실태조사》, 보건복지부·한국보건사회연구원, 2017.

김원영, 《실격당한 자들을 위한 변론》, 사계절, 2018.

김진우, 〈"장애인 실수를 OK하는 조직, 실적도 높아져"〉, 《경향신문》, 2018. 11. 21.

김창엽 외, 《나는 '나쁜' 장애인이고 싶다》, 삼인, 2002.

김택균(Beilang), 〈우생학: 순수와 우월을 지향하는 근대의 폭력(1)〉, 수유너머

Weekly 103호, 2012.

김현경, 《사람, 장소, 환대》, 문학과지성사, 2015.

김호연, 《우생학, 유전자 정치의 역사: 영국, 미국, 독일을 중심으로》, 아침이슬, 2009.

낸시 프레이저, 〈세계화되는 현실에서의 정의, 새로운 틀 구성〉, 이행남 옮김, 《뉴레프트리뷰》, 길, 2009.

낸시 프레이저, 《지구화 시대의 정의》, 김원식 옮김, 그린비, 2010.

낸시 프레이저·악셀 호네트, 《분배냐, 인정이냐?: 정치철학적 논쟁》, 김원식·문성훈 옮김, 사월의책, 2014.

낸시 프레이저, 《전진하는 페미니즘》, 임옥희 옮김, 돌베개, 2017.

니라 유발-데이비스, 《젠더와 민족》, 박혜란 옮김, 그린비, 2011.

도리언 세이건, 《린 마굴리스》, 이한음 옮김, 책읽는수요일, 2015.

L. 랜덜 레이, 《균형재정론은 틀렸다: 화폐의 비밀과 현대화폐이론》, 홍기빈 옮김, 책담, 2017.

루이 알튀세르, 《아미엥에서의 주장》, 김동수 옮김, 솔, 1991.

린 마굴리스, 《공생자 행성》, 이한음 옮김, 사이언스북스, 2007.

린 마굴리스·도리언 세이건, 《생명이란 무엇인가?》, 황현숙 옮김, 지호, 1999.

린 마굴리스·도리언 세이건, 《마이크로코스모스》, 홍욱희 옮김, 김영사, 2011.

마누엘 카스텔, 《밀레니엄의 종언》, 이종삼·박행웅 옮김, 한울아카데미, 2003.

마누엘 카스텔, 《정체성 권력》, 정병순 옮김, 한울아카데미, 2008.

마르틴 부버, 《인간의 문제》, 윤석빈 옮김, 길, 2007.

마사 누스바움, 《역량의 창조》, 한상연 옮김, 돌베개, 2015.

목광수, 〈장애(인)와 정의의 철학적 기초〉, 《사회와 철학》 제23호, 2012.

미셸 푸코, 《"사회를 보호해야 한다"》, 박정자 옮김, 동문선, 1998.

미셸 푸코, 《감시와 처벌》, 오생근 옮김, 나남, 2003.

미셸 푸코, 《성의 역사 1: 앎의 의지》, 이규현 옮김, 나남출판, 2004.

미셸 푸코, 《생명관리정치의 탄생》, 오트르망 옮김, 난장, 2012.

박선민, 《스웨덴을 가다》, 후마니타스, 2012.

베네딕트 데 스피노자, 《정치론》, 김호경 옮김, 갈무리, 2008.

베네딕테 잉스타·수잔 레이놀스 휘테, 《우리가 아는 장애는 없다》, 김도현 옮김, 그린비, 2011.

백승욱, 《생각하는 마르크스》, 북콤마, 2017.

사토 요시유키, 《권력과 저항: 푸코, 들뢰즈, 데리다, 알튀세르》, 김상운 옮김, 난장, 2012.

사토 요시유키, 《신자유주의와 권력: 자기-경영적 주체의 탄생과 소수자-되기》,

　　김상운 옮김, 후마니타스, 2014.

성해윤, 〈우리가 유독 '정의란 무엇인가'에 열광한 이유〉, 2013. 1. 2. http://
　　blogsabo.ahnlab.com/1276

시몬 드 보부아르, 《제2의 성(상)》, 조홍식 옮김, 을유문화사, 1993.

아이리스 매리언 영, 《차이의 정치와 정의》, 김도균·조국 옮김, 모티브북, 2017.

악셀 호네트, 장은주 옮김, 〈무시의 사회적 동학: 비판 사회이론의 자리매김〉,
　　《정의의 타자: 실천철학 논문집》, 문성훈 외 옮김, 나남, 2009.

악셀 호네트, 《인정투쟁: 사회적 갈등의 도덕적 형식론》, 문성훈·이현재 옮김,
　　사월의책, 2011.

안토니오 네그리·마이클 하트, 《공통체》, 정남영·윤광영 옮김, 사월의책, 2014.

야스토미 아유무, 《단단한 삶》, 박동섭 옮김, 유유, 2018.

에티엔 발리바르, 〈비동시대성: 정치와 이데올로기〉, 《알튀세르와 마르크스주의의
　　전화》, 윤소영 옮김, 도서출판 이론, 1993.

에티엔 발리바르, 〈'인권'과 '시민권': 평등과 자유의 현대적 변증법〉, 《인권의 정치와
　　성적 차이》, 윤소영 옮김, 공감, 2003.

에티엔 발리바르, 《대중들의 공포》, 최원·서관모 옮김, 도서출판b, 2007.

에티엔 발리바르, 《스피노자와 정치》, 진태원 옮김, 그린비, 2014.

에티엔 발리바르, 《마르크스의 철학》, 배세진 옮김, 오월의봄, 2018.

염운옥, 《생명에도 계급이 있는가: 유전자 정치와 영국의 우생학》, 책세상, 2009.

울리히 벡, 《아름답고 새로운 노동세계》, 홍윤기 옮김, 생각의나무, 1999.

위르겐 하버마스, 《인간이라는 자연의 미래: 자유주의적 우생학 비판》, 장은주 옮김,
　　나남출판, 2003.

윤삼호, 〈장애와 정치〉, 《2005년 장애아카데미 자료집》, 대구DPI, 2005.

윤삼호, 〈한국 장애운동의 어제와 오늘: 장애-민중주의와 장애-당사자주의를
　　중심으로〉, 《진보평론》 51호, 메이데이, 2012년 봄.

윤성복, 〈동물 그리고 경합하는 동물 담론들〉, 《문화과학》 76호, 문화과학사, 2013년
　　겨울.

이익섭, 〈장애인 당사자주의와 장애인 인권운동: 그 배경과 철학〉, 《제4기
　　장애인청년학교 자료집》, 서울DPI, 2004.

이진경, 《미-래의 맑스주의》, 그린비, 2006.

이진경, 《코뮨주의: 공동성과 평등성의 존재론》, 그린비, 2010.

이화신, 〈H. 마르쿠제의 페미니즘과 정체성의 정치〉, 《중앙사론》 제17집, 2003.

자크 랑시에르, 《무지한 스승》, 양창렬 옮김, 궁리, 2008.

자크 랑시에르, 《정치적인 것의 가장자리에서》, 양창렬 옮김, 길, 2013.

장훈교, 〈노동의 자기조절 실현을 위한 노동능력의 공통자원으로 전환에 대한 연구〉, 성공회대학교 박사학위 청구 논문, 2014.

장훈교, 〈삶을 위한 노동과 민주주의의 급진화〉, 2015. 8. 10. http://cafe.naver.com/radicaldemocracy/1016

장훈교, 《일을 되찾자: 좋은 시간을 위한 공통자원체계의 시각》, 나름북스, 2019.

전지혜, 〈장애 정체감·자부심, 그리고 장애 문화의 가능성의 탐색〉, 조한진 편저, 《한국에서 장애학 하기》, 학지사, 2013.

정경미, 《활보 활보》, 북드라망, 2013.

정원식, 〈"머리카락·눈 색깔 선택만 하세요"〉, 《위클리 경향》 818호, 2009. 3. 31.

정정훈, 《인권과 인권들》, 그린비, 2014.

정희진, 《페미니즘의 도전》, 교양인, 2005.

제러미 리프킨, 《노동의 종말》, 이영호 옮김, 민음사, 2005.

제러미 벤담, 《도덕과 입법의 원칙에 대한 서론》, 강준호 옮김, 아카넷, 2013.

JK 깁슨-그레엄, 《그따위 자본주의는 벌써 끝났다》, 엄은희·이현재 옮김, 알트, 2013.

조르조 아감벤, 《호모 사케르: 주권 권력과 벌거벗은 생명》, 박진우 옮김, 새물결, 2008.

조르조 아감벤, 《예외상태》, 김항 옮김, 새물결, 2009.

조윤화 외, 《2018 장애통계연보》, 한국장애인개발원, 2018.

조한진, 〈성년후견제, 발달장애인의 권리를 보장할 수 있는가〉, 《함께 웃는 날》 13호, 전국장애인부모연대, 2011/2012 겨울.

존 롤스, 《공정으로서의 정의》, 황경식 외 옮김, 서광사, 1988.

존 롤스, 《정의론》, 황경식 옮김, 이학사, 2003.

존 롤스, 《만민법》, 장동진·김기호·김만권 옮김, 아카넷, 2009.

주디스 버틀러, 《젠더 트러블》, 조현준 옮김, 문학동네, 2008.

지그문트 바우만, 《액체근대》, 이일수 옮김, 강, 2009.

지그문트 바우만, 《새로운 빈곤》, 이수영 옮김, 천지인, 2010.

질 들뢰즈·펠릭스 가타리, 《천의 고원(제2권)》, 이진경·권혜원 외 옮김, 연구공간 '너머' 자료실, 2000.

진태원, 〈대체보충(supplément)〉, 《웹진 민연》 16호, 고려대학교 민족문화연구원, 2012년 8월.

진태원, 〈을의 민주주의〉, 《웹진 민연》 49호, 고려대학교 민족문화연구원, 2015년 5월.

진태원, 〈'을'의 평등하고 자유로운 주체화를 위하여〉, 《한겨레》, 2017. 1. 12.

진태원, 《을의 민주주의》, 그린비, 2017.

최원, 〈한국 진보운동 재구성의 몇몇 쟁점들: 발리바르의 관점을 중심으로〉, 《진보평론》 59호, 메이데이, 2014년 봄.

최훈, 《철학자의 식탁에서 고기가 사라진 이유》, 사월의책, 2012.

최훈, 《동물을 위한 윤리학》, 사월의책, 2015.

카를 마르크스, 《자본론 I-[하]》(제2개역판), 김수행 옮김, 비봉출판사, 2001.

칼 맑스, 〈임금 노동과 자본〉, 《칼 맑스 프리드리히 엥겔스 저작 선집 1》, 최인호 외 옮김, 박종철출판사, 1997.

칼 맑스, 〈포이에르바하에 관한 테제들〉, 《칼 맑스 프리드리히 엥겔스 저작 선집 1》, 최인호 외 옮김, 박종철출판사, 1997.

칼 맑스, 〈정치 경제학의 비판을 위하여. 서문〉, 《칼 맑스 프리드리히 엥겔스 저작 선집 2》, 최인호 외 옮김, 박종철출판사, 1997.

칼 폴라니, 《거대한 전환》, 홍기빈 옮김, 길, 2009.

캐서린 그랜트, 《동물권, 인간의 이기심은 어디까지인가?》, 황성원 옮김, 이후, 2012.

케빈 올슨 엮음, 낸시 프레이저 외, 《불평등과 모욕을 넘어》, 이현재 외 옮김, 그린비, 2016.

토요타 마사히로, 〈당사자환상론: 혹은 마이너리티 운동에 있어서 공동환상의 논리〉, 《일본 장애인운동에서 배운다: 대담과 논문으로 본 장애운동, 자립생활, 장애문화》, 한국장애인자립생활센터협의회, 2005, 58~71쪽.

톰 셰익스피어, 《장애학의 쟁점》, 이지수 옮김, 학지사, 2013.

패트리샤 힐 콜린스, 《흑인 페미니즘 사상》, 박미선·주해연 옮김, 여성문화이론연구소, 2009.

프리드리히 니체, 《선악의 저편》, 박찬국 옮김, 아카넷, 2018.

프리드리히 A. 하이에크, 《노예의 길: 사회주의 계획경제의 진실》, 김이석 옮김, 나남출판, 2006.

플라톤, 《국가》, 천병희 옮김, 도서출판 숲, 2013.

피터 싱어, 《다윈주의 좌파》, 최정규 옮김, 이음, 2011.

피터 싱어, 《동물 해방》, 김성한 옮김, 연암서가, 2012.

피터 싱어, 《실천윤리학》, 황경식·김성동 옮김, 연암서가, 2013.

피터 싱어·엘리자베스 드 퐁트네·보리스 시뤼닉·카린 루 마티뇽, 《동물의 권리》, 유정민 옮김, 이숲, 2014.

하금철, 〈[전문] 한국의 장애인권리협약 이행 상황에 대한 유엔의 최종 견해〉, 비마이너, 2014. 10. 8.

하승우, 〈구럼비 폭파한 해군, '누구를 위한 군대'인가?〉, 프레시안, 2012. 3. 16.

한나 아렌트, 《전체주의의 기원 1》, 이진우·박미애 옮김, 한길사, 2006.

한나 아렌트, 《인간의 조건》, 이진우 옮김, 한길사, 2017.

홍기빈, 《살림/살이 경제학을 위하여》, 지식의날개, 2012.

홍선미 외, 《정신장애인 인권개선을 위한 각국의 사례연구와 선진모델 구축》,
국가인권위원회, 2009.

홍성욱, 〈진화와 진보〉, 《진보평론》 41호, 메이데이, 2009년 가을.

황지연, 〈성년후견제 관련 결격조항 폐지 '한 목소리'〉, 《에이블뉴스》, 2013. 12. 18.

황춘화, 〈'노동은 의무 아닌 권리' 문재인표 헌법, 디테일의 힘 6가지〉, 《한겨레》,
2018. 3. 25.

국외 문헌

André Gorz, *Strategy for Labour: A Radical Proposal*, trans. Martin A. Nicolaus
and Victoria Ortiz, Beacon Press, 1967.

Andrew Power, Janet E. Lord and Allison S. deFarnco, *Active Citizenship
and Disability: Implementing the Personalisation of Support*, Cambridge
University Press, 2013.

Anne Kerr and Tom Shakespeare, *Genetic Politics: From Eugenics to Genome*,
New Clarion Press, 2002.

Ayesha Vernon and John Swain, "Theorizing Divisions and Hierarchies", eds.
Colin Barnes, Michael Oliver and Len Barton, *Disability Studies Today*,
Polity, 2002.

Barbara Arneil, "Disability in Political Theory versus International Practice",
eds. Barbara Arneil and Nancy J. Hirshmann, *Disability and Political
Theory*, Cambridge University Press, 2016.

Benedict de Spinoza, *Ethics*, Penguin Books, 1996[한국어판: B. 스피노자,
《에티카》, 황태연 옮김, 비홍출판사, 2014].

Berth Danermark and Lotta Coniavitis Gellerstedt, "Social Justice:
Redistribution and Recognition—A Non Reductionist Perspective on
Disability", *Disability and Society* 19(4), 2004.

Brendan Gleeson, "Disability Studies: A Historical Materialist View", *Disability
and Society* 12(2), 1997.

Brendan Gleeson, *Geographies of disability*, Routledge, 1999.

Charles Darwin, *The Descent of Man, and Selection in Relation to Sex* (Vol. 1), D.
Appleton and Company, 1871[한국어판: 찰스 다윈, 《인간의 유래 1》, 김관선
옮김, 한길사, 2006].

Colin Barnes, "Theories of Disability and the Origins of the Oppression of Disabled People in Western Society", ed. Len Barton, *Disability and Society: Emerging Issues and Insights*, Longman, 1996.

David Gautier, *Morals by Agreement*, Oxford University Press, 1986.

David Hume, *An Enquiry Concerning the Principles of Morals*, ed. J. B. Schneewind, Hackett Publishing Company, 1983[1751].

Diane B. Paul, *The Politics of Heredity: Essays on Eugenics, Biomedicine and the Nature-nurture Debate*, SUNY, 1998.

Donna Reeve, "Biopolitics and Bare Life: Does the Impaired Body Provide Contemporary Examples of Homo Sacer?", eds. Kristjana Kristiansen, Simo Vehmas and Tom Shakespeare, *Arguing About Disability: philosophical perspectives*, Routledge, 2008.

DPI, *Disabled People Speak on the New Genetics: DPI Europe Position Statement on Bioethics and Human Rights*, Disabled People's International, 2000.

Eilis Lawlor, Helen Kersley and Susan Steed, *A Bit Rich: Calculating the real value to society of different professions*, New Economics Foundation, 2009.

Étienne Balibar, "The Infinite Contradiction", trans. Jean-Marc Poisson and Jacques Lezra, *Yale French Studies* 88, 1995.

Eva Feder Kittay, "A Feminist Care Ethics, Dependency and Disability", APA Newsletter 6(2), Spring 2007.

Eva Feder Kittay and Licia Carlson eds., *Cognitive Disability and Its Challenge to Moral Philosophy*, Wiley-Blackwelll, 2010.

Fiona Kumari Campbell, "Legislating Disablity: Negative Ontologies and the Government of Legal Identities", ed. Shelley Tremain, *Foucault and the Government of Disability*, University of Michigan Press, 2015.

Fran Branfield, "What Are You Doing Here? 'Non-disabled' people and the disability movement: a response to Robert F. Drake", *Disability and Society* 13(1), 1998.

Francis Galton, *Inquiries into Human Faculty and Its Development* (2nd Ed.), J. M. Dent & Co., 1907.

Gary Steiner, *Animals and the Limits of Postmodernism*, Columbia University Press, 2013.

Glen W. White et al., "Moving from Independence to Interdependence: A Conceptual Model for Better Understanding Community Participation of Centers for Independent Living Consumers", *Journal of Disability Policy Studies* 20(2), 2010.

Helen Keller, "Physicians' Juries for Defective Babies", *The New Republic*, December 18, 1915.

Immanuel Kant, *Lectures on Ethics*, trans. Louis Infield, Harper Torchbooks, 1963.

Immanuel Kant, "Essay on the Maladies of the Head(1764)", eds. Gunter Zoller

and Robert B. Louden, *Anthropology, History, and Education*, Cambridge
University Press, 2007.

Immanuel Kant, "Anthropology from a Pragmatic Point of View(1798)",
eds. Gunter Zoller and Robert B. Louden, *Anthropology, History, and
Education*, Cambridge University Press, 2007[한국어판: 임마누엘 칸트,
《실용적 관점에서의 인간학》, 백종현 옮김, 아카넷, 2014].

Jackie Leach Scully, "Disability and Thinking Body", eds. Kristjana Kristiansen,
Simo Vehmas and Tom Shakespeare, Arguing About Disability:
Philosophical Perspectives, Routledge, 2008.

Jacques Derrida, "L'animal que donc je suis (à suivre)", ed. Marie-Louise
Mallet, *L'animal que donc je suis*, Galilée, 2006[한국어판: 자크 데리다,
〈동물, 그러니까 나인 동물(계속)〉, 최성희·문성원 옮김, 《문화과학》 76호,
문화과학사, 2013년 겨울].

James D. Watson, "Genes and Politics", *Journal of Molecular Medicine* 75, 1997.

James E. Haddow and Glenn E. Palomaki, "Similarities in Women's Decision-
making in the U.S. and U.K. during Prenatal Screening for Down's
Syndrome", *Prenatal Diagnosis* 16, 1996.

James I. Charlton, *Nothing About Us Without Us: Disability Oppression and
Empowerment*, University of California Press, 1998[한국어판: 제임스 찰턴,
《우리 없이 우리에 대한 것은 없다》, 전지혜 옮김, 울력, 2009].

Jan Meyer, "A Non-Institutional Society for People with Developmental
Disability in Norway", *Journal of Intellectual and Developmental Disability*
28(3), 2003.

Jan Tøssebro, "Deinstitutionalization in the Norwegian welfare state", eds.
Jim Mansell and Kent Ericsson, Deinstitutionalization and Community
Living: Intellectual Disability Services in Britain, Scandinavia and the
USA, Chapman & Hall, 1996.

Jan Tøssebro, "Report on the social inclusion and social protection of
disabled people in European countries: Norway", Academic Network of
European Disability experts(ANED), 2009.

Jan Tøssebro, "ANED Country Report on the Implementation of Policies
Supporting Independent Living for Disabled People: Norway", Academic
Network of European Disability experts(ANED), 2009.

Jane Berger, "Uncommon Schools: Institutionalizing Deafness in Early-
Nineteenth-Century America", ed. Shelley Tremain, *Foucault and the
Government of Disability*, University of Michigan Press, 2015.

Jerome E. Bickenbach, Somnath Chatterji, E. M. Badley and T. B. Üstün, "Models
of Disablement, Universalism, and the International of Impairments,
Disabilities and Handicaps", *Social Science and Medicine* 48, 1999.

John Gerdtz, "Disability and Euthanasia: The Case of Helen Keller and the
Bollinger baby", *Life and Learning* 16(15), 2006.

John Locke, *Two Treatises of Government*, ed. Peter Laslett, Cambridge

University Press, 1988[1689][한국어판: 존 로크, 《통치론》, 강정인·문지영 옮김, 까치글방, 1996].

John Mcknight, The Careless Society: Community And Its Counterfeits, Basic Books, 1995.

John Rawls, "Justice as Fairness: Political not Metaphysical", *Philosophy and Public Affairs* 14(3), 1985.

Kimberle Crenshaw, "Demarginalizing the Intersection of Race and Sex: A Black Feminist Critique of Antidiscrimination Doctrine, Feminist Theory and Antiracist Politics", *University of Chicago Legal Forum*, 1989.

Kimberle Crenshaw, "Mapping the Margins: Intersectionality, Identity Politics and Violence against Women of Color", *Stanford Law Review* 43(6), 1991.

Kim E. Nielsen, *The Radical Lives of Helen Keller*, New York University Press, 2004.

Licia Carlson, *The Faces of Intellectual Disability*, Indiana University Press, 2010.

Lisa Egan, *xoJane*, "I'm Not A "Person With a Disability": I'm a Disabled Person", Nov. 9, 2012.

Lois Rogers, "Having Disabled Babies Will Be 'Sin', Says Scientist", *The Sunday Times*, 4 July, 1999.

Lorraine Code ed., *Encyclopedia of Feminist Theories*, Routledge, 2000.

Lucas G. Pinheiro, "The Ableist Contract: Intellectual Disability and the Limits of Justice in Kant's Political Thought", eds. Barbara Arneil and Nancy J. Hirshmann, *Disability and Political Theory*, Cambridge University Press, 2016.

Mairian Corker, *Deaf and Disabled, or Deafness Disabled?*, Open University Press, 1998.

Mairian Corker and Tom Shakespeare, "Mapping in the Terrain", eds. Mairian Corker and Tom Shakespeare, *Disability/Postmodernity: Embodying Disability Theory*, Continuum, 2002.

Mark Priestley, "Construction and Creation: Idealism, Materialism and Disability", *Disability and Society* 13(1), 1998.

Marta Russell and Ravi Malhotra, "The Political Economy of Disablement: Advances and Contradictions", *Socialist register* 38, 2002.

Michael Oliver, *The Politics of Disablement*, St. Martin's Press, 1990.

Nancy Fraser, "Social Justice in the Age of Identity Politics: Redistribution, Recognition and Participation", ed. Grethe B. Peterson, *The Tanner Lectures on Human Values* vol. 19, Utah University Press, 1998, pp. 1~67.

Nancy Fraser, "Rethinking Recognition: Overcoming Displacement and Reification in Cultural Politics", *New Left Review* 3, 2000, pp. 107~120.

Nancy Fraser, "Recognition without Ethics?", *Theory, Culture and Society* 18(2-3), 2001, pp. 21~42.

Paul Abberley, "Work, Disability, Disabled People and European Social

Theory", eds. Colin Barnes, Michael Oliver and Len Barton, *Disability Studies Today*, Polity, 2002.

Paul S. Duckett, "What Are You Doing Here? 'Non-disabled' people and the disability movement : a response to Fran Branfield", *Disabilit and Society* 13(4), 1998.

Peter Singer, "Speciesism and Moral Status", eds. Eva Feder Kittay and Licia Carlson, *Cognitive Disability and Its Challenge to Moral Philosophy*, Wiley-Blackwelll, 2010.

Philip Kitcher, *The Lives to Come: The genetic revolution and human possibilities*, Simon and Schuster, 1996.

Robert F. Drake, "What Am I Doing Here? 'Non-disabled' people and the Disability Movement", *Disability and Society* 12(4), 1997.

Robert Proctor, *Racial Hygiene: Medicine Under the Nazis*, Harvard University Press, 1998.

Roger Scruton, "The Conscientious Carnivore", ed. Steve Sapntzis, *Food for Thought*, Prometheus, 2004.

Ruth Hubbard, "Abortion and Disability: Who Should and Who Should Not Inhabit the World?", ed. Lennard J. Davis, *The Disability Studies Reader*, Routledge, 1997.

Sarah F. Rose, *No Right to Be Idle: The Invention of Disability, 1840s-1930s*, The University of North Carolina Press, 2017.

Simon Thompson and Paul Hogget, "Universalism, selectivism and particularism: towards a postmodern social policy", *Critical Social Policy* 16(1), 1996.

Solveig Magnus Reindal, "Independence, Dependence, Interdependence: some reflections on the subject and personal autonomy", *Disability and Society* 14(3), 1999.

Steven Lukes, *Power: A Radical View*, Macmillan, 1974.

Steven R. Smith, "Social Justice and Disability", eds. Kristjana Kristiansen, Simo Vehmas and Tom Shakespeare, *Arguing About Disability: Philosophical Perspectives*, Routledge, 2008.

Sue Donaldson and Will Kymlicka, "Rethinking Membership and Participation in an Inclusive Democracy: Cognitive Disability, Children, Animals", eds. Barbara Arneil and Nancy J. Hirshmann, *Disability and Political Theory*, Cambridge University Press, 2016.

Teodor Mladenov, "Disability and social justice", *Disability and Society* 31(9), 2016.

Tim Stainton, "Reason's Other: The Emergence of The Disabled Subject in The Northern Renaissance", *Disability and Society* 19(3), 2004.

Tom Shakespeare, "Cultural Representation of Disabled People: Dustbins of Disavowal?", eds. Len Barton and Michael Oliver, *Disability Studies: Past, Present and Future*, Disability Press, 1997.

Troy Duster, *Backdoor to Eugenics*, Routledge, 1990.

UPIAS, *Fundamental Principles of Disability*, London: Union of the Physically Impaired Against Segregation, 1976.

Victor Finkelstein, *Attitudes and Disabled People: Issues for Discussion*, World Rehabilitation Fund, 1980.

WHO, *ICF: International Classification of Functioning, Disability and Health*, World Health Organization, 2001.

Zygmunt Bauman, "Living in Times of Interregnum", Transcript of the Lecture delivered at the University of Trento, Italy, on October 25, 2013.

찾아보기

디킨스, 피터Dickens, Peter 183

키워드

ㄱ

ㄴ

ㄷ

ㄹ

장애학의 도전

초판 1쇄 펴낸날   2019년 11월 4일
초판 8쇄 펴낸날   2024년 7월 2일
지은이   김도현
펴낸이   박재영
편집   임세현·한의영
마케팅   신연경
디자인   조하늘
제작   제이오
펴낸곳   도서출판 오월의봄
주소   경기도 파주시 회동길 363-15 201호
등록   제406-2010-000111호
전화   070-7704-2131
팩스   0505-300-0518
이메일   maybook05@naver.com
트위터   @oohbom
블로그   blog.naver.com/maybook05
페이스북   facebook.com/maybook05
인스타그램   instagram.com/maybooks_05

ISBN   979-11-90422-00-0 03300

만든 사람들
책임편집   임세현
디자인   조하늘